西方市场社会主义流派研究：
基于比较经济伦理视角

牛文浩　著

九州出版社
JIUZHOUPRESS

图书在版编目（CIP）数据

西方市场社会主义流派研究：基于比较经济伦理视角／牛文浩著．—北京：九州出版社，2019.11

ISBN 978 - 7 - 5108 - 8669 - 0

Ⅰ.①西…　Ⅱ.①牛…　Ⅲ.①中国经济—社会主义市场经济—研究　Ⅳ.①F123.9

中国版本图书馆 CIP 数据核字（2019）第 290364 号

西方市场社会主义流派研究：基于比较经济伦理视角

作　　者	牛文浩　著
出版发行	九州出版社
地　　址	北京市西城区阜外大街甲 35 号（100037）
发行电话	（010）68992190/3/5/6
网　　址	www.jiuzhoupress.com
电子信箱	jiuzhou@ jiuzhoupress.com
印　　刷	虎彩印艺股份有限公司
开　　本	710 毫米 ×1000 毫米　　16 开
印　　张	16.5
字　　数	254 千字
版　　次	2020 年 6 月第 1 版
印　　次	2020 年 6 月第 1 次印刷
书　　号	ISBN 978 - 7 - 5108 - 8669 - 0
定　　价	72.00 元

前　言

在西方，有关经济体制的理论或模式颇多，其中一个重要的思想流派就是诞生于 20 世纪上半叶的市场社会主义。市场社会主义思潮是伴随着世界社会主义运动的发展而逐渐兴起。无论是在世界社会主义运动蓬勃发展之际，还是在其遭遇困难时期，市场社会主义都构建了适应不同时期的理论模式。尤其是苏东剧变以来，当代市场社会主义对苏联模式在理论与实践上的失败进行了深刻分析，在吸收当代其它社会主义流派思想的基础上，构建了具有鲜明时代特色市场社会主义模式，其中以扬克的"实用市场社会主义"、罗默的"证券市场社会主义"、巴德汉的"公司相互控股市场社会主义"、米勒的"合作制市场社会主义"、韦斯科夫的"民主自治的市场社会主义"、施韦卡特的"经济民主的市场社会主义"、布洛克的"没有权力的资本主义"和埃尔逊的"市场社会主义"最为有名。

自 20 世纪 90 年代以来，经济伦理学作为一门新兴交叉学科逐渐被国内学界认同和重视。从内容来看，经济伦理学可以分为宏观、中观以及微观三个层面，研究对象包括人类生产、交换、分配、消费诸多关系中产生的道德现象、道德原则和规范，其中以效率与公平关系研究最为核心。从经济伦理研究类型上看，马克思主义经济伦理思想和西方经济伦理思想的研究在学界影响最大。因此，市场社会主义的研究同样可以从马克思主义经济伦理与西方经济伦理比较视角进行深刻剖析，为全面评价其理论奠定经济伦理视角基础。通过对市场社会主义模式及经济伦理研究后可以发现，市场社会主义努力构建追求效率、民主、自由、平等的社会主义模式。虽然苏东剧变后，世界社会主义运动长期处于低潮，但市场社会主义以市场经济价值判断为归依，积极把握经济全球化的机遇，目的是使社会主义与市场经济更有效地融合。事实证明，社会主义运动在经历了苏东剧变的严重挫折后并没有销声匿迹，反而呈现出勃勃向上之势。

党的十一届三中全会后，我国实行了改革开放的国策，经济改革的重心就是将过去高度集中的计划经济体制转变为具有中国特色的社会主义市场经济体制，实质是要处理好政府与市场之间的关系。在这场由行政指令性计划调配资源到由市场价格、供求配置资源的转变过程中，以"公平与效率"为核心的一系列价值关系是新时期社会主义市场经济研究的重点。对此，我国要借鉴包括西方市场社会主义在内的众多社会主义流派在经济价值判断上的认识，构建具有中国特色的社会主义市场经济价值判断体系。本书正是从马克思主义经济伦理和西方经济伦理两个不同子视角为切入点分别对市场社会主义渊源、发展阶段、模式进行了研究。一方面揭示了不同语境下的市场社会主义的价值取向，客观分析出其理论局限性；另一方面也揭示了市场社会主义理论和模式的价值规范对我国社会主义市场经济建设的有益启示，尤其是对习近平新时代中国特色社会主义经济思想提供有益的借鉴与补充。

由于时间关系和本人的水平有限，书中难免有不当之处，欢迎批评指正。

牛文浩
天津科技大学

目　录

第一章　引　言 ……………………………………………………… 1

　　第一节　市场社会主义研究缘起 ………………………………… 1

　　第二节　市场社会主义研究现状 ………………………………… 2

第二章　市场社会主义的概念与理论实践发展 ………………… 7

　　第一节　市场社会主义的含义 …………………………………… 7

　　第二节　市场社会主义的理论渊源 …………………………… 10

　　第三节　市场社会主义的发展阶段 …………………………… 16

　　第四节　市场社会主义的基本观点 …………………………… 25

第三章　当代市场社会主义的构建模式 …………………………… 31

　　第一节　当代市场社会主义兴起的历史背景 ………………… 31

　　第二节　当代市场社会主义的模式 …………………………… 36

第四章　经济伦理学源流研究 …………………………………… 49

　　第一节　经济伦理学概念辨析 ………………………………… 49

　　第二节　经济伦理学产生的社会历史背景 …………………… 53

　　第三节　经济伦理学研究范畴 ………………………………… 57

第五章　中国传统经济伦理思想 ………………………………… 79

　　第一节　中国传统经济伦理思想概述 ………………………… 79

第二节　中国古代经济伦理思想的发展阶段 ··············· 81

第三节　中国古代经济伦理思想的特征 ················· 82

第四节　儒家经济伦理思想主要内容 ················· 84

第五节　儒家经济伦理思想的发展 ················· 104

第六章　西方经济伦理思想 ················· 113

第一节　亚当·斯密与大卫·李嘉图经济伦理思想 ······· 113

第二节　密尔顿.弗里德曼经济伦理思想 ············ 121

第三节　西斯蒙弟的人本主义经济伦理 ············ 122

第四节　西尼尔、巴师夏经济伦理思想 ············ 125

第五节　马歇尔经济伦理思想 ················· 126

第六节　凯恩斯国家干预主义经济伦理思想 ········· 128

第七节　施穆勒经济伦理思想 ················· 129

第八节　马克斯·韦伯新教经济伦理思想 ··········· 130

第九节　穆勒的折中主义经济伦理思想 ············ 133

第七章　马克思主义经济伦理思想 ··············· 136

第一节　马克思主义经济伦理思想的产生及发展 ······· 136

第二节　马克思主义经济伦理思想的主要观点 ········ 140

第三节　中国化的马克思主义经济伦理思想 ········· 144

第八章　市场社会主义的经济伦理价值内涵 ········· 170

第一节　市场社会主义的马克思主义经济伦理和西方经济

　　　　伦理价值意义 ························· 170

第二节　市场社会主义理论的经济伦理学解读 ········ 182

第九章　马克思主义经济伦理思想与西方经济伦理思想

　　　　比较研究 ····························· 206

第一节　马克思主义经济伦理与古典经济伦理之比较 ······· 206

第二节　马克思主义经济伦理与当代西方经济伦理之比较…………208

第三节　马克思主义与西方马克思主义经济伦理之比较…………215

第四节　结论：马克思主义经济伦理核心价值……………………221

第十章　蕴含着经济价值判断的市场社会主义评析…………234

第一节　市场社会主义的贡献………………………………………234

第二节　市场社会主义的局限性及实质……………………………237

第三节　市场社会主义的启示………………………………………240

结　语………………………………………………………………246

参考文献……………………………………………………………248

目　录

第一章　引　言

第一节　市场社会主义研究缘起

西方市场社会主义产生于 20 世纪上半叶，它是随着世界社会主义运动的发展而兴起，并在历史和现实中构建起不同的模式。特别需要指出的是，东欧剧变使得世界社会主义运动面临空前的困难，市场社会主义也深受影响。它在困境中对此剧变进行了深刻分析，并在此基础上借鉴了其他社会主义发展的经验教训，构建了以"实用市场社会主义""证券市场社会主义"等为代表的、具有鲜明时代特色的市场社会主义模式。从经济伦理角度来看，市场社会主义认为，苏联模式效率低下，资源配置不合理是造成苏联解体的重要经济伦理因素。对此，市场社会主义追求经济运行效率与资源配置效率最大化。除此之外，"自由、民主、平等"也作为重要的经济伦理观被融入市场社会主义模式中，形成"市场主导机制论"。这种将效率等经济伦理学说与社会主义相结合的新型社会主义运动是西方社会主义思潮的重要表现形式与研究方向之一。

改革开放后，我国向着社会主义市场经济大踏步前进，在由指令性计划向市场机制发挥决定性作用转变的进程中，学界开始注意到西方市场社会主义思想。市场社会主义尤其是当代市场社会主义模式突破了人们对社会主义的固有认识，其所蕴含的"效率、民主、自由、公正"等经济伦理观成为构建中国特色社会主义经济制度所需要考量的价值判断。本文正是基于此认识，通过全面研究经济伦理发展概况及市场社会主义思想，总结出其经济价值意义，为中国特色社会主义经济建设提供智力支撑。

第二节　市场社会主义研究现状

一、国外研究现状

20 世纪 90 年代初的东欧剧变使世界社会主义运动遭受了严重的挫折和困难，由此世界社会主义运动也进入了一个前所未有的低潮期。主要表现为，各国共产党的政权相继丧失，马列主义基本原理被抛弃，甚至被斥为异端邪说。在这种十分艰难的情况下，社会主义的思潮并没有就此销声匿迹，相反以市场社会主义为代表的一批新社会主义思潮再度成为当代西方理论家探讨社会主义如何度过东欧剧变的难关，如何取代资本主义的热门话题。随着对市场社会主义理论和实践研究的深入，一系列知名专家学者研究出一系列成果。在这些专家学者中，以罗默、巴德汉和奥尔曼最具代表性，他们一方面指出苏联模式失败的原因，另一方面则在此基础上构建当代市场社会主义模式。

这些专家学者的研究成果集中体现在一系列论著中，如《市场社会主义：社会主义者之间的争论》（1998）、《市场社会主义：当前辩论》（1993）、《社会主义的未来》（1994）、《市场社会主义》（1993）、《社会主义的再思考》（1998）、《为什么是社会主义？来自不同声音的争论》（1994）等，这些研究成果不仅聚焦市场与社会主义的结合问题，也从实践上探讨了其可行性。无论何种层面的研究，各类研究成果都蕴含着丰富的价值判断标准。如，对市场社会主义各模式所蕴含的"效率"进行研究。市场社会主义理论的核心是市场，即在力求达到效率和公平平衡的同时，将社会和政治领域研究的问题也纳入其关注的视野中，并在结合社会主义运动的基础上形成了市场社会主义。而从市场社会主义的发展历程也可以看到，当代西方市场社会主义已经逐步发展成为涉及经济、政治、社会、文化价值等多个独立领域且相互交叉的共同体。

二、国内研究现状

20 世纪 80 年代初期，国外有关社会主义的研究成果开始传入我国，在这其中包括市场社会主义。对此，国内很多社会主义研究问题的专家相继发表了一系列的论文及专著。如余文烈的《当代市场社会主义六大特征》（2000）、《当代国外社会主义》（2000）、《英国工党市场主导的市场社会主义》（1998）、《当代国外社会主义流派》（2000）、《关于"市场社会主义"的几个理论问题》、张志忠的《当代西方市场社会主义的公平和平等观探析》（2004）、《当代西方市场社会主义述评》（2003）、《当代西方市场社会主义的民主观及启示》（2001）、《当代西方市场社会主义对中国社会主义市场经济的启示》（2001）、《市场社会主义的含义、沿革和模式 – 兼谈 90 年代市场社会主义理论的新进展》（1999）、《90 年代以来西方市场社会主义的所有制理论概要》（2001）、《市场社会三义的理论进程及其评价》（2000）。杨正江的《评西方学者的市场社会主义理论和模式》（2001）、周黎明的《当代西方市场社会主义理论之透析》（2006）、刘向阳的《中国社会主义市场经济与当代国外市场社会主义之比较》、段忠桥的《国外马克思主义者关于市场社会主义的争论》（2006）、张金才的《市场"社会主义"与中国特色社会主义》、王玖的《20 世纪 90 年代市场社会主义新模式述评》（2006）、王宏强的《当代西方市场社会主义理论述评》（2006）、彭必源的《我国学者视野中的市场社会主义》（2005）、项久雨的《论西方市场社会主义的价值维度》（2004）、刘鲁红的《90 年代以来西方市场社会主义思潮评析》（2004）、于良春的《西方市场社会主义理论及其对我国的启示》（2000）、王海燕的《市场社会主义与我国社会主义市场经济之比较》（2005）等。

在一系列研究中，我国大多数学者除了肯定国外关于市场社会主义概念、源流等方面研究成果外，着重研究了社会主义市场经济与市场经济的关系。大多数学者认为社会主义市场经济是对市场社会主义的借鉴和创新。如，刘明华等认为，"'市场社会主义'强调社会主义应与市场机制合理地结合，但这种外部结合论有很大的局限性。邓小平理论从已有的思想材料出发，既借鉴了市场社会主义的合理内核，又根据我国国情进行理论创新和实践创新，成功地创造了社会主义基本制度与市场经济体制和运行机制内在、有机结合的范例，解决了长期困扰世界社会主义运动的一个重大课题。"① 同时，国内学者也从市场社会主义思想的非科学性角度论述了实践其理论必然缺乏相应的政治力量与途径，这导致其具有很强的空想性质和历史局限性。

三、本书的研究重难点及创新点

自波兰经济学家奥斯卡·兰格的"兰格模式"（市场社会主义）诞生以来一直到当代的"证券市场社会主义""实用的市场社会主义""合作制市场社会主义""民主自治市场社会主义""经济民主的市场社会主义""没有资本家的资本主义模式"，市场社会主义的含义界定一直是学界研究的重点。众多学者从不同角度进行了解读。如，在经济学上，市场社会主义被定义为"实行社会主义资源配置的经济学"；以牛津大学经济学教授大卫·米勒为代表的英国市场社会主义学派则从市场手段和社会主义目的之间的关系来界定："市场社会主义"就是用市场来实现社会主义的目的；著名经济学家，格雷戈里和斯图尔特以所有制、决策机制、调节机制和激励机制四个要素为依据划分经济制度，认为市场社会主义是以生产资料公有制为特征的经济体制，决策采取分权制，由市场机制加以调节，兼用物质鼓励和精神鼓励来推动参与者实现这一体制的目标。可以看出，尽管各种定义的共同特征是生产资料的公有制与如何利用市场进行资源配置，但在其具体如何厘定市场社会主义的概念，如何运用市场去实现社会主义的福利、公平、民主和自由的价值，各国的市场社会主义者却面临着相似的研究难点。

当代市场社会主义的发展历经了计划模拟市场的"兰格模式"、20 世纪60、70 年代东欧的分权模式、20 世纪 80 年代的以后"市场主导机制论"到

---

① 刘明华，蔡建波，陈秀虹. 邓小平理论对"市场社会主义"的借鉴和发展 [J]. 山东省青年管理干部学院学报，2002，(2)。

20 世纪 90 年代以来市场社会主义的反思和模式的重构阶段这几个时期；有学者也认为市场社会主义经历了五个阶段：第一阶段确立了社会主义核算过程必须引进价格机制；第二阶段主要是提出运用瓦尔拉均衡理论，通过求解复杂的联立方程，可以测算出达到社会主义经济的一般均衡的价格；第三阶段是以波兰经济学家奥斯卡·兰格在其代表作《社会主义的经济理论》中提出的兰格模式；第四阶段是指 21 世纪 50 年代以后相继出现的社会主义国家的经济改革；第五阶段即是 90 年代以来西方左翼理论家重新构建未来社会主义蓝图的种种市场社会主义模式。总之，关于市场社会主义发展阶段的界定的分歧，由于专家学者们对于市场社会主义重要发展时期的认识不同，导致这也成为理论研究的难点。

不仅如此，学界对于市场社会主义的贡献和局限性也有着不同认识。例如，有的学者从市场与社会主义联姻来说明市场社会主义的贡献；有的学者从对公有制的理解、公有制在社会主义的地位与作用来阐述市场社会主义的优点；有的学者从市场社会主义的实现目标上即效率、平等、民主和自由来说明市场社会主义的发展成果；有的学者从批判当代资本主义、创新马克思主义基本原理和社会主义观来论述市场社会主义。关于市场社会主义的局限性，市场社会主义者对此也有着不同的认识。例如，斯蒂格利茨认为，市场社会主义模式先天不足，只是一种空想，因为市场社会主义对于如何使得现存的经济制度向市场社会主义模式转变；依靠何种力量来实现这条道路等问题都没有做出明确的答复，甚至还有部分市场社会主义的代表人物否定了公有制是社会主义的基础。因此学者们对市场社会主义局限性的认识也体现出了其理论的多样性。

市场社会主义主要探讨的是如何在市场机制的调节及资源配置最优的情况下，如何更好地结合社会主义，实现其政治、经济、文化价值目标。因此，市场社会主义必然会被纳入我国构建社会主义市场经济的视野中，二者的联系和区别自然成为研究我国社会主义建设的重点。另一方面，社会主义市场经济体制不同于西方市场社会主义，我国的社会主义市场经济是在社会主义条件下发展的市场经济，是以公有制为基础的市场经济。而西方市场社会主义则是在资本主义条件下提出的如何更好地利用市场来达到社会主义所体现的政治、经济、价值目标的社会主义。因此，处理好市场社会主义和社会主义市场经济的关系就显得更为重要，这也成为研究市场社会主义和我国社会主义市场经济的重点问题。

本文的创新点在于找到了从经济伦理对比视角来看待市场社会主义对我国社会主义市场经济的借鉴作用，即对市场社会主义理论加以批判地借鉴，达到完善我国社会主义市场经济理论的目的。

第二章 市场社会主义的概念与理论实践发展

第一节 市场社会主义的含义

作为世界社会主义运动的重要流派之一的市场社会主义在西方发达资本主义国家和东欧国家都是被重点研究的领域。它是一种既区别于以美国为代表的资本主义即"市场资本主义",又区别于以苏联为代表的社会主义即"计划社会主义"的一种独立模式的社会主义。它是探讨社会主义和市场经济能否结合以及如何将二者结合的理念。虽然市场社会主义所要研究的基本领域比较明确,但是各国专家学者研究的侧重点却不尽相同。因此,国内外学者们对它的定义也是众说纷纭。

在经济学上,市场社会主义被定义为"关于社会主义资源配置的经济学。"罗默和巴德汉在其主编的论文集《市场社会主义:当前辩论》(1993)中认为:"市场社会主义是一种经济制度,它在许多方面是资本主义和已被付诸实践的社会主义的混合物。"罗默主张将社会主义定义为"一种制度,在这种制度中存在将总利润在人口中或多或少进行平均分配的制度性保证。"是"一种把市场体系的力量和社会主义的力量结合起来的新模式。"

美国比较经济学会前主席水德布洛姆基于对生产的两种最终控制形式即消费者偏好或政府偏好,主张以消费者主权和生产者主权作为划分的标准,并参照私人所有制和国家所有制这两种所有制形式,把市场社会主义界定为以公有企业为基础的消费者主权的市场体制,亦即公有企业的市场导向制度或"市场取向的社会主义。"美国《新帕尔格雷夫经济学大辞典》（1987年版）对市场社会主义做了权威性的说明："市场社会主义是一种经济体制的理论概念（或模式），在这种经济体制中，生产资料公有或集体所有，而资源配置则遵循市场（包括产品市场，劳动力市场和资本市场）规律对于现有的种种社会主义经济来说，这一名词往往是更广地概括这两种体制：在严格意义上趋于接近这一定义的那种体制（像南斯拉夫1965年后的市场社会主义道路），以金融调节和种种刺激作为中央计划的手段来替代命令和对生产商品进行实物分配的那种体制（即受调节的市场像匈牙利1968年改革后的'新经济体制'）。"

以牛津大学经济学教授大卫·米勒为代表的英国市场社会主义学派从市场这个手段和社会主义目的之间的关系来界定市场社会主义，"市场社会主义"就是"用市场来实现社会主义的目的。"他们认为，"市场"是指一种特定的经济组织形式，是配置经济资源，分配经济权力和协调经济决策的手段，是调节商品生产和服务供应的工具，也是人们据以做出有关消费和就业选择的方式。"社会主义目的"则是指人们为了消除现有社会的弊端而要努力实现的一系列目标，如消除强者对弱者的剥削，实现人与人之间在收入、福利、地位和权利诸方面的较大平等，满足人的基本物质和精神需求等等。他们认为，许多社会主义者将上述目的和某些特定手段相混淆了。① 支持英国工党的经济学家埃斯特林和格兰德提出："运用市场来实现社会主义的目的……便是……市场社会主义。"② 韦斯科普夫指出，市场社会主义设法实现平等，民主和团结这传统的社会主义目标，而同时又保持经济效率，即保存市场。瑞典社会党领导人说："市场社会主义"没有被普遍接受的统一的定义，"它是一个包罗市场在其中发挥重要作用的所有版本的社会主义的总括性术语。"③

当代经济学家对市场社会主义的认识也是各有不同。科尔内所理解的市

---

① 埃斯特林：《市场社会主义》，经济日报出版社，1993年版。

② ［英］索尔．埃斯特林，尤里安．格兰德．《市场社会主义中译本》．经济日报出版社，1993年版，第1页。

③ David. Miller and Saul Estrin, "A Case for Market Socialism: What Does It Mean? Why Should We Favor It?", in Frank Roosevelt and David Belkin, eds, why Market Socialism? New York, 1994, P. 225.

场社会主义专指 20 世纪七八十年代东欧各社会主义国家在改革过程中所形成的经济体制，其特征包括共产党在政治上的领导地位、公有制（国有制）为主体、国家定价和市场定价并存等。斯蒂格利茨认为市场社会主义经济的价格多由计划者确定，投资经济由中央直接分配。伯利纳则认为市场社会主义的公有企业不一定是国有企业。而罗兰等人则认定市场社会主义的企业完全由国家拥有和控制。以沃德·沁尔顿为代表的西方经济学家则倾向于把市场社会主义视为一种合作社社会主义以及工人参与管理经济的模式。

国内学术界普遍认为市场社会主义是通过市场来实现社会主义的目标。大多数学者指出，"市场社会主义"将社会主义看作是一种目的状态的理论，将市场视为程度性制度。既然市场只是一种程度性制度而与任何实质性的目的状态无必然联系，它就可以被作为一种手段运用于任何目的，它可以为资本主义所用，也可以为社会主义目的服务。因此，市场与社会主义是可以兼容的。"市场社会主义"正是市场与社会主义的结合。① 钱颖一和徐成刚则将社会主义定义为绝大多数生产资料公有的经济，并认为市场社会主义与国家社会主义的区别在于前者主要由市场而非中央计划来调控经济。

从目前研究可以看出，市场社会主义是一个综合性的概念，从把市场作为配置资源的一种手段和它服务于社会主义目的关系上，从公有制经济关系同市场的结合上，从与资本主义、国家社会主义和社会民主主义这三种基本经济体制之间的关系上，市场社会主义是探讨如何将市场的高效率和社会主义优越的政治条件结合起来的理论主张，同时也是探索了替代资本主义的新型社会主义模式。专家学者们对于市场社会主义的论争在不同时代有不同的侧重点。从 20 世纪 80 年代末前期界定来看，市场社会主义是生产资料公有制条件下市场导向型的经济体制。在现实中以南斯拉夫的自治社会主义经济体制和匈牙利的"新经济体制"为模型；东欧剧变后，西方学者对市场社会主义的界定是重新审视传统社会主义模式，并得出结论：苏联模式的社会主义是行不通的，研究的侧重点也转到将计划、市场和社会形态相分离。东欧学者在此时认为市场社会主义思潮早在剧变前就在东欧地区流传甚广，而东

---

① 王元."市场社会主义"理论系统评述. 社会主义研究，1996（5）.

欧剧变后，他们就更加明确地提出构建市场社会主义的理论主张。

尽管市场社会主义概念界定不尽相同，但这些概念有其共同的特征，即市场社会主义是有别于资本主义和传统社会主义模式的一种崭新的社会主义，这种社会主义的理论概念和模式所体现的目标就是生产资料公有制和市场配置资源的完美结合，只有这样才能实现经济效率和社会主义的价值观。

第二节 市场社会主义的理论渊源

从科学社会主义的角度来看，市场社会主义存在着理论上的矛盾性。首先，市场是从资本主义社会脱胎而出的产物，它会导致剥削等弊端的产生。而社会主义一直以来则是以生产资料公有制、按劳分配方式、计划经济体制为特征，而这又与市场格格不入。恩格斯曾断言："一旦社会占有了生产资料，商品生产就会被消除而产品对生产者的统治也将随之消除。社会内部的无政府状态将为有计划的自觉的组织所代替。"[1] 其次，许多社会主义者认为市场机制和社会主义政治目标和价值追求相结合是不可能的，但市场社会主义者还是从其理论渊源角度进行了研究。尽管兰格模式后，市场社会主义才真正开始了它的发展历程，但市场社会主义思想源头却可以追溯到兰格模式产生前的一百多年了。正如贝尔金所指出的，"将社会主义与市场——真正的市场——结合起来的观点实际上在兰格以前的一个世纪就提出来了。"最早提出市场社会主义思想观点的是欧洲早期的工人运动的领导人或参加者，如蒲鲁东、霍奇金、沙夫勒. 伊利和穆勒等。他们认为，依靠国家的强制力量对国家范围内的经济活动进行行政式的指导将对社会主义乃至世界社会主义运动产生不利的影响。对此，他们提出要利用市场而非消灭市场的方式来消灭剥削。在当时，虽然各社会主义者有着各自不同的社会主义理念，但他们都强调实行小范围内的集体化来参与竞争性的市场，并将其作为经济运行的机制和经济增长的动力以及手段和目的的方式，实现国家的计划。在这其中以

---

[1] 马克思，恩格斯：《马克思恩格斯选集（第 3 卷)》，人民出版社，1995 年版，第 63 页。

穆勒的早期原始市场社会主义最为代表。他认为"大一统"不利于促进自由的扩大和经济的进步，而自由的扩大与经济的进步是密切相关的。他认为，靠劳动为生的人要么成为单独的劳动者，要么为老板工作，这两种情况均不理想，但"改进的目标不应该是将人类置于各自为政的状态，而是使人类能在非依附的关系中为相互的利益而工作。"穆勒将合作组织内的竞争看作是至关重要的，因为只有竞争才能使合作组织创新生产、促进经济发展。"原始的市场社会主义"其特征是真正的竞争性市场的框架内在企业一级实行集体计划，而不是在集体计划的框架内搞模拟的或受到管制的市场。① 以上情况说明早期的社会主义改良主义思潮如空想社会主义、费边社会主义等左翼思潮在与市场社会主义相互借鉴过程中催生了市场社会主义萌芽的形成，并在后世哲学、经济学、社会主义运动等思想的共同作用下不断发展壮大。市场社会主义理论渊源必然表现为复杂多样性的特点，具体而言：

一、改良的社会主义思潮

早期改良的社会主义思潮如空想社会主义、行会社会主义、费边社会主义等思想对市场社会主义思想的形成起到了重要的作用。具体来看：

以欧文、傅立叶等为代表的空想社会主义者曾提出了财产公有、平等权利的萌芽主张。这些空想社会主义者们以巨大的想象力设计出未来改造资本主义社会的途径和构建未来社会主义社会的模式，并且以现实中大生产为基础构建了未来社会主义社会生产组织形式。托马斯·莫尔的《乌托邦》就是例证。以蒲鲁东为代表的无政府主义者则从反对权威和国家消亡的角度来论证自由的重要性，他们提出了公平是最高的法律的观点；无政府状态是高度完善的政治形式；建立在平等法律独立性、相称性基础上的"自由"的第三种社会形式；用人民银行来改造资本主义实现互助主义。② 无政府主义体现了对资本主义的无情揭露和批判，即揭露了剥削制度所造成的贫富对立和无产者受奴役的悲惨状况，揭露了资本主义生产的无政府状态以及竞争、垄断和

---

① Ibid, PP. 10-13.
② 徐觉哉：《社会主义流派史（修订本）》，上海人民出版社，1999年版，第86-91页。

经济危机等病症带来的严重后果，揭露了资本主义的政治制度从思想道德方面抨击了资本主义。① 基尔特社会主义将基尔特作为管理工业的机构，建立工人监督工人的制度，公民应该是他自己的统治者，社会应该是自我管理的社会，民主不仅要应用到政治领域，而且还要应用到社会活动的其他领域，其核心是工人自治，由工人管理工厂。② 以萧伯纳、韦伯、华莱士、奥利维尔为代表的费边社会主义者将资本主义社会传统的自由民主政治与社会主义相结合，从而推行循序渐进的社会进化原则，"和平长入"的宪政道路的市政社会主义道路。③ 以英国工党理论家拉斯基为代表的民主社会主义以主观唯心主义的伦理价值观作为其思想和理论基础，并以多元主义的论证与马克思主义的唯物史观相抗衡，在变革社会现实中，采取渐进主义指导下的改良政策。④ 第二次世界大战后的"第三条道路"在新的历史条件下，对资本主义所面临的新情况、新问题和新矛盾进行了探索，强调"五大平衡"，超越左右，摆脱过时的意识形态；统一"个人与社会"，倡导建立共同体意识；兼顾"公正与效率"，重塑社会团结的凝聚力；均衡"权利与责任"创建"利权人型"的福利制度；协调"放任自由与国家干涉"，主张靠公共权力的干预来弥补市场的缺陷⑤，等等。

各个不同历史时期的社会主义改良思潮的一个重要特征就是：经济的运行要依靠自身的规律来起作用，国家对于经济的运行采取管理的态度而非直接参与的行动，其折射出的分权模式下的市场机制作用则是以后市场社会主义者构建其理论和实践的重要基石。可以说，正是由于市场在配置经济资源方面的独特作用和有效性，使得早期的社会主义改良主义思潮的代表人物们认识到社会主义和市场相结合的重要性，这就为后来市场社会主义进一步发展奠定了理论基础。

① 徐觉哉：《社会主义流派史（修订本）》，上海人民出版社，1999年版，第22－23页。
② 刘向阳：《中国社会主义市场经济与当代国外市场社会主义之比较》，中国学术期刊网，第4页。
③ 徐觉哉：《社会主义流派史（修订本）》，上海人民出版社，1999年版，第195－197页。
④ 徐觉哉：《社会主义流派史（修订本）》，上海人民出版社，1999年版，第344页。
⑤ 徐觉哉：《社会主义流派史（修订本）》，上海人民出版社，1999年版，第358－362页。

二、西方经济学理论

20 世纪西方经济学界探讨了社会主义条件下资源配置的方式问题，并且进一步得出了市场社会主义可能在社会主义条件下实现的可能性。在这期间，西方著名经济学家如瓦尔拉、雏塞尔、帕累托等人将西方经济学上的理论主张将一般均衡论等理论研究成果应用于资本主义经济实践，这对丰富和发展市场社会主义的理论和实践进行了有益的探索。

马歇尔在论文集《应用政治经济学研究》中指出，在社会主义条件下可以通过国家方法组织和维持自由经济竞争，建立完全竞争机制，从而使一般均衡价格得以实现。作为奥地利学派的代表人物，他确立了"边际"概念，在分配方面创造了"归属"概念，在《自然价值》一书中他提出，即使在共产主义经济中也需要经济计算，存在"估算价值理论"，必须运用与资本主义相同的经济衡量标准和本质上一致的计算原理。另一位西方著名经济学家帕累托在《政治经济学讲义》等著作中指出，社会主义制度下能够创造并实现"最优福利状态"的条件，达到生产资源的有效配置，甚至社会主义经济可能比自由经济更容易实现最优化产出量。他还认为社会主义运用情感的力量给个人和集体生活带来实际变化更为有效。帕累托的弟子巴罗内于 1908 年发表了著名的论文《集体主义国家的生产部》，系统地阐述了经济达到资源优化配置的必要条件，并初步提出了"试错法"求解均衡方程式达到计算价格与最低生产成本相等从而实现资源最优配置的思想。他在论证中指出，社会主义经济计算问题可以归纳为社会主义条件下如何使社会福利最大化的一般均衡问题，并且以复杂的联立方程式来描述社会主义一般均衡条件，但他也明确指出搜寻成本最低的技术无法纳入数学解决法，只能采用大规模的试错法。实际上，将此方法付诸实施不仅消耗大量人力，而且极其复杂，效果未定。一战后，奥地利经济学家诺律拉特看到战争的破坏给奥地利利造成了巨大的经济损失，提出成立一个"自然会计中心"以"自然的"（即非货币的实物）方式来管理国家经济，但是以奥地利经济学家米塞斯为代表的奥地利学派严厉批判诺伊拉特的建议，并且极力反对马克思、恩格斯的科学社会主义理论和苏联模式社会主义；1921年米塞斯发表了一篇题为《社会主义国家的经济计算》的论文，声称在社会主义条件下不可能进行合理经济计算，不能实现资源的合理配置，因此社会主义在实际上是行不通的①。米塞斯提出作为复杂经济体系的现代社会，需要进行精确的计算来提高效率，达到资源的优化配置，实现"帕累托最优状态"其中生产资料的私有制、劳动集体所有制可以有效地保证经济中"客观交换价值"（市场价格）作为经济计算单位的实现，在市场价格的作用下，市场自发而又合理地配置经济资源，这种经济规律应用于社会主义社会也是合理的。因此，在社会主义社会中商品的生产和销售等环节并不能实现社会化，在社会化的环节存在着交换的原则，所以就有可能利用市场价格机制以货币为媒介来实现交换。"没有自由市场，就没有价格机制；而没有价格机制就没有经济计算。""因此，在社会主义国家，每一个经济活动的价值不能事先评估，也不能事后确定，只能在黑暗中摸索。社会主义是对合理经济的扬弃。"② 泰勒提出了中央计划局用试错法按照供求均衡法则来搜寻生产资料的均衡价格的具体方案。正是在泰勒模式的研究基础上旅美经济学家兰格提出了著名的兰格市场社会主义模式，开启了市场社会主义研究的先河。

三、马克思主义政治经济学和科学社会主义

19世纪中叶，生产社会化和资本主义私有制的矛盾日益暴露，无产阶级和资产阶级的对立成为居于主导地位的社会矛盾。一方面，为资本主义辩护的庸俗经济学逐渐取代了古典经济学而居统治地位；另一方面，无产阶级作为独立的政治力量登上历史舞台，迫切需要无产阶级的科学理论体系的诞生。马克思恩格斯通过分析资本主义的经济形态、经济运行机制，论证了社会主义和共产主义取得胜利的历史必然性，形成了马克思主义政治经济学。

马克思主义政治经济学的重要观点包括：商品的二因素和生产商品的二

---

① Ludwig Von Misses, "Economic Calculation in the socialist Commonwealth", in Hayek, ed, Collectivist Economic Planning, London, 1935.

② Misses. "Economic Calculation in the socialist Commonwealth", in Hayed, ed, Collectivist Economic Planning. PP111 – 112.

重性；商品的价值与价值量；商品的价值量与劳动生产率的关系；货币的本质和职能；价值规律是商品经济的基本规律、价值规律的表现形式；市场机制；资本流通形式和商品流通形式的区别；资本主义生产过程及其特征；绝对剩余价值生产和相对剩余价值生产以及超额剩余价值；资本的有机构成、资本和剩余价值的具体形式；产业资本循环经历的三个阶段和采取的三种职能形式；固定资本和流动资本；资本周转速度对剩余价值生产的影响；国家对经济活动的调节和干预；社会总资本简单再生产的实现过程和实现条件；社会总资本扩大再生产的前提条件和实现条件；公有制经济的含义和多种实现形式；确立劳动、资本、技术和管理等生产要素按贡献参与分配的原则；计划与市场两种调节手段的有机结合；建立健全现代产权制度；统一、开放、竞争、有序的市场体系；宏观调控的必要性；目标、手段和政策，等。

市场社会主义从马克思主义政治经济学中得到了诸多启发。如，社会主义社会不能取消货币，也不能取消价格，相反应该使用货币、价格等手段来构建合理有效地配置资源的市场体系，这就是体现了在"计划模拟市场的兰格模式"中货币的经济计算是社会主义经济资源配置的重要内容，等。马克思主义经济学家们的社会主义经济理论虽然在早期并未认识到市场机制的重要作用，但他们也是根据实践的变化逐渐认识到了市场合理配置经济资源的重要作用，这些思想也就成了以后市场社会主义构建理论和实践的重要内容。

科学社会主义是伴随着欧洲产业革命的进行而产生的。欧洲产业革命背景下的社会生产力获得了巨大的发展，生产的社会化程度越来越高，而生产资料却集中在少数资本家手中。经济危机的爆发客观要求以生产资料公有制代替生产资料私有制，这就为科学社会主义的诞生提供了经济条件。与此同时，资本主义大工业的发展，使早期手工工场的工人逐渐转化为近代无产阶级，无产阶级同资产阶级之间的矛盾和阶级斗争也日益尖锐化。19世纪30、40年代著名的三次工人运动标志着无产阶级已经作为独立的政治力量登上历史舞台，为科学社会主义的诞生准备了阶级基础。《共产党宣言》于1848年2月在伦敦公开发表，标志着科学社会主义的诞生，它是科学社会主义的第一个纲领性文件，是马克思恩格斯全部理论研究和革命经验的总结，包括以下理论：阶级斗争是阶级社会发展的动力；资本主义的灭亡和共产主义的胜利是同样不可避免的；无产阶级是资本主义的掘墓人和共产主义社会的建设者；无产阶级革命和无产阶级专政是实现无产阶级历史使命的根本道路；无产阶级政党的正确领导是无产阶级实现其历史使命的根本保证。可以看出，《宣言》奠定了科学社会主义关于阶级论、革命论、国家论、党论、战略策略论的基础。科学社会主义论述未来共产主义社会建立同社会化相适应的生产资料社会公有制，按需分配的分配方式，用合理的计划经济代替价值规律的自发，每个人全面而自由的发展构成了共产主义社会的基本原则。① 早期市场社会主义吸收、借鉴了马克思生产资料社会公有制的思想，并以此为基础参考了科学社会主义的政治目标构建了以市场社会主义模式来替代资本主义社会的政治目标。市场社会主义的"个人自由发展的实现"等提法吸收和借鉴了科学社会主义理论所提出的"自由人联合体"的说法，从这一点上也可以得出结论：科学社会主义的理论成为市场社会主义重要的理论渊源之一。

第三节　市场社会主义的发展阶段

市场社会主义的发展经历了计划模拟市场的兰格模式、计划与市场的分权模式、市场主导的社会主义、市场社会主义的反思与重构四个阶段。

一、计划模拟市场的兰格模式阶段

市场社会主义思潮的萌芽发展是从 20 世纪 20、30 年代发生在西方经济学界的一场大论战中产生的。当时在世界上第一个社会主义国家苏联诞生后，社会主义经济制度的运行问题就引起了世人的关注，其主要是围绕苏联社会主义建设而展开的理论论证，核心是围绕社会主义能否有效进行资源配置的辩论而肇始。以维塞尔、帕累托、巴罗内、瓦尔拉、米塞斯、谢夫勒等到为代表的著名经济学家着重探讨了社会主义的资源配置问题，其核心是苏联如

---

① 徐觉哉：《社会主义流派史（修订本）》，上海人民出版社，1999 年版，第 130－147 页。

何使经济运行合理而有效，以及实现这种目标的可能性。谢夫勒、帕累托、巴罗内和维塞尔等人提出的关于社会主义条件下资源配置可行性问题的论述，创造了社会主义资源配置理论。维塞尔认为财富的效用决定经济财富的价值；帕累托则提出了资源配置的效率不取决于社会制度的思想，社会主义计划在理论上可以恰好达到资本主义自由市场竞争所导致的完全相同的经济结果；帕累托的弟子巴罗内认为社会主义计划经济和资本主义市场经济都是以最低限度的生产费用和价格与生产费用相同为前提，将"试错法"应用于社会主义计划经济，指出社会主义条件下的资源合理配置不一定直接通过市场竞争，但可以通过试验方法和数学模拟论来达到，运用试错法所得出的价格同资本主义市场竞争过程中形成的市场价格具有同样的经济含义进而得出结论：社会主义制度同资本主义制度在组织生产的方式没有太大的区别；哈耶克通过求解微分联立方程说明社会主义经济在理论上可设想，然而在实践上却不可行。列宁提出"新经济政策"在一定范围内以市场作为资源配置的方式，强调实行国家资本主义，通过市场迂回过渡到社会主义。在奥地利经济学家米塞斯看来市场是资本主义的本质，社会主义与市场不能匹配，社会主义只能实行计划经济。30 年代中期，旅美经济学家兰格发表了《勒纳的经济学笔记》批判了否认"试错法"在实践中具有可行性的社会主义反对派。在文章中兰格提出了市场可以和社会主义兼容、计划可以和市场并存、效率与平等一致的著名的兰格模式。其假定在社会主义经济中消费品和劳动力市场可以是自由的，生产资料归社会所有，不存在生产资料市场，中央计划机构根据"试错法"模拟市场决定产品的价格，最终制定出供求相等的"均衡价格"体系。由于中央计划机构对整个经济体制动态的了解要比私人企业广泛得多，所以"试错法"实现经济均衡比真正的市场调节要快得多，其内容包括生产资料公有制；不完全市场体系；中央计划决策、企业决策和家庭决策的三层决策体系；消费品和劳动力价格通过市场来定价，生产资料价格机制则由中央计划机关采用试错法模拟完全竞争市场竞争来定价，投资率和积累率由中央计划机关确定，工业品的价格则用一种从中央计划机关到企业的反复摸索估计的"试错法"程序决定。兰格模式的价值包括：市场与公有制兼容；计划与市场并存；效率和平等相一致。模式中不存在非劳动生产要素的真实市场，不存在针对生产资源的使用而进行的竞争。最重要的生产要素价格不是在竞争中自发形成，而是自上而下地制定和推行。社会主义应该和能够利用竞争制度作为合理分配资源和组织生产的手段，用计划体制履行市场经济的职能以确保竞争市场的"均衡条件"的实现，并且社会主义计划机关能够发展出一种价格体系，可以用于比较不同发展道路的模拟市场。因此，兰格模式是运用价格调节手段的中央计划经济体制。它在肯定社会主义计划经济合理性的前提下，力图建立一种计划和市场相结合的"竞争的社会主义"，它分析了资本主义完全竞争市场运行机制后，提出了社会主义计划经济的"市场试错原理"，阐述了社会主义经济的运行和调节机制。虽然"计划模拟市场"是早期市场社会主义理论并未摆脱计划经济的模式，是一种折中主义的计划——二元机制论，但它毕竟第一次提出了市场和社会主义兼容的问题，构建了市场社会主义思潮，实现了用"经济模式分权取代对实际经济制度的描述。"[①] 虽然他们的思想并不含有市场经济的因素，但从理论上肯定并初步论证了社会主义条件下实现资源优化配置的可能性，隐含了市场社会主义思想的萌芽。

随后米塞斯挑起了社会主义大论战，以泰勒等为代表的经济学家支持以帕累托为代表的社会主义计划经济的反对派，认为竞争规律也同样存在于社会主义中，可以利用资本主义——市场经济中的一般均衡原理来配置资源。以哈耶克为代表的社会主义计划经济的肯定派则认为市场和社会主义不能相容，计划经济没有市场，不能实现合理配置资源。主张实现"兰格模式"的市场社会主义，即在社会主义计划经济的前提下，力图建立一种计划与市场相结合的"竞争的社会主义"来有效地组织资源配置，这也成为计划和市场相结合的基础，标志着市场社会主义的诞生。

二、计划与市场的分权模式阶段

20世纪60、70年代苏联高度集中的计划经济体制的弊端逐渐显现。为谋

---

① 《国内社会科学情报》，1987年第14期，第34页。

求社会主义的发展，苏联和东欧国家开始了体制改革尤其是经济体制改革。霍尔瓦特、布鲁斯、锡克等市场社会主义者适时地论证了计划经济框架内市场机制的作用。因此，东欧国家的市场化改革和实践、计划和市场的关系成了社会主义经济运行中的核心问题。社会主义公有制条件下的价格和工资、利率、外汇的自由化、生产要素的充分发育、硬性的预算约束，利益最大化原则等也成为改革的目标。

在这一时期，市场社会主义思潮主要是围绕着苏联社会主义计划体制而展开的理论论证，并以一种独立的经济学说、经济流派在一些社会主义国家中确立且构成了市场社会主义发展的第二阶段。在东欧，市场社会主义迎来了其理论和实践的大发展时期，以计划和市场相结合的"分权模式"的产生为其理论发展的高峰。其原因是东欧地区的社会主义模式是完全照搬苏联高度集中的计划经济模式，然而苏联模式的弊端在该时期开始逐步显现，对此一些经济学家提出了基于不同社会经济背景的"分权模式"。

东欧这一时期市场社会主义思潮演变成自成体系的独立的学说，形成了各具特色的理论流派及模式。例如，波兰学者布鲁斯的"导入市场机制的计划经济模式"。此学说认为商品货币关系是社会主义资源分配的积极工具，社会主义经济运行机制是具有调节功能的市场机制，企业有选择的自由，可以追求最大限度的利润，但企业不能根据市场的反应随机确定价格，价格只能由国家制定，并通过它调节市场。捷克经济学家锡克的"社会主义计划性市场经济模式"提出了计划和市场结合的理论，认为社会主义市场的外部形式是"经济上的买卖"，其实质是借助于货币和价格，按比例进行使用价值和交换价值的交换实现"所耗的劳动同社会需要之间的矛盾得到解决。"① 该模式提出了中央计划作为宏观收入分配计划；注重积累与消费的比例，结构平衡和利润合理分配；生产资料和消费资料由自由市场机制决定；资金在各部门和企业之间自由流动等问题。匈牙利经济学家科尔内的"在计划经济内导入市场机制的模式"提出了以市场调节为主的机制。英国经济学家诺夫提供"可行的社会主义经济模式"。英国经济学家米德提出"自由劳动模式"。在

---

① 锡克：《社会主义计划和市场》，中国社会科学出版社，1982年版，第156页。

这些模式里，以资本主义私有制为基础，以理性的经济人为假设，利用市场机制来自动地调节生产和需求达到均衡状态。模式中国家对于国有经济的干预，对于收入的分配和保证消费者的效用最大化都是必不可少的。米德自由劳动模式的实质就是资本主义的自动调节机制。苏联的列昂节夫等人认为社会主义经济是有计划的商品经济。在计划经济的框架下实现计划与市场的结合，等等。此外，市场社会主义在这一阶段进一步明确提出了"市场机制中性论"，即市场和计划都是配置经济资源的手段，社会主义也可以有市场，资本主义也有计划，两种社会形态中既没有完全的计划经济也没有完全的市场经济，计划和市场并不属于意识形态的范畴，这种理论认识上的重大突破极大地促进了市场社会主义的发展，也更深入地研究了市场社会主义的理论和实践。"经济运行机制中性论"的提出是同社会主义准则相一致的。"市场社会主义在获得市场优点的同时避免了资本主义的缺点。"①

不仅如此，市场社会主义理论还被应用到实践中，南斯拉夫自治社会主义和匈牙利的"市场社会主义实验"就是最好的例证。它们的市场社会主义模式被认为是该时期的主要成果。具体而言：南斯拉夫市场社会主义"自治模式"批判了苏联模式的弊病，探索了社会所有制，认为劳动者自治是使劳动者成为生产资料的主人，这样参与生产计划和劳动成果的分配。自治计划主要靠自治协议、社会契约、价格手段对市场进行指导和调节，其以工人自治为核心的自治社会主义就是其市场社会主义理论的概括。匈牙利"改革之父"卡达尔对匈牙利实行新经济体制改革，实行以金融调节等刺激手段作为中央计划的手段来代替命令和对生产商品进行实物分配的体制，形成了"分层决策的社会主义"，等。可以说，市场社会主义的这些理论在第一阶段发展的基础上对社会主义和市场的关系做出了进一步探索，也在实践领域内更加丰富和发展了南、匈两国的"市场社会主义实验"，这样苏东社会主义国家的改革为社会主义模式多样化的形成提供了现实依据。总之，苏东地区左翼市场社会主义思潮是以马克思主义基本理论为指导，根据社会主义国家改革的

---

① 迪夸特罗：《市场社会主义与社会主义准则. 现代国外经济学论文选第13辑》，商务印书馆，1992年版，第64页。

经验教训形成了新的社会主义商品经济观，它是在计划经济下来引入市场机制的作用，以此来提高社会主义的经济效率。然而，此时由于市场社会主义者在理论上仍旧认识不深，因此实践上未能触及计划经济体制，东欧各国的市场化改革以失败告终。

三、市场主导的市场社会主义阶段

20世纪80年代苏联、东欧进行了经济体制的深层次改革，市场社会主义思潮在这期间也得到了有效地传播，获得了重大的理论发展。苏联大批拥护改革的经济学家、社会学家分析和批判了苏联的经济体制，认为商品货币关系是高度分工的社会生产力的应有特征，市场是计划经济的必然属性，离开商品货币关系和市场机制的社会主义是不可想象的。社会主义并非经济集中控制、指令管理和行政体制。企业必须是独立的商品生产者，拥有高度的自主权。虽然如此，苏东国家的市场社会主义试验并未取得成功，反而出现了衰退的局面。这一时期，市场社会主义思潮发展的重要成果就是"市场主导的市场社会主义"理论即"市场主导机制论"的形成，即对传统和过时的经济理论和政策进行了调整，形成了以市场为核心的社会主义基本模式。这种"市场社会主义"从空泛的概念发展成初成体系的理论学说。该模式修正了传统社会主义的"结果平等"的理论转向，是以追求"起点平等"为目标的理论。在所有制问题上提出公有制和私有制的相互补充作用的重要性，并强调以此为基础构建一个有活力的公共利益服务体系，强调市场在资源配置和提高效率方面的作用，市场和社会主义是可以兼容的。这一时期，市场社会主义思潮发展的另一重要成果就是"市场联姻论"的提出，该理论是：资本主义完全脱离市场是不可能的，但市场彻底脱离资本主义则是极有可能的，这种"分解"会把市场同社会主义"联姻"在一起。[1] 即利用市场可达到社会主义政治、经济目的。"市场联姻论"找出了社会主义目的和手段的关系，它追求社会各方面的平等目标，突破了传统社会主义将目的当作手段，将手段

---

① 埃斯特林，格兰德：《市场社会主义》，经济日报出版社，1993年版，第1页。

当作目的的错误看法。埃斯特林指出："这种传统认识并不具有逻辑依据，计划的实质并不意味着平等，国有化的内在市场也并不是消灭剥削。展开来讲，市场的内在实质也不会阻碍人们用它来实现社会主义的目的"，更不会障碍人们"构想一种能够实现社会主义的目的甚至结合某种特定形式的社会主义手段的市场制度。"① 可以从"市场联姻论"来推导出"经济机制中性论"，进而得出"市场主导机制论"。埃斯特林也对"市场主导机制论"作了全新的论证。在资源配置上，计划经济体制必然会削弱市场经济体制的作用，甚至是阻碍市场机制的发展。埃斯特林主张"最好将市场作为主要机制，只是在有需要之时才用非市场机制对它进行了补充。"② 市场机制可以在不存在市场失灵的情况下发挥比非市场机制更好的作用。"在一个希望采取社会主义目标的复杂的工业社会中，市场应成为交易机制的主导形式。"③ 它们与其他制度一起能够以令人满意的方式为一个经济制度配置资源提供信息和刺激。从社会制度来看，市场和市场关系是社会主义"经济制度的普遍特征"。④ 此外，市场社会主义80年代开始同自由主义合流对传统社会主义进行了否定，埃斯特林声称市场社会主义"激进的重新取向"这意味着要对社会主义国家所特有的集权手段干涉经济的倾向加以抑制。也许更重要的是，这意味着我们对国家恰当角色的认识的改变。市场社会主义者对官僚权贵的意图和政府干涉的效率极不信任，这使他们激赞放任自由。"⑤

总之，"市场主导的市场社会主义模式"极大地突破了以往市场社会主义的认识，使得计划和市场两种手段的作用更加明确，即将市场作为实现社会主义的一种主要手段，突出了市场的主导作用，而计划只是作为市场手段的补充在市场失灵时发挥其调控宏观经济运行的作用。"市场主导的市场社会主义"模式在"经济运行机制中性论"的基础上进一步发展了计划和市场手段性的作用，这些理论贡献极大地促进了市场社会主义的研究。

---

① 埃斯特林，格兰德：《市场社会主义》，经济日报出版社，1993年版，第2－6页。
② 埃斯特林，格兰德：《市场社会主义》，经济日报出版社，1993年版，第14页。
③ 埃斯特林，格兰德：《市场社会主义》，经济日报出版社，1993年版，第107页。
④ 埃斯特林，格兰德：《市场社会主义》，经济日报出版社，1993年版，第144页。
⑤ 埃斯特林，格兰德：《市场社会主义》，经济日报出版社，1993年版，第2页。

四、市场社会主义的反思和模式重构阶段

20 世纪 90 年代在西方资本主义国家兴起的市场社会主义是其发展的大反思和确立新形态的阶段，在该时期市场社会主义重新构建了理论模式。市场社会主义模式的改革在 80 年代末 90 年代初失败，期间东欧和苏联相继发生了剧变，世界社会主义运动处于十分严重的衰退趋势之中。东欧剧变后，新自由主义经济理论批判了社会主义计划经济。在政治上，资产阶级也从意识形态上批判了社会主义。在这样的背景下，苏东国家普遍采取了极右政策，即政治上追随资产阶级的意识形态，经济上则推崇自由放任的市场机制，实行"休克疗法"，以求迅速向资本主义转变。然而这样做并没有达到目的，通货膨胀上升，失业率激增，社会福利水平下降等问题反而接踵而至。

在这种背景下，市场社会主义在西方发达资本主义国家重新活跃起来。它一方面批判了苏联模式的弊端；另一方面也反思了其理论价值，并积极构建适合 90 年代特征的市场社会主义的新模式。总的说来，市场社会主义将现代经济理论同马克思主义经济理论相综合，革新马克思主义传统，这不同于以往市场社会主义理论只是与苏联模式社会主义理论相综合，而是回归到马克思主义核心理论，并且在继承的基础上批判地发展了马克思主义，也对新自由经济理论进行了批判，充分肯定了社会主义的优越性，更加重视社会主义价值目标的实现，坚持和发展了"市场机制中性论"。它主张在东欧剧变的历史背景下要辩证地总结世界社会主义运动的经验、教训，由此构建出许多不同类型的市场社会主义模式。① 这就是说，市场社会主义是在区分实现社会主义目的和手段及市场经济和社会主义如何兼容的基础上进行的，探讨和建构了市场社会主义的新模式。这些新模式包括：罗默的"银行中枢市场社会主义"，扬克的"实用的市场社会主义"，巴德汉的"以银行为中心的市场社会主义"，米勒的"合作制市场社会主义"，韦斯科夫的"民主自治的市场社会主义"，布洛克的"剥夺金融资本权力的市场社会主义"，施韦卡特的"民

---

① 杨龙芳. 市场社会主义思潮发展的四个阶段 [J]. 当代世界与社会主义，1997（1）。

主自治的市场社会主义"等模式。

这个时期以效率和平等为基础的市场社会主义新模式可以归纳为五种类型：一是工人管理企业类型。工人有权监督企业，但不拥有企业的股票，以韦斯科夫的模式为代表。韦斯科夫的模式理论建议自治企业的资金主要来源于共同基金的股份，但共同基金不能凭它的股份拥有表决权。二是工人所有制类型。企业工作人员不仅有权监督企业而且完全控制企业股票。三是经营管理型。自然资源和固定生产基金是形式上的公有制，但有偿地交给个人或集体支配。承租人然后作为私人企业家进行活动，以罗默的"证券模式"为代表。罗默主张将全国所有企业的资产以证券形式平等地分配给所有成年居民。证券可以在证券市场上互相交换和流通，但不能同货币交换，劳动者凭证券可获得本企业和其他企业的红利。红利的多少取决于企业经营的效益。四是没有资本家的资本主义组织类型。企业的权力掌握在某些社会组织手中，以布洛克模式理论为代表。布洛克的"剥夺金融资本权力模式"建议通过各国的专门方法和国际协定对资本主义金融制度进行结构改革，没有金融资本的剥削权力，促进经济民主化。企业则实行由政治权利协调股东、企业工作人员和用方的共同管理。五是混合经济类型。未来社会是市场经济和非市场相结合的混合经济。这些模式的建构要创造比资本主义制度具有更高的效率和更大的公平，需要发挥市场的主导地位和作用，发挥公有制的优势来建立一个高效、平等的政治、经济体系。总之，20世纪90年代的市场社会主义者认为产权制度和公有制只是实现社会主义目标的手段，而社会主义的目标则是社会在各方面平等的实现，对此就要将市场机制的效率和社会主义的平等结合起来构建既不同于资本主义私有制又不同于社会主义公有制的产权制度，以实现社会主义的价值和目标。我们可以归纳出其理论特征：在社会主义条件下，如何利用市场机制更好地配置资源来提高社会主义的经济效率。这就为市场社会主义学说特别是经济学说提供了思想上的论证。他们进而得出结论：社会主义应该是追求平等、自由、理性和民主的社会模式。然而，历史的经验教训表明：市场社会主义的学说并未摆脱计划—市场的二元模式。在现实中，南匈两国的"市场社会主义实验"也并不成功。因为在市场经济如何与社会主义结合、社会主义所有制等问题上，市场社会主义未能找到一条可操作的途径。这种改良主义的特性，最终使社会主义运动遭受挫折。

第四节　市场社会主义的基本观点

作为将近一个世纪以来对社会主义和市场经济关系探索的理论和模式的总称，市场社会主义在其发展的历程中形成了各自特色的理论和模式，尤其是东欧剧变以后，市场社会主义流派的重构越来越体现出多样化的趋势，这也再次成为理论界研究的热点。无论是在历史上还是在当代，市场社会主义在不同的历史时期表现出了相同的特征，这也有利于我们进一步地理解市场社会主义的内涵。

一、本质：资本主义改良性质

市场社会主义和其他社会主义流派重要区别之一就是市场社会主义的政治目标不同。市场社会主义在东欧地区有着悠久的历史，无论是在苏联模式时期还是在东欧剧变以后，东欧市场社会主义思潮都有着深刻的影响力，这反映了传统社会主义国家在计划经济内引入市场机制以完善社会主义的思路。所以，一方面市场社会主义是研究在传统社会主义基本的政治、经济条件下的社会主义和市场经济相结合的问题；另一方面，由于西方资本主义国家的市场社会主义是在发达的资本主义的现实基础上对未来社会主义进行的描绘和构建，由于它的理论模式不同于计划社会主义，而主张公有制下的国家调节，并且不排除资本主义私有制。所以，市场社会主义尤其是当代市场社会主义着力探讨如何改良资本主义社会并且发展以民主、自由、平等为目标的社会主义因素，在发达资本主义国家高度发达的物质精神文明成果的基础上，循序渐进地实现社会主义，这种改良主义的社会政治目标是市场社会主义的重要特征。

二、强调：市场主导的社会主义模式

市场社会主义一直强调市场的中心地位，这也正是在纠正以往传统计划经济条件下的社会主义缺乏效率后提出的。市场社会主义将市场引入到社会主义的领域内，并将两者结合在一起来实现社会主义的政治、经济、社会等一系列目标。"市场主导的市场社会主义"更是从市场经济职能的角度来突出市场在经济运行中的主导作用，即因时因地利用市场手段来配置资源。

社会主义经济运行的主要方式要靠市场来完成，传统社会主义特征是计划和行政干预，这仅仅应该作为市场失灵的弥补手段。伦敦经济学院经济学家埃斯特林和温特指出，"在一个希望采纳社会主义目标的复杂的工业社会中，市场应成为交易机制的主导形式，它们与其他制度在一起，能够以令人满意的方式为一个经济制度配置资源和提供信息和刺激。"市场机制的作用是显而易见的，市场机制能够自动地达到均衡，提供积极的激励因素。例如：商品生产的波动是依据市场供求力量的对比来决定的，当供不应求时更多的生产将会产生，导致供求平衡；但当继续扩大产量时，则供大于求价格下降，生产减少，往往复复市场达到均衡。中央计划在市场"看不见得手"的作用下显得作用有限；市场可以促使生产者改革生产技术，加大创新力度，促使科技的优胜劣汰；市场也能够实现一些重要的价值目标如自由和民主等，而如果计划制度被运用成主导机制的话，那市场和整个经济系统就会衰弱，不能发挥其应有的作用。"因此，主要的交换机制只能是市场，最好不管的就应当不管。"① 所以计划的内容不能也不可能包含社会生活的种种方面。经济的行为人也不能准确恰当地执行计划，它不能促进效率的提高，反而会造成经济的低效率、垄断、投机、低质量和不平等的产生。

与此同时，市场社会主义模式在强调市场的作用的同时也主张利用计划方式和政府行政对市场进行有益的补充。市场失灵中的信息不对称，外部性等问题就是市场所无法弥补的，这就需要政府的宏观调控即调控垄断行业的价格，调控存在外溢效果的产品、产业。对资本市场等要素市场的信息不对称则需要政府采取补贴、税收、信贷等财政和货币政策来引导市场提高经济动作运作，加大市场的透明度，弥补市场失灵带来的损失。

---

① ［英］索尔·埃斯林特等：《市场社会主义》，经济日报出版社，1993 年版，第 107 页，第 24 页。

三、区分：社会主义的目的和手段

市场社会主义的另一个重要特征就是将目的和手段的关系弄清了，即将资源配置的形式与社会制度分离开，将计划制度和市场机制与社会主义和资本主义分离开来。社会主义的本质特征不是公有制，资本主义的本质特征也不是私有制，计划经济和市场经济不是区分社会主义和资本主义的标志，它们不属于社会基本制度的范畴，而是资源配置的不同方式。不能把计划经济与社会主义画等号，也不能把市场经济与资本主义画等号，资本主义可以搞市场经济，社会主义也可以搞市场经济。它主张寻求既不同于传统的公有制也不同于私有制而是将两种优势相结合，即形成能将平等和效率相融合的新型社会主义所有制形式。市场社会主义在哲学思维层次上的"手段与目的关系"的新见解为社会主义的创新开拓了更大的空间。

四、主张：社会所有制结构多样化

市场社会主义对于社会所有制结构的认识也是随着市场社会主义的发展而不断变化。如，在生产资料所有制问题上，市场社会主义首先意识到公有制占有绝对优势地位的重要性，主张把资本主义国家中私人所有制企业转为公有制企业，以消除社会中收入分配不平等的现象，但这并不排斥少量私有经济的存在。其次，20 世纪 80 年代末公有制的权威地位在市场社会主义理论中受到挑战。国有经济的低效率和高投入在实践中越来越受到攻击。这样，市场社会主义在理论上也就抛弃了国有制的统治地位。东欧剧变后的私有化浪潮所带来的负面效应也使得越来越多的市场社会主义的理论家们重新审视公有制对于维护社会公平的重要作用。在这样思想的指导下，当代市场社会主义所主张的所有制结构多样化、不同程度和方式的社会所有等思想就应用于所有制上了，即所有制的实现形式实现了多样化。同时，基于资本私有制的成熟和完善，资本主义国家社会化进程也循序渐进地实现了生产资料公有化。概括起来，就是以罗默的"证券社会主义"和扬克的"实用社会主义"模式为代表，就是公有资本实行两权分离的市场社会主义模式。以米勒的

"合作制市场社会主义"为代表的"合作制经济"的市场社会主义，就是整个社会的生产资料公有问题被弱化为合作社内部的"公有"以及劳动者当家作主和民主管理与公平分配。以布洛克的"没有阶级权力的资本主义"方案和埃尔森的"市场社会化"方案为代表的非公有制下的资本限制模式的市场社会主义则是允许资本主义生产资料私有制的存在，强调对资本主义企业进行改造。总之，市场社会主义作为重要的社会主义流派在于它主张实行生产资料公有制，反对生产资料私有制。牛津大学政治学教授，分析的马克思主义的重要代表科亨说过，"市场社会主义是社会主义，是因为它克服了劳动和资本的分离。在市场社会主义中，不存在一个不拥有资本的劳动者相对立的资本家阶级。"企业的合作性质、平等的收入分配方式以及社会模式在各方面的优越性更加证明了这一点，这也是当今市场社会主义社会所有制问题多样化的体现。

五、判断：平等和效率的双重目标

根据对市场社会主义的一般性理解，市场社会主义就是研究如何将市场和社会主义结合起来以达到市场的效率和社会主义的基本价值目标的模式。无论是早期的市场社会主义模式还是当代市场社会主义模式其所追求的社会主义价值目标都是相同的，即平等和效率。社会主义公有制争取平等的价值目标和以追求利润最大化为特征的市场经济的效率价值目标都是市场社会主义实现其双重价值目标的具体举措。例如，早期市场社会主义是在苏联模式的背景下着重研究传统社会主义基本经济制度效率的缺失性，探讨如何利用市场来发展社会主义经济，提高经济效率，侧重点在于效率。而东欧剧变后当代市场社会主义在批判苏联模式的同时，重点着眼于探讨在发达资本主义国家注重效率的基础上如何实现社会主义的价值目标——平等，其侧重点在于平等。各种社会主义模式对"平等"的侧重点也有所不同，有的强调结果平等，有的强调起点平等，有的强调机会平等，并且认为政治平等和经济平等一样重要，等等，这些都是市场社会主义所要追求的目标。

六、突出：民主、自由、平等的价值理念

作为资本主义社会的改良或替代物，市场社会主义对于资本主义社会的种种弊端和异化感到失望，故大力提倡真正的民主、平等和自由，尤其是民主已经成为市场社会主义所追求的最基本、最重要的价值目标。如，20 世纪90 年代以来，市场社会主义提出既要吸收资本主义高度发达的政治、经济成果，利用其优秀成果建立物质和精神基础，又要在此基础上大力发展民主，建立以分权模式为特点的充分享受个体自由的社会模式。在建立这样的社会模式过程中，制度保障尤其是充分民主制度的保障是其成功实施的前提，经济效益也要求享有充分的民主，才能保证其经济效率。因此，市场社会主义不仅追求经济民主还追求政治民主、平等和自由。

七、展望：空想社会主义性质

对市场社会主义的研究体现在两个方面，一方面是研究其思想对其他社会主义流派的启发性作用。另一方面则是厘清社会主义和市场经济的关系，市场和社会主义是可以相互结合、互不排斥的。这在理论上表现为各个时期市场社会主义的发展阶段的理论成果，在实践上表现为各国根据各国国情不同所设定的不同的模式，例如南斯拉夫的自治社会主义。东欧剧变后，市场社会主义在世界社会主义极为困难的情况下，承担起了其应负担的责任，是当代"社会"在有效的经济体系内实现社会主义价值的一条可行的道路，是"复兴社会主义的机会"①。各种新型市场社会主义模式在东欧剧变后应运而生，在世界社会主义运动处于低潮的情况下，以一种新的视角重新探讨了实现社会主义的问题，这对于重新振兴世界社会主义运动有着十分重大的意义。然而，虽然市场社会主义所构建的理论和实践模式有一定的合理性和可行性，但其理论模式的先天不足使其实现的可能性受到极大地制约。

第一，市场社会主义的政治目标是"替代"资本主义来实现社会主义，

---

① F. Roosevalt, 1992.

资本主义制度通过什么途径来达到社会主义；市场社会主义所要通过什么样的政治制度和社会力量来保证这样的社会转型的顺利实现，这是市场社会主义所未能清楚认识的问题。第二，市场社会主义幻想通过改良资本主义社会让既得利益集团放弃自己的利益，诸如以公有制的方式来实现其理想的社会经济模式。任何一个社会如果没有一定的强制措施是无法保证新的社会制度的建立的，显然市场社会主义主张具有空想社会主义。第三，市场社会主义并没有揭示出资本主义社会的基本矛盾和其本质所在，妄图通过改良的手段来实现社会主义的目标，这是市场社会主义的根本的理论缺陷。总之，虽然市场社会主义有其内在的理论价值和对未来的参考模式，但由于其理论上的缺陷和实践上的失败，注定了市场社会主义具有浓厚的乌托邦色彩。

综上所述，市场社会主义内在的要求以下几个层面的内容：生产资料所有制形式的多样化；市场导向型的资源配置方式；社会主义价值目标的追求；实践上的两种市场社会主义体制和东欧市场社会主义经济问题的探讨。此外，市场社会主义也对企业制度的构造、企业的激励与约束、委托代理关系、投资与融资政策运作等均做了充分的论证和设计。这些特征说明了市场社会主义内容的丰富性，将有助于我们更好地理解市场社会主义的内涵和外延。

第三章　当代①市场社会主义的构建模式

第一节　当代市场社会主义兴起的历史背景

20 世纪 80、90 年代之交的东欧剧变极大地震惊了世界，也使得世界社会主义运动遭受到严重损失，各国的社会主义运动受此影响也处于空前的低潮期。尤其是在西方，反社会主义思潮空前高涨，使得本来就不发达的社会主义运动几乎销声匿迹。虽然社会主义运动面临如此困难境地，但市场社会主义却并没有一蹶不振，相反市场社会主义等流派做着振兴社会主义的努力。一方面，市场社会主义的学者们深刻反思苏联模式的失败教训，批判总结苏联模式。另一方面，他们继承和发展传统市场社会主义的理论和实践成果，探索了市场社会主义的新模式，以求达到在批判资本主义的基础上以市场社会主义为途径来实现发达资本主义国家向社会主义过渡的梦想。

东欧剧变后不久，德国社会民主党理论刊物《新社会/法兰克福杂志》以《未来的社会主义》为题出版特刊。英国《新左派评论》继续开展 20 世纪 80 年代以来关于市场社会主义的辩论。美国学者巴德汉与罗默选编了论文集《市场社会主义：最新辩论》。《当代马克思》《马克思主义革新杂志》《经济学展望杂志》《政治与社会》等杂志也都发表了市场社会主义的文章。这说明东欧剧变后不久就有大量的文章问世，并提出了各种新模式的构想，诸如罗

---

① 当代专指 20 世纪 80、90 年代以后的市场社会主义。

默的"银行中枢市场社会主义"、扬克的"实用的市场社会主义"、米勒的
"合作制市场社会主义"、施韦卡特的"经济民主的市场社会主义"等等。这
种现象表明，市场社会主义并没有随着世界社会主义的低落而消失，反而呈
现出生机勃勃的景象，那么其兴起和发展的历史背景具体如何进行解读？

一、东欧剧变掀起了探索市场社会主义的高潮

东欧剧变后，资本主义掀起了批判社会主义的高潮，资本主义无可替代
论甚嚣尘上，世界社会主义运动遇到了空前的困难。然而，资本主义的"社
会主义的终结"的预测不仅没有实现反而使世界社会主义得到了一定程度的
恢复和发展。20 世纪 90 年代以后的市场社会主义思潮就是在"东欧剧变"
造成的巨大冲击的历史背景下复兴的，它的复兴与其说是布尔什维克的失败，
不如说是社会民主的破产。西方的社会民主模式是在资本主义社会的基础上
采取改良主义策略来完成的，它走出了一条区别于资本主义和社会主义的第
三条道路，并取得一定的成绩。但是社会民主模式在 20 世纪 90 年代却面临
着生产率下降、巨额赤字、资本外逃等种种危机，并且有愈演愈烈之势。社
会民主主义者在这种背景下，试图探索市场社会主义来渡过危机，这在客观
上促进了市场社会主义的理论复兴。此外，当代市场社会主义思潮也是在对
苏联社会主义模式的反思下发展的，所建构的新模式是对苏联模式的超越。
虽然苏联模式的失败一方面使得社会主义运动失去了方向，使人们对社会主
义的前途产生了迷惑。另一方面则让资产阶级右翼理论家借机攻击社会主义，
社会主义发展前景一片暗淡。但市场社会主义流派的学者们则在反思失败原
因的同时，努力创建适合时代发展的社会主义模式。他们得出结论："东欧剧
变"并不能说明人类追求理想社会的破灭，不能说明社会主义的失败，只能
说明苏联社会主义模式的破产，人类实现理想的社会愿望仍然是可以实现的。
对此，当代市场社会主义以效率为经济目标，以民主、平等和公正为社会目
标，这不仅继承了传统市场社会主义的优点，也与时俱进地构想了各种更优
的市场社会主义模式。以罗默为代表的市场社会主义者直言不讳地说："我愿
意为社会主义仍然是值得追求的理想和它在现实世界的可能性辩护。然而，

正如我所理解的，赞成社会主义经济的观点，需要对构成社会主义的规范进行修正。很清楚，苏联式社会主义已经死亡，但是这并不意味着另一种未曾试验的社会主义形式应该与之一起埋葬。"①

二、资本主义国家的内在矛盾推动了市场社会主义的发展

20 世纪 60—80 年代，大多数西方发达资本主义国家都遭受战后以来最严重的社会、经济和政治危机。通货膨胀高涨，分配不均问题日益尖锐化。市场经济无法解决贫富差距等问题，经济呈现出一种无政府状态，各种社会问题层出不穷，这使得人们对于资本主义的现行制度产生了怀疑和不满。凯恩斯主义在该时期并没有收到效灵，反而使经济陷入了长期滞胀的局面，出现了严重的通货膨胀和经济低增长的局面。美国家庭收入基尼系数 1970 年为 0.3941，1980 年为 0.403，1990 年为 0.428（国际上认为 0.3—0.4 之间为中等不平等），使得人们对于资本主义制度所带来的贫富差距、效率和公平等问题无所作为。凯恩斯主义破产后，西方的新自由主义崛起。它在经济上强调自由化、私有化和市场化政策，这虽然适合了"东欧剧变"后苏东地区国家采取私有化和市场化改革措施的需要，但也导致了苏东地区国家出现了和西方发达资本主义国家一样的资本主义弊端，如分配不均，贫富差距过大，经济危机等。市场失灵会给国家经济带来波动，这与自动均衡论是背道而驰的。

不仅如此，当代资本主义也发生了一系列新变化。科技革命推动了资本主义国家生产力的发展，由此也引发了产业结构的调整和转型。社会结构也发生了重大的历史性转变。传统意义上的工人阶级已被现如今的中产阶级所取代，而且工人阶级的状况也有了很大的改善，社会矛盾也不像 19 世纪那样激烈明显，社会结构呈现出"两头小中间大"的状况，资产阶级对无产阶级的剥削和统治也更加隐蔽和完善。资本主义发展到如今的国家垄断资本主义阶段，也采取了从国家干预经济到放任自由经济的政策，这也反映了当代资本主义政治、经济调控模式的新变化。经济全球化的趋势使跨国公司能够借

第三章　当代市场社会主义的构建模式

---

① ［美］罗默：《社会主义的未来》，哈佛大学出版社，1994 年版，第 35 页。

助其垄断资本的优势来控制经济，在这其中以金融资本为其代表模式和投机掠夺的首发者。不仅如此，西方发达资本主义国家以此为基础进行经济殖民，控制发展中国家的经济命脉，以维护其在世界政治、经济格局中的主导地位。资本主义的制度性质、基本矛盾和危机的周期性并不会因为改良主义思潮的出现而有所消除。因为改良主义并没有真正触及资本主义的根本，而是在政策上加以调整以缓解资本主义弊端所带来的严重后果，这样做只能延长资本主义的寿命而不能从根本上解决业已积累和日益加深的资本主义的基本矛盾。

当代市场社会主义理论的新模式的重构就是在批判资本主义的自动均衡论的基础上完成的，它洞析了资本主义的内在矛盾，并以资本主义基本矛盾为其发展的动力，构建了各种各样的市场社会主义理论模式，提出了寻找效率最大化和最大的公平、兼顾市场和社会主义目标的资本主义替代方案；同样地，当代资本主义内在矛盾的发展反过来又为推动市场社会主义的发展提供了条件。

三、反经济全球化促进了市场社会主义的发展

全球化的发展是一个跨越世纪的自然历史过程，其表现态势则有轻重缓急之分。全球化于 20 世纪末期伴随着世界市场的扩张而急剧涌动起来。经济全球化是生产、投资、金融、贸易在全球范围内的大规模流动，是世界各国、各地区的经济融为统一的、相互依存的一体化过程。全球化的动力基础是生产力的进步，尤其是新技术的发展和市场的扩张。与此同时，资本主义生产方式的扩张又加速了经济全球化的发展。全球化也隐含了不同的发展模式、政治制度和价值观念的扩张和蔓延。与此相对，全球多地也爆发了反全球化运动。反全球化运动一是反对全球化分配不均，贫富差距过大。二是反对维持现秩序的国际金融和贸易结构。三是反对以跨国公司为代表的全球资本主义，反对的重心是整个世界的权力机构。反全球化的直接起因是世界政治与经济格局的急剧动荡：先前的亚洲金融危机为反全球化的爆发埋下了伏笔；反全球化的实质是反资本主义。

20 世纪 90 年代的市场社会主义者正洞察到了发达资本主义国家的经历了战后以来最严重的社会、经济和政治危机，才出现了以罗默为代表的当代市场社会主义者所重构的市场社会主义的理论新模式。反全球化从一定意义上对市场社会主义做出了有益的贡献：第一，反全球化使国际社会开始反思全球化的消极层面，正视严峻的现实，开始进行政策调整；第二，反全球化对国际金融和贸易机制的政策和运作方式产生了一些积极影响；第三，反全球化迫使跨国公司调整自己的行为规范，以体现人道主义的全球化时代的要求。江泽民同志指出："经济全球化是一把双刃剑"；经济全球化"有利于促进资本、技术、知识等生产要素在全球范围内的优化配置，给各国各地区提供了新的挑战。"这种挑战主要分为两个方面，一个是处于竞争弱势的发展中国家，其经济主权、国家安全面临的严峻挑战和威胁；一个是弱势群体面对资本新的压力造成的困境。[1] 经济全球化既是生产力高度发展的产物，又是资本主义生产关系向全球扩张的集中表现。反全球化也攻击了全球化的资本主义方式。因为资本主义式的全球化引起了矛盾，全球化需要拥有新的社会形式。资本主义必然灭亡的历史规律并不会因为全球化的趋势而有所改变。

作为经济全球化的主要推动者、参与者和最大既得利益者，发达资本主义国家利用全球化暂时缓解了资本主义"生产的社会化同生产资料资本主义私人占有之间的矛盾"这一基本矛盾。市场失灵的特性也不可避免地随着全球化的进程传播于世界，表现在各国国民经济的有计划和可调节与全球经济的无计划和少调节之间的矛盾；世界生产能力的无限扩大趋势与世界市场容量有限之间的矛盾；跨国公司的严密组织和科学管理与世界市场的盲目扩张和混乱之间的矛盾等等。全球化趋势所带来的世界经济总供给和总需求的不平衡以及世界经济部门的比例失调等问题使得世界经济一直处于起伏不定当中。全球化趋势的负面影响就是使得国内资本主义的基本矛盾扩展到全世界的范围内，资本主义生产力和生产关系的矛盾更加突出，影响了全球经济的发展。全球化趋势不可能消除资本主义的制度性弊端，相反却能使更多的人认识到资本主义的本质。这样，全球化首先为社会主义准备了必要的物质前

---

① 中共中央文献研究室：《江泽民论有中国特色社会主义》，中央文献出版社，第 516－520 页。

提。其次，反全球化为社会主义运动召集了庞大的群众队伍。不仅如此，经济全球化在资本主义的框架内无法解决许多根本性的社会问题。因此，反全球化只是这种全球化内在矛盾的一种表现形式；全球化与反全球化都与社会主义的未来有着密切关系而从全球化与反全球化中得出的逻辑结论必然是——共产主义。尽管期间可能还会有许多不同形式的发展阶段，但是以反对新自由主义和资本主义生产方式为中心的反全球化又为导向社会主义价值目标的政治运动聚集了群众力量，当然这也并不能说明社会的发展就能轻易地走向社会主义，可能性并不等于现实性。倡导"经济民主"的市场社会主义者施韦卡特曾论述："……人们对资本主义还是有很深的不满，比如反全球化运动近年来的发展等，这些运动没有明确的社会目标，也不一定打着社会主义的旗帜，但他们至少还是表达了人们对资本主义的不满，人们还想寻找一种非资本主义的形式，在这种情况下，人们的兴趣还是会回来的……"[①] 结论：全球化（反全球化）更加接近社会主义，但由于资本势力的强大，左派前进的道路也更加艰险，只要共产党人坚持不懈的努力，讲究斗争策略，社会主义的重新振兴指日可待。

第二节　当代市场社会主义的模式

在西方学者深刻反思苏联模式失败的教训下，在"中性机制论""联姻论"和"市场主导机制论"存在的背景下，当代市场社会主义者对于解决市场经济如何和社会主义结合、公平和效率如何相统一的理论主张都集中体现在他们设计的各种理论模式上，并且认为这是实现社会主义的唯一可行的模式和道路。他们论证了目的和手段的关系问题；公有制和市场经济的兼容等问题，进而得出结论：市场社会主义在将社会目标和经济目标相结合的问题上做得比资本主义市场经济和社会主义计划经济做得都出色。

---

① 宋萌荣：《关于市场社会主义的若干问题——与大卫施韦卡特的对话》，自然社会思想杂志，2004 年，第 10 卷，第 4 册，第 389 - 413 页。

罗默在其《社会主义的未来》著作中指出："我这本小册子的任务，是提出和捍卫一种把市场体制的力量和社会主义的力量结合起来的新模式。这种模式既要考虑效率又要考虑平等。"① 市场社会主义的核心在于将社会主义的平等、民主等价值目标和市场机制的有机结合起来，就在于公有制基础上的市场经济。它将社会主义看作是一种目的状态，将市场视为程序性制度，市场可以被社会主义和资本主义运用，市场和社会主义是可以兼容的。市场资本主义的最大优势在于资本主义充分发挥了市场的积极作用。市场社会主义认为要充分利用市场的积极作用并和社会主义的目标相结合。罗默指出："经济发展的许多方面，以前被普遍接受的理论归因于私有财产无限制积聚的权利，事实上可能应归因于竞争和市场。"②

在当代市场社会主义模式中，影响较大的是以罗默、巴德汉的追求利润最大化的经理管理型企业为基础的经营管理模式；以米勒的工人所有制和工人管理的企业为基础的劳动者自治模式；以布洛克的强调限制资本权力的"没有资本家的资本主义"为基础的社会治理模式。这三种模式虽然都存有一定的缺陷，但某些理论主张对社会主义理论创新和制度建设都有着借鉴意义。

一、以追求利润最大化为基础的经理管理型企业模式

（一）罗默的"证券市场社会主义"

约翰·罗默是美国加利福尼亚大学戴维斯分校经济学教授，他在《社会主义的未来》中提出了证券市场社会主义模式。罗默在对照市场资本主义相对成功的经济运行机制下，分析了"苏联模式"失败根源在于该体制中缺乏处理委托—代理问题机制，激励和约束动力不足。"共产主义经济模式失败有三个相互关联的原因：一是企业公有制；二是中央用行政而不是市场来配置资源；三是政治独裁。"罗默认为社会主义者的首要目标是"在自我实现和福

---

① ［美］罗默：《社会主义的未来》，哈佛大学出版社，1994 年版，第 2 页。
② ［美］罗默：《社会主义的未来》，哈佛大学出版社，1994 年版，第 114 页。

利方面的机会平等"，因此在设计社会主义模式时应该选择最有利于实现上述目标的所有制形式和管理形式。罗默指出，苏联模式虽然失败，但市场与适当计划相结合的德、日资本主义模式经验表明，市场社会主义是具有前途的，关键问题在于要有一种机制既能在全民中相当平等地分配公司利润，又不至于在效率方面造成不可接受的损失。

罗默的"证券市场社会主义"模式主张在某种形式的公有制经济的前提下，以资本主义商品经济运行机制和政治民主作保证，追求平等和效率，以银行为中心追求利润最大化。企业以联合股份公司的形式在市场上运作，由银行向企业提供资金，银行同时也负责监督企业。宪法规定银行独立经营，国家不干预银行，银行监督作为确保企业高效率经营的得力保障。银行将成为国家和企业管理层之间起经济责任制的一个牢固的中间层。企业将在银行牵头的情况下组成企业集团，由银行发放贷款并负责监督企业经营。为了确保银行能有效地履行职责，必须从宪法上规定银行也按经济实体进行经营活动，独立于国家的政治干预。银行经理由董事会在经理劳工市场上雇用，银行董事会成员应通过民主的选举产生，银行管理层的工资结构应能激发他们的工作热情等。在这种充满监督和竞争的情况下，企业将不断进行革新，保持高效率运行状态。要建立某种形式的公有制，即"证券"经济，企业利润相对平等分配。将全国所有企业的资产以证券形式平等地分配给所有的成年居民，这种证券可以在证券市场上交换和流通，但不能与货币相交换。劳动者凭证券可以获得自己企业和其他企业的红利，红利的多少取决于企业的效益，利润分配是相对平等的。国家通过差别利率对投资进行管理。国家的这种干预不是通过指令系统，而是通过贷款利率来实施。他认为，生产资料公有制与资产主义商品经济运行机制的结合既可以保持较高的生产效率，通过对不同的生产部门规定不同的利率，可以防止产权分化和社会分化。国家的这种干预局限于对投资方向和投资构成的决策上。即便是这种手段，也是有范围的，它只需对部分商品而不必对所有商品的价格进行规定。允许资本主义企业的存在，即使是由一个企业家创办的企业。一旦达到了一定的规模或一旦企业的创办者去世，它就得实行国有化（予以赔偿的），它的那些股份要被重新分配给一般大众。① 该模式利用微观经济机制来创造高效率的社会主义机制，这种利用市场所有形式的市场社会主义就是罗默模式的特点。

该模式最大的优点是在利用市场机制和解决委托－代理问题上有明显的进步。该模式一方面由"真正的"竞争性市场机制定价，以保证资源配置效率。另一方面，则通过精心设计的"证券"制度来保证公民在间接占有产权和分享企业利润上机会平等。这样其实现社会主义所需的变革最小，可操作性最大，其对社会主义理想的追求和对社会主义实践模式的探索都是值得称道的。但该模式中将社会主义定义为一种平等主义，并进而认为公有制对社会主义是可有可无的，其对资本主义的改造没有触动资本主义企业的内部结构、劳资供求关系等。因此，在这种模式下，工人同企业的关系不可能有多大改观，企业也不能按照民主方式运作。此外，该模式规定公民死后将全部证券交公将会对不同年龄层公民的投资行为和企业的经营行为产生复杂的影响，造成市场扭曲。总之，无论其在逻辑上多么完善，在理论和实践中却难逃市场资本主义的"覆辙"，无非是对资本主义进行改良的"良好愿景"，罗默提出的方案在很大程度上是一种根本无法实现的乌托邦。

（二）扬克的"实用的市场社会主义"

詹姆斯·扬克是美国西伊利诺斯大学经济学教授。他认为，由于采取凯恩斯主义的反危机措施，资本主义周期性危机已经不突出了。在宏观经济效率上，资本主义市场经济需要变革的，只是收入分配。他在 1922 年出版的《修正的现代化社会主义：实用的市场社会主义方案》中系统地提出了自己的理论主张。其"实用的市场社会主义"模式提出"资本主义与社会主义"的问题是完全独立于"计划与市场"的问题之外，市场资本主义相对于计划社会主义具有高效率，并不是取决于资本主义本身而是取决于市场。在此基础上，扬克主张把市场资本主义中市场的特征引入到社会主义中来。这种模式之所以称为实用，是因为它同其他社会主义模式相比更接近和类似于资本主

---

① ［美］戴维·施韦卡特：《市场社会主义：一个辩护，市场社会主义——社会主义者之间的争论》，新华出版社 2000 年版，第 14－16 页。

义现实，是一些主张较为保守、谨慎目的较单一，仅限于经济方面的私人资本所有制的转变，并不涉及其他社会主义改造问题。该模式的重点放在产权收益的公平分配上，将大规模经营的私人所有制转为公有制，以消除当代资本主义收益分配下的不平等，即要在保持当代资本主义效率的同时消除其在"非劳动的财产收益"分配方面的极端不平等，这就是扬克模式的核心和前提。具体来看：

第一，实行生产资本公有制，消除私人资本所有权收入。绝大部分资本财富掌握在私人手中，结果造成了严重的社会分配不公正现象。因此要将资本的个人所有转化为公共所有。社会允许富人存在，人们可以储存大量财富，过富有的生活方式，但禁止能够带来富有生活方式的非劳动所得的资本所有权收入，包括利息。第二，公有企业的利润以社会红利的形式分配给社会成员，成立公有财产管理局。目的是要接管当代资本主义社会中私人所得的生息资本投资收入。同时，公有财产管理局也接受非公有的小型企业所上缴的资本利用税，公有财产的大部分产权收益以社会分红的形式分配给社会成员，每个人从社会分红中得到的份额加上他个人的劳动收入构成他的总收入。公有财产管理局同时负责激励和监督企业经营者，而且采取相应的评估标准，根据企业经营的优劣决定企业经理的任免。第三，公有企业要实行高度自治。在征得"公有财产管理局"的允诺后，公司经理甚至可以实施自己的"补偿计划"。"公有财产管理局"无权发布任何涉及商品企业运作的微观经济变量。该模式的目的就是使财产收入的流动反映社会成员对经济生产所做的独自贡献。公有企业以资本主义私人企业的方式经营运作，借以保持经济效率，允许企业间的竞争，保持与市场资本主义同样高的破产率，保留金融资本市场。金融资本市场要继续为所有的金融中介机构提供一个交易的场所。公有企业利润以社会红利的形式分配给社会全体成员，个人所得的份额与他们挣得的劳动收入成比例，以建立起比当代资本主义更公平的财产分配制度，取得比资本主义更大的平等。

总之，扬克设计的是一种完全像资本主义经济那样的市场资本主义制度。他认为，这种模式下的市场社会主义的最大优越性在于，"和我们熟知的资本主义具有相似性，它使资本主义制度下的公民有一种完全感，因而容易接受社会主义的演变。""实用的市场社会主义"模式以特有的方式论证了公有制基础上的较大程度的社会分配公平；论证了实行资本公有制也能带来较资本主义生产更高的经济效率。扬克对新型社会主义公平和效率做了两个方面的论证，在某种程度上捍卫了公有制原则，反驳了资产阶级思想对社会主义的全面诋毁，否定了资本主义的生产方式是到目前为止最好的创造社会物质财富方式的武断之说，同时鲜明地提出并详细地思考了社会分配公平问题，而且其理论也随着资本主义的变化而不断变更其内容。尽管如此，扬克的方案仍然具有明显的改良主义和空想主义色彩，没有提供科学可靠的替代资本主义的道路。

（三）巴德汉的"公司相互控股"模式

普拉纳·巴德汉是美国著名经济学家。巴德汉模式首先是通过企业集团内各成员的相互监督促进其效率的提高，其次是通过"集中红利"和"分散红利"两种利润分配方式来体现公平。以"银行为中心"，企业以追求利润最大化为经营原则，几家公司围绕一家主办银行组成一个企业集团，每个公司和银行都相互持股，银行负责提供资金并监督各个公司经营状况。企业将部分利润交给国家成为"集中红利"，由全体公民共享；部分利润按照各股东所占该公司股份额分配，形成"分散红利"，由集团内其他成员分享，以达到公平分配的目的。以主银行为中心的社会主义企业与企业、企业与银行之间相互持股，相互监督，从而建立一种公司相互监督的权利。举例说明，一个集团由A、B、C、D、E等几家公司和银行组成，则A公司的股份除了其内部成员拥有外，其他四家B、C、D、E公司和银行也同时拥有A公司的股份。如果这一集团中一家公司（B公司）认为其所有的A公司股票不能盈利，他就可以把A公司的股份卖给银行。如果集团内另外几家公司也出现类似B公司出售股票的情况，则表明A公司经营欠佳，效益低下，银行就会出面对A公司施加压力，迫使其改善经营。这样，一家公司的行为就会受到银行和另外几家公司的同时监督，就可以达到其所预期的企业集团内各个成员相互监督，从而最终达到利润最大化原则，促进企业提高效率的目的。该模式中国家以股票和凭票的形式分给每个年满21岁的成年人，公民既可用以去购买企业股票并依据他们所持有的股票领取该企业的利润，也可以以票证价格为中介用一个企业的股票获取其他企业的股票，但不能兑换成现金。公民死后，要将其拥有的证券货币交还公有。总之，巴德汉模式在监督机制方面体现得更加完善，但其是以部分牺牲全体公民平等分配社会红利为代价的。

二、以工人所有制或工人管理为基础的企业模式

（一）戴维·米勒的"合作制市场社会主义"模式

英国牛津大学的戴维·米勒教授是英国市场社会主义的主要代表人物之一。米勒认为，资本主义的特征在于生产资料所有权集中在一小部分人手里，而其余大多数人只能作为领薪者被他们雇用，而市场可以使生产更有效率，可以为人们提供更多的自由；可以促进更大的民主。戴维·米勒以英国和西欧普遍存在的工人生产合作社为蓝本设计出"合作制市场社会主义"模式：市场是组织经济活动的一种手段，社会主义需要市场。因为市场可以为人们提供更多、更好的物质福利；市场可以为人们提供更多的自由；市场可以促进更大的民主。"合作制市场社会主义"指出，企业民主是民主的基础，它可以通过互相作用的合作企业的工人的自我管理来实现，实现资本所有权社会化，从而消除资本所有权的私人收入，创造社会成员从拥有起点平等的机会。工人合作社是占主导地位的生产企业。企业必须民主控制。企业以合作社的形式存在，自行确定内部民主管理机构，每个合作社也必须实行民主控制。如果合作社要决定收入分配，扩大规模，吸收新人，必须由企业内全体工人一致做出决定，每个工人都有平等的投票权，由国家采取调节资金流向，保持经济竞争，避免市场权力集中，维持企业平衡，提供福利等公益事项等经济调节措施。

米勒的"合作制市场社会主义"的重要机制是：（1）资本所有权社会化。企业以固定利率从投资者机构有条件地借贷资金，它对借贷资金有使用权，但没有完全的所有权，不能把它用作收入或转贷给别企业。企业必须认真维护固定资产，如果经营不善不能提供员工最低工资收入标准则要宣告破产，工人转移到其他企业。（2）可以自己确定内部的民主管理机构：小型合作社可以由全

体工人大会指定绝大部分的决策；大型合作社可以设立决策的复杂机构。（3）国家实施经济的调节功能。国家不能直接计划经济产出，但它能通过确定生产参数间接地调控经济，从而弥补市场机制的缺陷，以保证经济服从广泛的平等目的。（4）追求"社会平等"。在合作制市场社会主义中，合作社内部成员之间、合作社与合作社之间存在着经济上的收入不平等，这体现和反映了人们对经济活动所做贡献的大小，这种收入不平等是合理的。这种不平等不能发展到当代资本主义社会中那种差异程度，不能危及社会平等。

总之，米勒的"合作制市场社会主义"模式是要实现市场在大部分商品生产和服务中的效率优势，限制国家的经济作用，使企业民主管理切实可行，保护工人自治，并能实现初次收入分配较大程度的平等，就是要证明市场社会主义仍然忠实于社会主义的基本目标，"并且可以把市场的效率长处与社会主义的人道和和平的目的结合起来。"[①] 英国的市场社会主义者索尔.埃斯特林指出：第一，"它们可以消灭资方对劳方的剥削。"第二，"工人合作社具有民主的性质。"第三，"它们具有增进效益的潜能。"第四，"它可以要比资本家的企业更为平等。利润在劳动力中分配要比在股东中分配更为分散，而且，尽管劳动者中仍存在着一些薪水差异，但是……经验表明，这些差异通常要比一般资本家公司中的薪水差异小得多。"[②] 虽然这一模式改变了工人与企业之间的关系，但是在没有利润最大化的情况下，企业能否保持旺盛的技术优势，让企业进入资金市场达到什么程度才能与工人控制企业相互协调还不清楚。

（二）戴维·施韦卡特的"经济民主的市场社会主义"模式

戴维·施韦卡特是芝加哥洛约拉大学哲学教授，他的"经济民主的社会主义"认为，其他市场社会主义模式或是缺乏民主或是缺乏效率，而他的模式是"真正的和可以实现的社会主义。"[③] 因为体现了经济民主和政治民主、公平和效率的有机统一，戴维·施韦卡特的"经济民主的市场社会主义"模

---

① ［美］克里斯托弗.皮尔森，姜辉译：《新市场社会主义》，东方出版社，1999 年版，第 101 页。
② ［匈］《现代经济学常识》，布达佩斯经济法律出版社，1993 年版，第 355 页。
③ 中央编译局世界社会主义研究所编《当代国外社会主义：理论与模式》，中央编译出版社.1998 年版，第 380 页。

式的主要特征：（1）工人自我管理。每一个生产企业的工人民主地控制着他们的生产企业，但工人并不占有生产资料，企业的生产资料是社会集体财产。（2）市场经济。在很大程度上没有政府价格控制的环境下，企业和企业、企业和消费者互相作用。原材料生产和消费商品主要是依据供需力量形成的价格进行买卖。市场是达到这种社会目的的工具。自治企业也追逐"利润"，但这种"利润"所追求的是产品的价值扣除工资成本后的生产费用，即非劳动成本之间差额的最大化，与资本主义的"利润"不同。在这里劳动力不是商品，企业自治的目的就是为了扬弃劳动力的商品化和异化。（3）投资的社会控制。靠资本的资产税产生出新的投资基金，并通过一个公共投资银行网络操控经济。投资决策由一定的代表机构民主地做出，企业自治和社会计划投资为发展社会主义经济民主开辟了道路。他认为发达资本主义国家只有通过市场才能实现社会主义。施韦卡特的"经济民主的市场社会主义"模式"把工人的自我管理置于这一制度的核心"。

"经济民主模式"是一种高效的社会主义模式。事实上，比资本主义的效率更高，但高效率这不是唯一的力量；经济民主不像资本主义那样片面追求增长，因而更加适应于面临生态界限挑战的社会，比资本主义更加民主，更加平等。① 这一模式对企业民主和社会控制投资的设计，拓宽了其他一些市场社会主义模式只关注市场运作设计的研究范围，而且较为切合经济实际，具有更多的实践操作性。

（三）托马斯·韦斯科夫的"民主管理企业"的市场社会主义模式

苏联解体后，韦斯科夫分析了其国有制存在软预算约束和政治不民主等原因，批判了体制又急速向自由主义市场经济转变而导致经济紊乱，社会动荡的现状，"民主的基于企业的社会主义"的新模式，"可能为东方过渡到市场经济提供了最好的方法。"托马斯·韦斯科夫的"民主管理企业"的市场社会主义模式的第一个要素"企业的民主控制"是"民主管理型"模式最主要

---

① ［美］戴伯特尔·奥尔曼主编：《市场社会主义——社会主义者之间的争论》，新华出版社，2000 年版，第 399 页。

的特征。韦斯科夫认为，所有企业只要是 10 人以上的都必须实行民主的自我管理机制，由人们平等地掌握企业的控制权。具体体现在：企业委员会由企业全体成员按"一人一票"的原则选举产生；企业经理由企业委员会雇佣，并对企业工人而不是资本家负责；企业经理拥有雇佣和安置企业工人，使用企业生产性资产，分配企业净收益等权力；企业工人则有权自由地加入或退出企业；企业应在民主基础上决定收入分配政策等。第二个要素是"资本收入的社会化"。为了资本收入的合理公平分配，一开始就分配给每一个公民数量相同的共同基金股票，公民可以用他们来交换其他的共同基金股票，并通过这种方式寻求价值的增加。为了防止资本的过度集中，不能用现金买卖股票。第三个要素是"政府积极的经济政策"。政府对企业决策的影响主要有两个方面，一是政府可以影响企业的资本构成，二是政府可以决定经济增长的总体比率和方式。政府的这些影响主要是通过对一些充满外部效用问题的领域进行限制来实施的。同时，由于公民拥有决定他们所处社会总体发展方向的权力，政府对这些领域的介入必须通过民主的方式。政府还要保证公民免于承担公民自己无法控制的因素造成的风险。

韦斯科夫的"民主管理企业"的市场社会主义模式是经理管理型模式和劳动者自治模式的一种融合，它改变了资本主义制度下将企业控制权赋予私人资本所有者股票持有者的做法，营造出了一种企业成员间平等协作的民主气氛。这种趋同化的模式对于解决好市场经济和社会主义结合、效率和公平相兼顾仍是理论上和逻辑上的"虚设"。

三、强调限制资本权力的"没有资本家的资本主义"模式

（一）弗莱德·布洛克的"没有阶级权力的资本主义"模式

弗莱德·布洛克是加利福尼亚大学社会学教授。他的"没有资本家的资本主义"模式包括"剥夺金融资本权力"的资本主义结构改革理论以及建立一种平等、民主的新社会模式的主张。资本主义的金融制度是阻止经济向民主和集体方面转变的主要障碍，现在制度中那些拥有控制绝大部分社会生产

财富的人行使着阶级权力，这就限制和缩小了民主政治的范围，阻碍了其他问题的进展，使创造具有更多平等制度的改革难以开展，从富人那里向其余所有人重新分配资源的措施受到阻碍，使人们没有较多的自由、民主、平等、自治和一个良好的生态环境。而新社会模式可以设计一种不以牺牲平等、民主和良好的自然环境为代价的具有广泛制度规划的市场经济制度。布洛克主张，第一，改造资本主义企业，实行民主的企业管理制度。资本主义企业是世界上专制的最后堡垒，而将企业由专制转向民主的可靠方法是重组企业的董事会，使其代表各部分选民。所有的企业都以联合的方式组成，在董事会的构成中35%为雇员，35%为财产持有人，30%为其他成员，后者可以代表消费者和当地居民。① 第二，控制资金流动。不同国家的企业可以在国际范围内进行各方面的合作，但不能以"经济自由"为由强行进行资金流动。因为权利和自由问题是植根于政治社会中的，如果社会认为容许资金自由流动的代价太大的话，它就有理由限制这种权利的行使。第三，实行市场经济，企业完全在市场上自由竞争。与传统的自由主义和马克思主义不同，新社会经济模式既不完全依靠市场也不完全依靠计划，而是把市场和各种各样的规范结合起来以实现理想的目标，也就是说社会主义不能因为市场具有某种缺陷就对其采取简单的否定态度，而应该把市场规范起来，利用市场实现社会主义合理的价值目标。因此，他主张建立一种以平等、民主和良好的自然环境为基础的，具有广泛制度规划的市场经济制度。这一制度在保留市场的基础上，通过对市场的调整和规范，消除市场活动中不合理的经济行为。第四，实行民主的管理制度。为了避免资本主义企业中总执行者对企业拥有绝对权力，必须使企业的总执行人成为民主的领导者。第五，选举改革。确保富人和穷人一样拥有选票，制止富有者用金钱操纵与影响选举，杜绝"金钱政治"；将资本主义企业由专制转向民主，在国家权力协调下实行股东、企业人员和用户三方共同管理的制度；第六，采取新的银行制度。中央政府可能建立一些半公共机构性质运作的商业银行和投资银行，远离政党干预，接受政府的监督，保证向公共事业投资。政府向这些银行提供最初运作资金，然后

---

① 余文烈：《当代国外社会主义流派》，安徽人民出版社，2000年版，第100页。

他们在市场上自由竞争，以保证企业有效率地发展，减少经济敲诈的机会。

该模式通过制度改革剥夺富人行使这些阶级权力，这将为扩大民主政治范围，争取环境改良开拓基地。布洛克认为，如果实施了上述措施就会打破富人对经济和政治权力的统治，并通过不断进步的税收政策使收入和财富逐步平等化。在这个新的政治空间里，民主的公民能够按照自己的意愿自由地组织经济，但它只是在管理控制方面对资本主义私有制企业进行了一些改良，没有生产资料的社会化能否消灭资产阶级的特殊权力是值得怀疑的。

（二）埃尔逊的"市场社会化"方案

迪安·埃尔逊是英国曼彻斯特大学政治经济学教授。他认为，市场信息的社会化是对私人市场的否定，为发展社会主义市场创造了条件。"社会化的市场"就是"公众参与的市场。"在这一市场中，所有企业和个人都能够平等地、免费地获得他们所需要的各种经济信息。为了能够在劳动力市场、生产资料市场、消费资料市场等各个方面充分实现其"市场社会化"的构想，有效克服和消除私人市场中存在的信息交换障碍，埃尔逊在其模式构建中提出了以下措施：第一，建立"公共信息网络"，通过这些网络实现公众对市场的全面介入。他认为资本对信息的垄断是资本垄断利润增加、剥削加重的秘密，因而必须利用税收提供的资金建立公共信息渠道，使一切企业、家庭和个人、计划者都能免费地存取有关技术、工资、价格、产品和原材料等经济信息建立开放的公共信息网络。这样就可以打破资本对信息的垄断，削弱资本的剥削权力，最终导致资本的取消，从而为发展社会主义经济创造条件。第二，组建一个消费者联盟，用于充当家庭和企业生产之间、消费品和服务的批发和零售之间的网络调节者。该联盟不仅负责为消费者提供有关产品和服务质量的信息，而且还承担着教育消费者的职能，以便使消费者能够从国家经济发展的角度而不是单纯图便宜地进行消费。此外，"消费者联盟"还在各地方设立分支机构，一方面及时收集产品和服务的生产资料及其对周围环境的影响等方面的信息；另一方面，通过电视系统传播到每个家庭，并将其及时反馈给企业，以便使家庭得到更适用和优质的产品。第三，建立一些"价格和工资委员会"，其职责包括三个方面：一是为企业之间和家庭之间获取交易信息提供物质便利；二是收集、整理和散发有关产品的成本价格方面的信息，以便为公众排除产品利润方面的干扰，使其能在成本和价格之间做出判断；三是指导价格和工资的形成即提出一个买卖双方在交易中必须依照执行的价值和工资标准，并通过税法和合同履行法等法律手段来保障工资和价格标准的顺利实施。

埃尔逊的方案强调市场信息化对消除资本权力发展社会主义经济的作用。"市场社会化"方案有更高的前瞻眼界。虽然埃尔逊不是一个完整经济模式也不具有明显传统社会主义的特征，但其依然受到左翼理论家们的普遍关注。对于社会主义社会来说，信息的社会所有是必不可少的。如果资本主义社会中仅仅拥有"市场社会化"尤其是信息社会化这一条件，那么这个社会的社会主义成分不会太高。

综上所述，20世纪90年代不同市场社会主义新模式所追求的目的就是：市场机制能充分发挥作用同时又能摆脱私有制的影响，实现市场机制的效率与社会主义的平等的充分结合。当代市场社会主义思潮的理论特征和基本内容就是：（1）在所有制方面，主张混合所有制，促进生产资料社会化。他们大部分赞成生产资料公有制、集体所有制和私有制等多种所有制形式并存，但公有与私有之间没有轻重主次之分。对于公有制，他们将其看作是实现社会主义目标的一种手段，而不再把它作为社会主义的根本制度特征。（2）在运行机制方面，都以市场作为配置资源的基础性手段，企业完全在市场中竞争。（3）在宏观调控方面，主张有限制地实行国家调节机制，以弥补市场的缺陷，促成收入分配的最大社会平等。（4）在分配制度方面，主张通过民主控制或集体意愿的方式对收入分配进行干预，使收入分配合理化。（5）在追求共同目标方面，主张通过市场与社会主义的结合以实现资本主义的经济效率与社会主义的平等、民主和自由，即用市场体制解决效率问题，用社会主义解决平等问题。当代市场社会主义的理论还存在一定的缺陷。第一种模式中的证券经济只是对资本市场的一种不真实的虚构，它既缺乏真正资本市场的竞争效率，也缺乏传统国有制直接计划的优点，同时也难以真正保证分配中的平等。第二种模式对于工人自治的种种修正可能性并没有完全解决资本主权和劳动者产权的矛盾。第三种模式实质上不过是对资本主义的一种改良，难以超越民主社会主义的理论界限。

第四章　经济伦理学源流研究

第一节　经济伦理学概念辨析

现代经济学要研究的重要误题是经济与伦理的关系，这也是现代伦理学首先要解决的问题。伦理的经济意义与经济的伦理内涵即经济伦理问题则是经济伦理科学要探索的首要的基本的理论问题和研究对象。作为经济学与伦理学的交叉学科，经济伦理的研究对象是各层面的经济伦理问题，这些问题都是当代社会经济生活及道德生活中最为迫切需要加以解决、且具有极为普遍意义的重要课题。严格地讲，经济伦理是门既古老又年轻的学科。古老的含义是说，因为自从产生经济学和伦理学，它们所提出和面对的问题就包含着诸多的混杂着经济与伦理争论的问题；从现实的角度来讲，作为现代伦理学和现代伦经济学交叉研究的边缘学科，无论从其学科的研究性质、研究方法、研究对象，还是其学科理论体系及内在规律，它都是新生的事物，其实际应用上仍然处在进一步研究探索的初级阶段。

从中国研究情况来看，虽然伦理学、哲学学者以及诸多经济学家对经济伦理学的研究投入了巨大精力和心血，但总的来说，我国经济伦理的研究还是在初始起步阶段。例如，关于经济与伦理的关系、经济伦理及其学科至今尚无统一公认的定义，形成诸多概念。主要观点有：

一种观点认为，经济伦理是指人们在经济活动中的伦理气质或精神，是人们从伦理道德视角对经济活动的根本看法。而经济伦理学则是将此种气质、精神和观点进行了理论化，或者说是从道德视角对经济活动进行系统理论研究和规范；第二种观点是，经济伦理是一定阶级或社会组织在经济领域中用以调节个人与他人和社会以及社会团体与团体之间利益关系，能够以用善恶进行评价的思维意识、规范及行为的总和；第三种观点是，经济伦理主要是指从人们的经济活动和行为中产生的道德观念，及其人们对这种经济道德观念的认知和评价系统；第四种观点是，经济伦理主要研究和解决道德行为与经济生活之间的关系，其侧重点在于从伦道德教育视角去考察和规范经济活动；第五种观点是，经济伦理是一门在经济领域实践的道德哲学。它研究了经济社会活动中的伦理道德问题，揭示其形成、发展的过程及规律；经济伦理主要研究经济活动的合理性并通过善恶观念进行评价。它研究伦理与和经济的逻辑关系，从而揭示经济社会发展与人的全面发展的关系；第六种观点是，经济伦理既不是从道德上去评价经济行为，也不是从道德的视角来看待经济活动，而是从经济运行的规律中去寻求伦理的秩序和道德规范。简要而论，经济伦理是经济关系的应有秩序和条理，经济道德是凝结在经济关系的秩序和条理之中的行为规范；第七种观点是，经济伦理是研讨人们如何运用符合经济规律的伦理道德原则去指导经济背后的伦理动因，并指导、规范个体或个群体的经济行为的学科，其实质是探讨经济运行背后的伦理动机；第八种观点是，经济伦理是伦理学与经济学之间的一门边缘交叉学科，它关注的重点在于以道德哲学的眼光审视经济社会现象，目的是揭示其深刻伦理内涵，同时以特殊的视角探讨道德的经济意义规律，展现出经济理性和理性经济的基本状态和基本内容；第九种观点是，经济伦理是研究经济活动中的道德现象，经济领域的道德现象是以人的经济行为作为载体而折射出来的道德，它是道德的一种特殊的、具体的表现形式。经济伦理用道德的眼光待看经济活动，它研究人们进行生产、分配、交换和消费的道德依据和道德价值；第十种观点是，经济伦理是指在经济活动中形成的各种伦理关系以及协调处理这些伦理关系的道德原则和规范的总和，是关于经济行为在伦理上的正当性、合理性的规定。

从上述定义可以看出，经济伦理学的研究定义一般可分成三类：第一类是从伦理学的视角来理解经济伦理概念。这种观点认为，经济伦理就是关于人们经济活动的道德观念以及人们经济道德的认知和判断。抑或是对人们经济行为的合理性及其价值导向的指导作用，经济行为的伦理规范及其对经济行为的反作用；第二类是从经济学角度来解读经济伦理问题。这就是说，经济伦理就是由从经济运行的内在规律中提炼的道德价值体系。它研究经济体制、经济规律对伦理规范的深刻影响；第三类是从伦理学和经济学结合的角度来理解经济伦理，这种观点认为不管简单地从经济学角度或从伦理学角度来理解经济伦理都会有失偏颇。所以，应该将经济的伦理意义和伦理的经济功能有机地结合起来。在这三类说法中，第三类为更多学界专家所认同。原因在于：

第一，经济问题与伦理问题总是紧密联结在一起。研究经济伦理问题时，一定要用全面的、联系和发展的观点去分析伦理和与经济的内在统一，而非仅从单一的经济的或伦理的角度去理解经济伦理问题。经济伦理是研究经济学与伦理学的交叉学科，它是随着社会经济的发展而逐步崛起。人类在社会经济活动发展过程中，经济伦理问题一直伴随左右，即研究关于经济伦理上的正当性、合理性、目的性的问题。因此"经济学"和"伦理学"都可以从各自角度对经济伦理问题进行研究。事实上，古今中外的伦理学家和经济学家也都从各自的角度论述了经济伦理问题，形成了各具特色的理论观点。以孔子经济伦理思想为例，虽然《论语》主要不是讲经济问题，但他讲到经济问题时必讲伦理，伦理和经济的结合是其思想的重要特色。他的"见利思义"等义利思想，很好地把经济和伦理统一了起来，在我国这是最早将二者统一起来的经济伦理理论。在其理论体系中，伦理意义重于经济内涵。伦理是经济的目的，经济是伦理的手段。与此相对应的是，英国边沁、密尔的功利主义对西方伦理思想影响很大，其理论本身反映了经济伦理的思想。边沁曾提出"功利"原则、"最大福利"原则。从中可以明显地看出，经济重于伦理。经济是目的，伦理是达到目的的手段。

第二，经济和伦理的有机结合是形成正确的经济伦理思想和提升经济社会和道德的正确途径。历史经验教训告诫人们，倘若只重视道德，不重视经济发展是缺乏物质基础的；同理，注重发展经济而不重视道德建设也会使社会发展走向异化。因此，则是将经济与伦理紧密结合显得十分重要。原因在于，一方面，道德的进步需经济要整体地发展和人民生活水平的普遍提高；另一方面，也应看到伦理道德对经济所起到的巨大反作用。经济发展既需要资金和先进技术的支撑，更要人正确的价值导向的指引作用，这成为经济发展的源动力所在，也能保证经济发展少走弯路。

第三，经济与伦理的结合并逐步形成的经济伦理思想，可以减少因盲目发展经济而产生的诸多社会问题，这成为世界各国人民的正义呼声。自20世纪中期以来，科学技术取得了巨大的进步，空间技术、原子能技术、新型材料技术、计算机技术以及生命科学的发展，使社会生产力有了飞速的发展，也给人类带来了巨大的物质文明进步。但与此同时，"人类沙文主义"等思潮使得人类无休止地掠夺大自然，这让人类面临越来越严重的生态危机：资源锐减，森林乱砍滥伐，环境污染严重，水土流失严重等。而人口的急剧增加又给环境、生态、资源造成新的危机，形成恶性循环。此外，过度地追求金钱和物质享受在客观上会导致伦理道德教育弱化，造成社会道德普遍下降，各种犯罪现象大量增加，社会秩序混乱等一系列严重后果，这些又会反过来阻碍生产力进一步发展。在这种背景下，世界各国都在大力呼吁，要认识经济伦理的重要性，加强经济伦理道德建设。

结合上述论述，我们可以对经济伦理的含义做概括且全面的界定：经济伦理就是指各经济参与主体在经济活动中产生的与道德行为之间关系的总和，是研究经济与道德关系的诸多价值判断。从概念中可以看出，经济伦理是从伦理视角解读经济活动，从深层次剖析经济行为中的道德问题。经济伦理的研究对象是经济运行中的相关伦理问题，是伦理学研究范式具体应用于经济学研究的典型范例。因此，经济伦理学属于经济学与伦理学的交叉学科。它统一了经济发展和道德进步的目标，具有很强的跨学科性质。不同于社会领域的其他现象，经济伦理研究的道德现象是以经济利益为基础形成的价值判断。因此，作为规范研究范式，经济伦理学需要对经济主体的道德行为进行正确的价值分析，进而确立正确的价值目标和标准，确保市场经济的健康发展。经济伦理以经济运行中的"善"为社会道德的归依和核心价值。经济伦理的"善"表现为："善"保证了公正分配社会利益，保证形成稳定的社会秩序以及产出高效率。

第二节　经济伦理学产生的社会历史背景

不管是古代中国还是西方社会，经济伦理的思想都能追溯很远。在人类经济活动中，既存在伦理道德问题，也在伦理生活中存在经济问题。如果从经济学的角度研究伦理问题，则经济伦理指的是规范经济学，指的是对经济制度中平等、效率等经济活动的价值判断问题，如果从伦理学的角度研究经济行为和经济活动，经济伦理指的是经济活动和行为的道德前提和时代背景，人与人之间经济利益关系的规范问题，它主要涉及经济制度及经济秩序的合理性，经济主体的伦理关系状况及经济范畴的价值判断。经济伦理学作为学科来说，"一方面是符合伦理学的经济理论和伦理制度及规则的经济学的，另一方面与经济的伦理学也是相符的，正如政治经济学一样，这门学科具有双重含义。"

在西方，经济学与伦理学的关系最早可以追溯到古希腊时期。"经济"一词，源于希腊文，原意为管理。色诺芬（约公元前43于公元前354）在《经济论》中论述以家庭为单位的奴隶制经济管理，并指出这是经济研究的核心内容。色诺芬将经济活动看作是创造有用物品，即创造使用价值的过程，他是古希腊中第一个注意到工场内分工的人，他告诫奴隶主，必须最低限度地满足奴隶的需要才能发财致富。正如马克思所指出的，在色诺芬的主张中具有"市民阶级的本能"。[①] 就是说，他尝试建立一种有利于奴隶主的经济伦理规范。在《尼各马可伦理学》中，亚里士多德（公元前384—公元前322）把经济学科和人类行为目的联系起来，提出了经济学对财富的关注。表面上，虽然经济学的研究仅关心人们对财富的追求，但从更深的层次上讲，经济学的研究还和人们对财富以外的其他目标追求有关。"因为很显然财富不是我们所追求的善，它只是有用的东西，以他物为目的。"[②] 在《尼各马可伦理学》

① 马克思：《资本论》第1卷，人民出版社，1975年版，第405页。
② 亚里士多德：《尼各马可伦理学》，中国社会科学出版社，1999年版．第8页。

第四章　经济伦理学源流研究

的开卷和结尾当中，亚里士多德还提到劳动意义问题，他从实际经济生活出发，强调一切具体职业活动，都会追求某种目的，目的是实现某一具体的善。劳动的普遍的善也和个别的善相联系。虽然亚里士多德反对以赚钱为目的的交易，但他还是拥护私有制，他反对限制拥有私有财产数量。从亚里士多德对伦理学论述可以看出，古希腊伦理思想既有其深厚的经济基础和政治条件，也有其特殊的文化背景，它反映了古希腊人对自然秩序、社会关系和人的行为品质的认知。

古希腊罗马之后，欧洲进入了漫长且经济发展缓慢的中世纪。在中世纪早期，关于法律、伦理的规定是与当时的经济社会形态和所有制关系相适应的，例如法兰克王国制订的《撒利克法典》就是原始公社解体和封建主义产生的必然之物，它反映了以家庭为单位的经济逐步走向独立化和保护私有制的过程。欧洲中世纪的封建主义经济思想也从属于伦理道德。在当时，基督教教会不仅是欧洲封建统治的精神支柱，也是统治的经济支柱之一。这就是说，经济思想是基督教的道德教义的一部分。中世纪的学者认为，经济学是一种能够保证经济活动得到优良管理的道德问题。这些学者对经济问题的分析是以神学教义为规范去做价值判断。此种经济伦理思想谴责贪婪与欲望，把个人物质生活的改善服从于他的教会兄弟的要求，服从于人在天国中得救的需要。因此圣.奥古斯丁担心贸易使人们不去追随上帝，而在中世纪早期的教会里，"基督徒不应该做商人""富人进天国比骆驼穿过针孔还要难"一类说法是普遍的。① 教会经常表现出思想的两面性，因同情穷人而谴责那些加深剥削和不平等的经济活动，又因维护神权而进行漠视人世上一切苦难的说教。因为人有罪，所以奴役制度是合理的。"比起贪婪来，服役于人还是一种比较快乐的奴役事件。"②

从中世纪神学家的另一著名代表圣·托马斯·阿奎那（1225—1274）的著作中也可以找到当时经济伦理思想较为完全的论述。托马斯的经济伦理思想包括对公平价格、私有财产制度和高利贷问题的意见。托马斯·阿奎那认

---

① 锐生，程广云：《经济伦理研究》，首都师范大学出版社，1999年版，第15页。
② 《西方哲学原著选读》上卷，商务印书馆，1981年版，第222页。

为私有财产不违背自然法，"我们可以说，对人来说，裸体是符合自然法的，因为自然并没有给他衣服。"他又说："在这种意义上，共同占有一切东西和普遍的自由被说成是符合自然法的，因为持有财产和奴隶制不是自然带来的，而是人类理性为了人类生活的利益设计出来的。所以，自然法在这个方面除了添加了某种东西之外并没有改变。"① 在讨论公平价格时，托马斯·阿奎那实际上是面对罗马法维护契约自由的议价原则的传统在其时代的实践矛盾的一种表态，他表现出对等级利益的维护。托马斯·阿奎那从基督教教义出发，强调参与买卖的人对于他人应负的法律与道义责任。在他看来，公正、诚实、与人无损，就是商业交易中应该遵守的伦理道德标准。托马斯·阿奎那基本上沿袭了教会的对待高利贷的观念。他对高利贷的商品做了区分，在涉及人们的生活必需品，例如粮食，也关系到人的基本生存的伦理问题，这类商品的高利贷就是非正义的。不同时代对中世纪高利贷理论发生了改变。古典经济学限制个人主动性，而到了凯恩斯时代，他认为，"过度的流动偏好造成的投资动机的消灭是突出的罪恶"。② "经院学派之讨论，乃在找出一种方策，提高资本之边际效率表，同时用法令、风俗、习惯及道义制裁等压低利率。"就是说凯恩斯发现了禁止高利贷作为一种经济调控手段，具有积极的经济伦理意义。教会对利息的态度不能按照教会的狭隘经济利益加以解释。教会聚集财富；因为比较而言，教会的债权人比债务人多，加以禁止也许转而在经济上对它造成不良影响。而就涉及总体上的经济而言，这个早期中世纪社会是原始的和总的来说是农业社会，为了这个缘故，对利息的禁止也许非常适合于它，正如《旧约》的规则首先用于的希伯来社会一样。③ 到了封建社会的晚期，商品经济日益繁荣，人们迫切需要从借贷关系中获得投资的资金。这时候，在商品经济大潮面前，教会禁止贷款收取利息的做法就不奏效。1574 年，新教的加尔文（1509—1564）否认借钱收取报酬是一种罪恶。这意味着不仅拒绝亚里士多德关于"货币不增殖"的权威观点，而且也承认货币

① ［美］斯皮格尔：《经济思想的成长》（上），中国社会科学出版社 1999 年出版，第 50 页。
② ［美］斯皮格尔：《经济思想的成长》（上），中国社会科学出版社 1999 年出版，第 59 页。
③ ［美］斯皮格尔：《经济思想的成长》（上），中国社会科学出版社 1999 年出版，第 55 页。

第四章　经济伦理学源流研究

是可以用来取得那些会产生收入的东西。只有对为灾害所迫的穷人放债收息才是罪恶。当时，人们为了逃避教会的禁令而采取一种把金钱的"贷"与"借"隐蔽起来的办法——这就是处于"匿名"状态下的合伙经营。不仅如此，中世纪专家对高利贷和利息的关注也将他们引向了财富分配的研究。对此，法国神父，尼托尔澳雷斯姆曾借助于一个类比来说明：正如在合唱队中，一致不能有助于整体的和谐，而极端的或不正确的不协调毁坏或破坏整体的和谐，但是需要一个按比例的基于标准的声调来产生一次欢快的合唱的甜美的旋律. 同样，一般来说，在社会的一切领域里，财产和权力的不平等是不便利的和不合理的，但是，过于纷争会毁坏和破坏国家的和谐。① 从中可以看出，显然他反对财产的两极分化，主张对财产利益进行结构性调整。

随着资本主义萌芽的出现，市场经济的时代也随之到来，这时期，由于生产关系的变化也会必然引起伦理关系的变化。资本主义经济伦理思想基础和渊源表现出以下几方面的特点：第一，古罗马的"罗马法"（它规定了个人的权利与义务系统）；第二，基督教教义所阐述的平等学说（一切人在上帝面前都是平等的）；第三，15 世纪文艺复兴运动的两个发现，即世界的发现和人的发现所攀升的个性自由、人格独立的思想传统；第四，宗教改革运动中新教倡导的禁欲、勤俭、敬业和聚集财富（这种聚集财富是符合上帝的旨意的）。② 在此基础上，资本主义天赋人权的启蒙思想和古典经济学理性经济人假设以及自由放任的经济社会新秩序的建立，空想社会主义和其他各种社会主义思想、德国历史学派等等，进一步扩展了经济伦理思想的空间，并且构成了马克思经济伦理思想的理论来源。

近现代以来，西方在现代化进程中产生了市场经济概念。市场经济观念是由古典经济学者亚当·斯密首先提出，后世经济学家们不断对此概念进行丰富与发展，形成了对此内容的不同视角解读。其中，具有代表性的是以下两种：一是经济自由主义和经济理性主义对市场经济的解读。经济自由主义和经济理性主义都认为，市场经济的基本规则是纯粹的理性计算，它会像自

---

① ［美］斯皮格尔：《经济思想的成长》（上），中国社会科学出版社，1999 年出版，第 63 页。
② 王锐生，程广云：《经济伦理研究》，首都师范大学出版社，1999 年版，第 1 页。

然科学一样具有规律性。各市场参与主体可以遵循以效率最大化为核心的市场经济通行准则，而其中的关键在于维护自由竞争，因为只有自由竞争的不断充分才能保证效率的最大化，而效率最大化则可以成为充分竞争的动力来源。由此可以看出，虽然古典经济学对市场经济的认识具有片面性，但它率先探讨了规范经济学的特点，这对于人们更好了解市场经济性质并发展市场经济，起到了重要的作用。二是19世纪德国历史学派对市场经济的解读。德国历史学派的经济学家指出，人类经济生活的重要组成部分就是自身的历史文化。不同于逻辑严密的自然规律，市场经济是关乎人类价值选择的行为准则。市场经济一方面具有经济理性主义的特点；另一方面，它也是特殊的社会交往领域。市场交换的本质是价值交换，其参与者不仅是经济人，而且也是社会人，整体是一个具有现代社会秩序特征的规范经济体。奥地利国民经济学派和制度经济学派指出，作为特定秩序化的市场经济，它本身就蕴含着制度规范含义，即各种社会规范安排都是市场经济理论所需要考虑的因素。

第三节　经济伦理学研究范畴

一、经济与伦理的前提条件："经济人"与"道德人"

（一）"经济人"

英国经济学家亚当·斯密首先提出了"经济人"的概念。它一方面指出参加经济活动的主体，另一方面也指出了资本主义生产方式中从事经营活动的资本家。本书所讲的"经济人"泛指一切参加经济活动的主体。因为这体现着一切经济活动的人格化。一般来说，"经济人"可表述为在经济活动中以经济的方式来计算的一切行为，并且努力把寻求自身利益最大化作为该行为出发点和归宿点的人。因此"经济人"的本性是人根据趋利避害原则，通过对"成本—收益"的比较，优化选择出所面临的一切机会、目标和实现手段。

经济活动的动力机制催生了"追求利益最大化"的"经济人"。经济人具有以下特征：第一把对自身利益的追求和满足放在首位，把个人利益看作是否采取市场行为取向的最后决定因素；第二，具有利益与否是人们经济活动中的原始驱动力；第三，面对经济活动的各种情况，把追求最大利润作为活动的唯一的目的；第四，个人对物欲的通求与满足带动了整个经济活动领域的"繁荣"，并由此实现了效用和功能的最大化。

"经济人"假设从根本意义上说只是在理论经济学体系中充当分析基点作用的个人市场行为的一种象征性表述，是理论层次上提炼出来的一种市场中的人，仅仅是一种假设。当然，"经济人"抽象绝非是主观臆想，而是有着现实的基础，即人在市场中的经济维度，其经济行为主要是以交易形式进行的自利行为。在市场交易活动中，"自利"是每个人的重要目的。无论任何人，即使是心怀高尚的无私者，他的交易活动也不可能不以"自利"为其经济活动基本原则。至于追求财富的终极目的，无论是为了抚养和教育子弟，还是为了从事某项公共福利事业。这些看似出于公利之心的目的并非意味着他的交易活动不是自利的，他既不可能因怀有崇高目的而愿意以低于市场的价格出卖其商品，也不可能以高于市场的价格购买品。因此，"经济人"的理论抽象，绝不是随心所欲的面壁虚构，而是对每个市场参与者得非常接近其真实意图的表示。

从某种意义上讲，"经济人"的理论抽象，就是一种理论建构。其一，这种建构本身是在分析学意义上突出了人在市场中经济行为的特定因素——"自利"和"理性"推导出来的。在这一建构过程中，在思维上"宁多勿少"的自利动机被定向强化，从而获得主观上追求利益最大化和行为上采取与这种目标相适应的理性决策的理想化的形象。当然，这种"理想类型"的"经济人"绝不是在经济学家看来最好的形象，而仅突显自利和理性行为接近于市场上人的真实经济行为的典型；参照这种"理想类型"，我们就能够把市场上的实际行为转变为在理论上清晰的、可理解的典型行为。其二，"经济人"抽象为理想类型，他需要在特定的市场经济条件下，并需要沉浸在市场交易行为的运行逻辑和规则之中。"经济人"的行为，本质上是历史地、既定的、基于交换领域的典型化行为。这种典型化或理想化的概念有助于经济学研究中增进推断因果关系的技巧；它不是对人的实际经济存在的完整描述，所以不能通过"经济人"理念与人的实际经济行为进行直接对比的方式来检验"经济人"，更不能以其没有考虑到利他动机、社会文化因素等诸如此类的"缺损"来否定"经济人"抽象的合理性。作为一种理论抽象，"经济人"模式不考虑这些因素是一种"缺省"，但又是科学分析中不可避免的"缺陷"。

（二）"道德人"

"道德人"这一思想观念的最早提出者可追溯至英国著名经济学家亚当·斯密。但是把"道德人"概念明确化的人，最早是由德国社会学家马克斯·韦伯完成的。他认为，市场经济活动的约束机制是使人具有"道德人"的属性；影响市场经济运行的要素，除了经济活动之外，还与政治、伦理、文化、社会等因素有着直接或间接的关系。正如他在《新教伦理与资本主义精神》一书中所说：尽管由于新教伦理创造的资本主义精神和道德力量抚育了近代的"经济人"，而"经济人"的成长过程需要道德的支持。正是从这一角度，人们把"道德人"看作是对人在经济活动中的一种完善和补充。"道德人"理论具有鲜明的特色，这主要体现在以下几个方面：

第一，在经济活动的驱动力上，"道德人"理论强调合乎理性的经济发展。在对经济发展进行研究时，虽然首先需要考虑社会经济状况，但也认为，伦理精神亦是推动社会经济发展的巨大动力。在"道德人"看来，要既承认经济因素的重要性，但是市场经济的发展，除了依靠科学技术和法律制度外，也还取决于从事实际经济活动的人的精神与气质。经济社会发展的动因，是各种力量综合的结果，是社会合力的产物。其中"合乎理性的伦理精神"和新的价值观念，可以引导人们积极向上，把从事经济活动视为完善道德与实现最高价值的重要手段，由此成为而进一步推动经济发展的精神动力。

第二，在经济活动的社会目标上，"道德人"理论强调：追求经济活动的社会目标，只有合理的经济活动才是道德的行为。现代化生产的经济社会活动，个体行为既关系自身，也影响社会和他人；理性精神对生活普遍指导的合理性以及合理的经济伦理，是指导人们调节相互关系的行为准则。这就表明："道德人"理论并不是把获利看作是绝对的坏事，它反对的不是获利和追逐利润，而是非理性的、不道德的获利。马克斯·韦伯多次强调：要使获利行为成为按照理性来追求，根据资本核算来调节的道德行为。具体来说，一方面他认为：金钱是一种职业，是人人都必须追求的自身目的，若金钱意味着人履行其职业责任，则它不仅在道德上是正当的，而且是应该的和必需的。有效的经济行为本身就具有伦理性。另一方面，他也认为：人们对物质财富的追求，应当通过人的自身能力和主动性去合乎理性地、合法地进行，做到合理地、有道德地获利。

第三，在经济活动行为的判断标准上，"道德人"理论把促进经济发展与道德同步发展看作是社会进步的根本标志，也看作是社会发展的客观要求和自身肩负的历史使命。在道德发展史上，凡属符合社会发展要求，顺应历史变革的先进道德，都对社会发展起着变革性的促进作用；反之，就会成为阻碍社会经济发展的力量。资本主义上升时期的诚实、守信、勤奋、节俭等这些道德日益体现现代经济合理性的道德精神，从而把利润、获利从宗教伦理的禁锢中解放出来，促使资本主义的经济冲动合法化，为资本主义市场经济的发展注入了生机和活力。与此同时，被市场经济膨胀了地对物质财富的贪欲，也使一批人让财富成为不受控制的欲望，并全身心地服从这种贪欲，道德退化为经济的冲动，不再与精神的文化的最高价值发生联系，造成经济冲动与道德控制的严重失衡。越来越多的事实已证明，一旦社会发展最终蜕变为只受机器生产的科学技术和经济条件控制的时候，原先推动人们从事经济活动的最初动力的物欲，将会变成"一只铁的牢笼"，使文明让会坠入"专家没有灵魂、纵欲者没有心肝"的可悲境地。

由此看来，"道德人"理论主张的自我行为约束，是保持经济冲突与道德调控相对平衡的不可缺少的因素。离开了道德精神的主导作用经济人的经济行为就会失范。因此，考察"经济人"与"道德人"的关系就十分必要。

第一，从人的经济行为动机来考察，任何一个经济过程都是从确立经济行为主体的动机开始的。强烈的主体动机在经济过程中显示出经济的强大驱动力。经济驱动力的正确选择，关系到经济体制的合理性。西方古典经济学家从亚当·斯密开始就确立了"经济人"的利益动力论，即以个人物质利益的追求为驱动力。而社会主义国家在20世纪80年代以前受意识形态的支配，基本上是立足于道德动力论，即通过计划经济手段来实现道德主义的驱动。在这种体制下，经济任务的完成与否及完成是否优秀，经济学家们的道德评价及其和个人政治发展与之存在着紧密地直接关系。在这样的体系中，经济效益是增加还是减少，与他们的切身利益并无直接的关系，而在当下时代背景下，经济利益杠杆对他们所起的作用较小，而要调动他们的生产积极性，就只有靠道德动力。

第二，从人的综合行为轨迹来考察，经济活动中的人并非都是追求自身利益最大化，文化修养、道德素质和社会理想都会对其发生作用。因此，可以说，经济因素并非是现实的人考量的唯一变量。在现实中，道德因素是现实的人经常考量的量度。正因为如此，所以现实的人的财富积累到一定程度，对单纯经济利益的追求会表现为边际化。从理论上来看，经济活动的本性是只追求自身的物质利益最大化，具有完全功利性；而道德的本性是则超功利性的，即超越自身的物质利益，因而是具有完全自律性。但是现实中的人在社会道德的约束下，是不可能超越道德空间的自由性，这就证明了经济活动中人的行为是功利和非功利结合体，他律和自律并存的情况。这样的人在从事经济活动中，行为主要动机会将自觉意识到这样的行为将有益于他人和社会，同时也不会拒绝在这过程中使自身得到利益。这样的人仍然属于"经济人"范畴，但在他的动机里已经做到把个人利益同更高层次的精神追求结合起来的现象。

第三，从人为实现经济利益的手段来考察，在经济过程中，人们要使自己的获利动机能够转化为实际的经济效果，必须有实现动机的手段。在市场经济体制下，实现获利动机的手段是多种多样的。然而，这些手段在许多方面都不同程度地会受到制约。市场机这只"看不见的手"是实现动机必要的手段，而竞争就是市场机制实现的主要途径。健全的、有序的竞争需要各种必要的市场规则。在这些规则体系中体现出维持有序竞争的各种有效道德，体现牟利动机与道义信念的并存的理念，并通过法律形式表现出来。市场经济为了达到自己的目的所需要的手段除了"看不见的手"之外，还需要另外一只"看得见的手"，即政府对经济的宏观干预和调节。只有市场不能解决所有的经济问题，如，供给与需求的总量平衡问题，社会的产业结构调整问题，社会生态环境问题，社会公平问题，等。而政府指导经济并和经济相互作用，所要达到的目的就是促进经济的人道化和经济的增长，而效率与公平两大目标。所以，在政府对经济的宏观干预中已经蕴含着对道德调节的动机。

二、经济与伦理的研究核心："公正"与"利益"

（一）公正

公正是社会道德的基本原则之一。在经济伦理领域里所要探讨的更多的是从社会总体利益的角度如何做到公平合理分配的问题。公正是涉及多学科、多领域的人文社科概念，各学科对其理解也有诸多不同。经济伦理范畴的公平是指在经济活动中发挥调节利益杠杆作用的伦理尺度，是对微观和宏观经济行为进行客观道德评价的价值取向。

作为市场经济活动的主体，个人与企业之间是等价交换的关系，这构成主体的社会规定性。等价交换也就成为"公平"的经济前提。现代市场经济条件下的"公平"是商品统治之下的经济如何更好地与伦理结合的问题。因此，在经济伦理视域中研究"公正"既要突出各学科研究的共性，也不能忽视其自身学科特点。对此，要将其界定为合理合法的社会制度安排和利益调节方式及其由此形成的社会正义品格。

经济制度公正的前提是社会制度公正的前提，它是由经济社会各环节公正和分配的原始公正组成。权益具体包括参与的平等、竞争自由以及机会均等基本权利，也包括社会有利条件和实质性价值，如社会保险和经济效益等。原始分配公正是指按照市场机制进行分配所体现的公正，其依据的法则是生产要素投入与产出比例关系是否具有合理性。这种公正也可称为起点公正，但由于先天资质等差异，后天不可能实现绝对公正。因此，为了弥补其研究不足，经济伦理也强调多元社会文化共同发挥作用所实现的公正。此外，社会公正还蕴含着上层建筑里的规范，经济道德就是人们一直追求的目标之一，其在经济活动中也发挥着调节社会关系的作用。

马克思、恩格斯认为公平、公正等相似概念可以表述为同一内涵。他们认为，"公平"具有经济性及社会性，所以要将"公平"置于社会发展中来观察，放置于阶级社会中的政治范畴中来认识。虽然资本主义经济关系要求资本家和工人行使和履行平等的权利与义务，但是资本主义生产关系也决定了资本和工人地位的实质不平等，即资本家无偿占有工人剩余价值的事实。这样，所谓的公平目的就是为资本主义市场经济运行提供理论支撑。恩格斯指出："这样一来，有产阶级的所谓现代社会制度中支配地位的是公道、正义、权利平等，义务平等和利益普遍协调这一类虚伪的空话，就失去了最后的依据。"① 而无产阶级的公平观一方面反映了对资本主义社会不平等的抗议；另一方面，无产阶级亦汲取了资产阶级公平观的合理成分，如在经济与政治领域都应实现平等的思想。改造这种观点的结果就是消灭资本剥削制度与消除其对应的生产关系。因此，结论如下：只有消灭阶级对立才能真正实现"公平"。经济伦理范畴中的"公平"就是需要放到经济社会形态中去考查。"无产阶级要求的实际内容都是消灭阶级的要求。任何超出这个范围的平等要求，都必然流于荒谬。"②

（二）利益

人类生存第一条件和基本需求要从事生产活动，与之相对应的则是道德调节经济活动的必要性。从历史视角来看，自从进入人类社会形态后就表现出一定的道德性，而道德性则随着经济社会生活的发展而不断演变与二者的关系也在不断地加深之中。马克思主义认为，人类生存的历史前提是如何解决如何满足衣、食、住、行等生活必需问题，即从事物质生产活动。而需求的不断满足与升级则衍生出新的物质生产活动，人类历史就在此循环往复中不断前进。

一方面人的生产活动表现为自然生产关系；另一方面，还表现为复杂的社会生产关系，即人的社会性要求将人与人的经济社会联系起来，从而形成对从事生产活动的必要条件。人在物质生产过程中所产生的伦理道德等意识

① 马克思，恩格斯：《马克思恩格斯全集》第 19 卷，人民出版社 1995 年版，第 125 页。
② 马克思，恩格斯：《马克思恩格斯全集》第 20 卷，人民出版社 1995 年版，第 117 页。

形态活动，它和经济活动形成了辩证统一关系，即具体经济活动受到经济价值调节。虽然道德在不同社会形态中表现不同，但在不同社会形态中经济道德起到了都将调节人与人、人与社会之间的经济利益矛盾，平衡各方利益关系的作用。因此，利益成为人们所追求的共同目标也是经济与社会的纽带。

三、经济与伦理的研究目标："自由"与"效率"

（一）自由

长期以来人类社会所追求的理想境界之一就是"自由"。自由既是历史的产物，也是社会的产物；既可以归附于政治范畴，也可以纳入伦理道德的研究范畴。同理，自由也可以成为经济伦理研究的重要内容。经济伦理也是经济活动重要原则之一，则是近代资本主义经济形态不断发展的产物。

对经济伦理视域中自由的研究需要从生产、商品、经济运行机制等微观及宏观层面进行深入探讨。以商品交换为价值归依的经济社会形态，其经济本质的规定性决定了与之相适应的经济自由观，而这种与市场经济相适应的经济自由观，具有十分鲜明的自身特点。马克思主义经济学认为，市场经济中的社会劳动从以往相互分离状态转变为由于内在必然性而连接为整体的劳动。如个人进行私有化生产为主要形式则表明此种方式为资本主义生产方式。

在资本主义社会，社会联系决定个人劳动内容，每人都是为满足他人需要而劳动，每人劳动都只是社会劳动的一部分，都不能离不开社会整体劳动。马克思指出："他本人可以随意从事这种或那种劳动；他对特殊的劳动的特殊关系不是由社会决定的；他的意愿是由他的天赋、爱好、他所处的自然生产条件等等自然而然地决定的；因此，劳动的特殊化，劳动社会了分解为各特殊部门的总体，这从个人方面看实际上表现为，他本人的精神的和天然的特性同时采取一种社会特性的形态。"① 从劳动的天然特性来看，个体劳动在整体劳动中必然是自由的，相应的，劳动者也会具有自由观念。

---

① 马克思，恩格斯：《马克思恩格斯全集》第46卷（下），人民出版社，1975年版，第472页。

从商品交换角度来看，商品生产者将自身意志渗透进产品中，即可以自由决定生产什么商品，怎样生产商品。与此同时，与之对应的另一个方商品生产者也可以根据自己的意志去生产商品，怎样生产商品，两者通过交换实现各自的意志满足，这种行为本身充分说明双方都有自由的因素。"因此，如果说经济形式，交换，确立了三体之间的全面平等，那么内容，即促使人们去进行交换的个人材料和物质材料，则确立了自由。"① 经济主体正是由于取得了自由经营的权力才可以极大地调动了他们的生产积极性，生产力也才能不断得到提高。

　　商品交换的成功说明了经济活动是自由的，商品生产者由此可以培育出自由观念。马克思从资本主义社会中简单商品流通的角度论述了自由产生的必然性。由自由交换的行为特征决定了交换者的自由地位。马克思指出："从交换行为自身出发，个人，每一个人，都自身反映为排他的并占支配地位的（具有决定作用的）交换主体。因而这就确立了个人的完全自由。"② "每个主体都作为全过程的最终目的，作为支配一切的主体而从交换行为本身返回到自身。因而就实现了主体的完全自由。"③ 自由逐步成为合乎道德判断的经济行为准则。

　　货币制度从商品交换中产生，因为货币一方面是交换的方式，另一方面也是交换的目的，目的与手段两者的统一是交换自由实现的保障。马克思认为，"交换价值，或者更确切地说，货币制度，事实上是平等和自由的制度。"④ "流通中发展起来的交换价值过程，不但尊重自由和平等，而且自由和平等是它的产物；它是自由和平等的现实基础。"⑤ 市场经济条件下的货币制度要求每人都拥有获取、占有和使用货币的自由，但不能依靠非法手段来实现自由。

　　总之，马克思在科学研究资本主义的基础上，运用历史唯物主义和辩证

---

① 马克思，恩格斯：《马克思恩格斯全集》第46卷（上），人民出版社，1975年版，第197页。
② 马克思，恩格斯：《马克思恩格斯全集》第46卷（上），人民出版社，1975年版，第196页。
③ 马克思，恩格斯：《马克思恩格斯全集》第46卷（下），人民出版社，1975年版，第473页。
④ 马克思，恩格斯：《马克思恩格斯全集》第46卷（上），人民出版社，1975年版，第201页。
⑤ 马克思，恩格斯：《马克思恩格斯全集》第46卷（下），人民出版社，1975年版，第477页。

唯物主义的方法论，诠释了经济伦理范畴中自由的特征，并指明了其存在着的二重性。即一方面自由解放了资本对劳动力的束缚，发现了由人的异化导致丧失自由的根源；另一方面是在此基础上为人的真正全面自由发展奠定了理论基础。

（二）效率

经济学中的效率是指资源的有效配置和利用。市场经济的第一要义就是追求效率最大化，即是否能以最小投入带来最大产出的问题。近年来，随着各学科对此效率涉猎的逐步加深，原先作为经济学领域研究重点的效率问题，学者们逐渐打破学科界限藩篱，在更广的范围内研究此概念，不断丰富着它的内涵和外延，经济伦理领域的研究也是其重要组成部分之一。美国经济学家布坎南说："经济学家试图只根据效率来评价市场，而忽略伦理问题，而伦理学家（以及规范的政治政府学家）的特点则是（在从根本上思考了有关效率的考虑之后），蔑视效率考虑而集中思考市场的道德评价，近来则是根据市场是否满足正义的要求来评价市场。"[①] 可以看出，不管是经济学家对经济伦理问题的轻视，还是伦理学家对效率的蔑视，两种错误认识都会阻碍经济社会全面发展。事实上，经济与道德都具有社会存在的合理性。市场经济是效率兼具道德合理性与经济效率合理性兼具道德合理性的统一。

经济伦理学对效率的理解和把握通常是站在更宽高的社会角度来完成的。总的来看，经济伦理视域中的效率包括经济价值与道德价值，它不仅体现在生产中资源投入与产出的比例关系，也表现在资源分配、宏观调控等其他综合性指标。这就是说，效率内涵表现为多个层面，它是政治效率、经济效率、道德效率的统一。具体而言，一般包含以下几个方面的含义：

第一，效率具有丰富的社会含义。经济伦理中的效率不仅是指资源使用与配置问题，不仅是单纯的经济效率问题，还包含着丰富的社会效率问题。经济伦理研究对象决定了社会性的价值判断，它是在充分考察经济效率的基础上研究探讨对如何对社会整体利益的提升问题；第二，效率也需考量经济

---

① ［美］布坎南：《伦理学，效率与市场》，中国社会科学出版社，1991年版，第3页。

可持续发展问题。经济生产的重要特点之一就是资源投入的有限性和资源约束性间的矛盾。若从经济伦理角度考量，高效率不仅说明投入既定条件下较少的投入与较多的产出，而且也需要考量短期效益与长期效益的统一，即社会可持续发展问题。

既然经济伦理中的效率是社会效率，那么判断效率的准则可以归纳为以下几个方面：一是判断一个体系（个体和社会）是否具有效率，需要当且仅当此体系比其他体系更具生产性效率和更合理的资源分配效率，这是效率判断的伦理学和经济学的标准。二是判断一体系是否有效率，当且仅当此体系的各项安排相比于其他体系而言是否更能保证社会中大多数成员的生存状况得到改善，确保体系间社会保障差异程度在社会成员可接受的范围内。这种制度安排的目的是为避免狭隘的理解分配效率问题而进行设计。

四、经济与伦理的两者连接："分工与合作"

（一）分工

分工是推动人类社会生产力发展的强大动力。作为社会文化的存在物，人既有社会物质生活的需要，也有社会精神生活的需要。而它们各自又有自己在不同的方面与层次的需要。即使是维持人体动态系统的积极平衡和内稳状态的生存需要也包括各种形式和种类。人们只有享用和消化经过人的观念和实践加以改造过的各种对象，使它们转化为自己物质生活和精神生活的一部分，才能满足自身多样性的需要。不同的需要有不同的对象领域，因而要求人们对外部世界实现有分工的掌握。

世上任何一个具体的现实的人，他的本质力量是具有有限的、历史性的，所以也只能从事有限的几种活动。在没有社会分工的条件下，在人人都必须亲自担负生活所需要的各项劳动的情形下，受个体精力和能力限制的人们，被迫只能从事几种最紧迫的活动，满足极其有限的几种生活需要，维持其单调且贫乏的生活。而分工既是人类满足多样性需要的必然要求，也是满足人类在量上和质上不断增长的多方面需要的现实途径。一句话，只有在分工的条件下，只有在不同的人群中掌握分配不同的外部世界的能力，人类整体才能获得形成与人的多样性需要相适应的掌握外部世界的总体本质力量和"全面能力体系"，人们多样性的需要的满足才有可能成为实现。因此，人的多样性需要的满足将一直依赖于人对外部世界的分工的理解。

从一般的意义上讲，抽去分工具体的历史形态，劳动推动了人的发展与进化，劳动使人从动物中分化出来，形成了人类社会本身。因此，人只有继续劳动才能作为人而存在，才能维持住自身的稳定性，并同动物界严格地区分开。但孤立存在的劳动资料和劳动者并不是现实的劳动。而现实的劳动是两者结合的状态。与此同时，劳动者又不能单凭着个体力量实现与劳动对象、劳动工具的结合。他们必须在一定的社会形式中借助这种社会形态中而进行对自然的占有，这种社会形式就是分工。"到目前为止，一切生产的基本形式都是分工。"马克思说，如果他们不以一定的形式结合起来，相互交换和共同活动其活动，便不能进行生产。相互交换活动意味着分工的存在。倘若没有分工，无论这种分工是自然发生的抑或者本身已经是历史的结果，也就没有交换。人类一旦在分工的条件下开始生产，那他们的力量就不仅有了量的扩大，而且也有了质的突破，这是人类的伟大之所在。在社会范围内，劳动部门各种各样，劳动种类成千上万，人们的职业千差万别，即使同种职业中人们的工作互不相同，这就是并存的不同劳动。分工则借助于并存的不同劳动而存在，并存着的不同劳动是分工的具体表现具体的劳动及其形式都可以统属分工的概念之下。就人类社会而言，劳动永存、分工不灭。分工具有时间上的永恒性和空间上的普遍性，它将与人类社会长期共存。

马克思指出："分工不仅使物质活动和精神活动、享受和劳动生产和消费由各种不同的个人来分担这种情况成为可能，而且成为现实。"① 分工的出现必然导致着阶级的分化和私有制的出现。因此，它在给人类带来文明进步的同时，也不可避免地存在着负面效应及历史局限性。具体表现为：第一，分工一方面促进了人的多样性活动形式的存在，从而实际地证明了人是一种具有多方面需要和能力的禀赋的全面的存在物；另一方面却又阻碍了至少是大

---

① 马克思，恩格斯：《马克思恩格斯全集》第3卷，人民出版社，1960年版，第36页。

多数人的这种全面发展的现实机会。分工使个人"变成片面的人，使他情形发展，使他受到限制"①。由于在私有制条件下，共同利益和私人利益之间的分离，存在阶级对立，分工具有外在性、强制性等特点，分工就会把一定的特殊的活动范围强加给每一个人，而每个人都有不得不屈从分工，屈从于他被迫从事的某种活动。这样，每一个人都不得超出强加给它的一定的特殊的活动范围。因此，只要分工是强制性的，那么，"人本身的活动对人来说就成为一种异己的、与他对立的力量，这种力量驱使人，而不是人驾驭着这种力量。"② 第二，分工确实不断地创造着人的新的需要、不断地创造着用于满足人类的新需要的掌外部世界的本质力量，不断地创造着满足人的需要的新的对象。但是，随着私有制的出现和阶级结构的分化，人的需要本身也会发生分化。有些人的需要得到了多样性的发展，而有些人的需要却受到了压抑和压制。这就是说，在掌握外部世界分工的条件下，并不是全体社会成员、现实的每个人都能得到多样性需要的满足。分工使广大常劳动人民的多样性需要受到统治阶级与剥削阶级的压迫。它使广大劳动者的需要降低到只是单纯地维持机体存在的简单的动物需要。劳动者仅被当作具有最必要的内体需要。马克思说："对一个忍饥挨饿大说来并不存在人的食物形式，而只有作为食物的抽象的存在；食物同样也可能具有最粗的形式。而且不能说，这种饮食与动物的饮食有什么不同忧心忡忡的穷人甚至对最美丽的景色都没有感觉。"③第三，分工促进了交换范围扩大、人们的交往以及社会关系的丰富化，同时却又使本来作为个人从事掌握外部世界活动的必要条件的社会关系，反过来形成了一种支配了个人的强制力量，约束了个人的自由活动。在分工的条件下，社会关系必然变成某种独立的事物，反过来决定着和管制着个人。第四，分工扩大了人类掌握外部世界的本质力量以及扩大了生产力，从而也为人类创造了更加丰富多彩的积极成果。然而，在阶级对抗和私有制的条件下，这种力量已经不再是个人的力量，而演变成私有制的力量。因此，由分工产生

---

① 马克思，恩格斯：《马克思恩格斯全集》第 3 卷，人民出版社，1960 年版，第 514 页。
② 马克思，恩格斯：《马克思恩格斯全集》第 3 卷，人民出版社，1960 年版，第 37 页。
③ 马克思，恩格斯：《马克思恩格斯全集》第 3 卷，人民出版社，1979 年版，第 126 页。

的积极成果也往往成了被私有者占有的成果，这导致了广大的劳动者与自己创造的成果相分离。他们变成了丧失了一切现实的生活内容的抽象的个人与偶然的个人。也就是说，对绝大多数人来说，人对外部世界掌握和扩展不但没有带来主体力量和能力的增长，反而导致主体力量的日益缺乏。

（二）合作

合作是人类在实践活动中相互作用的一种基础形式。合作是人们为实现共同目的，各自利益而进行的互相协调的活动，也是为了共享利益而在行动上相互配合的过程。人是相互合作的群体。如若没有合作，就不会有社会的存在和发展，更没有个体或群体的生存和发展进程。在人类实践活动中，当个体或群体依靠自身的力量不能达到特定目标时，这就需相互配合协调，共同采取行动，从而而形成合作。

合作的形式是多种多样。按合作的范围来划分，可分为广义的合作与狭义的合作。广义的合作是指人们通过经济活动的交流往来以及利益交换联成一体进而结成的合作伙伴关系。它使个体或群体都有可能获得能力，这既给人们的生产和生活带来效率，也使人的社会性得以完善和发展。狭义的合作是指具体的合作及有明确的合作目标的合作，即合作者之间为了一定目的而配合支持、相互协调、援助等结成的合作关系。按合作的层次来划分，可分为简单合作与复杂合作。简单的合作是合作内容与过程的简单合作，通常主要是指日常生活层面。复杂的合作是合作内容与过程较为复杂的合作，主要涉及经济、政治、文化、科技、军事等领域。按合作的内容来分，可分为经济合作、政治合作、科技合作、文化合作、军事合作等等。按合作的性质来分，可分为正义的合作与非正义的合作。正义的合作是符合历史发展要求和社会共同利益的合理合法的合作。非正义的合作是指那些危害社会公共利益，和对人类和平与发展起破坏作用的非法的合作。正义的合作既有利于合作者，也有利于社会。虽然非正义的合作一时有利于合作者，但从长远来看将不利于社会，甚至存在巨大社会危害。因此，反对不义的合作进而支持正义的合作，是社会成员的社会责任和义务。

人们如若要满足自身多样性需要就必须相互交换其各自的掌握成果。因为只有通过人们之间对掌握成果的交换，大家才能各取所需，才能满足多样性需要。黑格尔曾指出："技能和手段的这种抽象化使人们之间的满足其他需要上的依赖性和相互关系得以完成，并使之成为种完全的必然性。"① 马克思认为："社会分工按照它的内容来看是以（不同的）需求、（不同的）活动等等的相互关系为基础的。"② 也就是说、在分工的条件下，人们不可能一个人独立地自己满足自身的全部需要。分工意味着不同的掌握外部世界的活动领域在不同的个体中所进行的分配，也意味着"目的—手段"两者关系在不同个体中的分配。在这种情况下，一方需要的满足必须而且也可以通过另一个人的产品来实现。反之，一方能生产出另一方所需要的物质与精神产品。"每一个人在另一个面前作为另一个人所需要的客体的所有者而出现的。"③ 因此，人们为了满足自己的多样性需要，就不得不互相依存，不得不发生各种各样的交往与交换。

在劳动分工出现后，与专业化生产相适应的是为了满足不同个人和部门的需要，不同分工的部门和个人之间势必需要通力合作。这种合作主要在两个层面上展开：一是社会分工层面上的合作，另一种是企业内部的分工协作。劳动的社会分工是指各种专门的劳动分别生产不同的产品，它们之间只有通过商品交换才能发生联系；企业内部分工则是在生产同一种商品的劳动过程内部实行的专门化分工生产，其特点在于，它们之间的联系不需通过商品交换。企业内部分工的前提的范畴，企业内部分工的发展又会使某种特殊的劳动发展为独立的生产部门，扩大了社会分工的扩大，由行业与产品的专业化进一步发展出零部件生产的专业化和工艺的专业化甚至服务的专业化对于社会分工层面上的合作，其核心就在于交换。通过交换，不同的部门和个人之间可以互通有无，各自达到效用最大化的目的。分工是生产的基本形式，而分工的必然环节是通过交换达成合作，是分工的物质存在，是不同体系需要的劳动的物化。倘若没有分工，无论这种情况是自然发生抑或本身已经是历史的结果，也就没有交换。

---

① 黑格尔：《法哲学原理》，商务印书馆，1961 年版，第 210 页。
② 《马克思恩格斯全集》第 3 卷，人民出版社，1979 年版，第 356 页。
③ 《马克思恩格斯全集》第 3 卷，人民出版社，1979 年版，第 195 页。

分工体系之中蕴含着交换的必然性。据此，交换的前提是：第一，不同的劳动产品存在不同的劳动过程；第二，不同的劳动过程由不同的劳动者承担，不同的劳动产品由不同的劳动者支配；第三，不同的劳动者仅凭自己的劳动不可能满足自己的需要。分工是形成上述内容的前提。这是因为，首先，名目繁多的社会劳动，导致需要的劳动能力也是多种多样。只有多种活动和能力的交换，才能在本质上组成生产活动。其次，有的人从事消费资料的生产，有的人从事生产资料的生产，有的人提供劳动服务。而制造机器的人不可能以机器为食，造面包的人不可能用面包当作再生产的机器，而劳动服务者当然也不会食用自己的无形产品。所以，劳动者必须把自己的劳动当作是一定的有用劳动，以此来满足一定的社会需求，并以此证明它是社会总劳动的一部分；再次，劳动应服从社会内部的分工，没有其他部分的劳动，这种劳动就不能存在，而这种劳动之所以必需，又是为了补充其他部分的劳动。

对于企业内部分工层面上的合作，更多的是由企业的管理者通过直接的命令加以控制，在这其中，管理者的才能与智慧对于企业内部的分工协作与效率的高低具有重要的作用。但也应该注意到，在企业内部的生产流程的制度设计与管理上，要想达到更高的生产效率，企业管理者就不能仅凭借自身主观意志任意地对流程加以设计，必须尽可能多地考虑到所生产产品的物理和化学的特性，依据其特性合理的安排工作的流程。例如，在生产手表表壳时要经过切削、抛光、电三道工序，倘若不依照这种工序来安排生产，无疑将会造成资源的浪费。

特别需要指出的是，分工和合作的关系是辩证统一的关系，是一个事物的两个方面。在人类社会出现分工以后，"合作"，特别是通过交换而进行的社会合作与通过行政命令而进行的企业或组织的内部合作就成为必然。分工同时也就意味着合作。没有许多人的合作，微不足道的个人不可能完成即使是最简单的产品的供给，更不用说复杂的生活享受了。

分工与合作具有密不可分的联系。第一，分工的出现有利于个体，可以增进了社会的共同利益，增进了个人与他人以及个人与社会之间的相关联系。劳动，是供给人类每年消费的一切生活必需品与便利品的源泉。财富的源泉既来源于劳动，也在于形成分工的劳动。一国国民在分工劳动的前提下，每种产品都是诸多劳动者联合劳动的产物。以一件呢上衣的制造过程为例，必须有牧羊人，剪羊毛人，染工、粗疏工、纺工、织工、漂白工裁缝等许多人的联合劳动。因此，从具体的劳动过程来看，每种产品的制作过程就是掌握不同技术的劳动者在不同的生产阶段进行着的个别劳动的过程总和，即劳动分工的过程；但从产品角度看，处于不同阶段的具体劳动的质的规定性消亡了。如衣服无非是许许多多劳动者共同劳动的产物，即它是合作的结果。可以说，衣既是直接劳动的产物，也是间接劳动的产物。社会分工的存在，可以让每个劳动者自己劳动生产的物品只能满足自己的一小部分需求，大部分消费品获得要依靠和他人自动进行交换而取得，即商品交换。因此，商业社会中的劳动者，实质上是依靠社会去劳动，客观上也是为社会而劳动。这就是说，分工合作打破了小农经济个体劳动的独立性，大大增强了相互的依赖性。各个劳动者除了生产满足自身需要的产品外还有大量的剩余产品可以出卖，各个分工促进了社会的普遍富裕。分工也使得各个行业的产量大增，各劳动者都能以自身生产的大量产品，换得其他劳动者的大量产品。这就使得整个社会的产品得到了充分的供给，进而实现社会各阶级普遍富裕。同时，分工也促进生产力的发展，能提高了个人能力。分工具有多种功能和作用，最重要的目的是分工是提高劳动生产率，增加国民财富的主要途径，它既是价值和剩余价值的源泉，也是推动民族文明的主要动力。由于分工，劳动者可以专门从事某项操作，这就可以提高他们的熟练程度，增进他们的技巧；避免他们由一种工作转到另一种工作所造成的时间上的损失；同时，他们也比较容易改进操作方法，发明新的机器分工不但提高了工厂的生产力而且也提高了社会生产力，促进了科学文化的进步。脑力劳动的分工也像产业分工一样，增进了技巧，节省了时间。最后，建立在分工基础上的交换，也是社会成果向个体转化的过程。从一定意义上讲，个体掌握外部世界的活动大都不是为了个体自身的占有和享用，而是为了满足社会总体需求，即满足社会其他成员的生产生活需要。因为只有当个体掌握外部世界的活动所创造的成果，并将其转化为社会产品，进而转移到一系列人群的手中时，才能使自身的个人活动转化为社会活动，才能实现其价值。反之，如果他的活动不能社会化，不能满足社会总体需要和社会其他成员的生产活动需要。即他掌握外部世界的活动就是无用的和无价值的。可以说，在社会中，产品一旦完成，生产者对产品的关系就是一种外在的关系。产品回到主体取决于主体对其他个人的关系"。① 个体掌握外部世界活动及其成果的社会化，是由分工地掌握着世界的人们实现其相互依靠的一个方面；另一方面则表现为社会总体成果的个体化。如果说个体成果的社会化是为了使他人分享其掌握外部世界的积极成果，那么，社会成果的个体化则是个体去分享社会总体和他人掌握外部世界的积极成果，是个体依赖于他人和社会总体掌握外部世界的活动来满足自身多方面需要的一种表现。

总之，有分工地掌握外部世界的人们通过彼此间能量、物质、信息以及情感等方面的交流与交换，才能享用与消化能够满足自身各种需要的分工所掌握的成果，包括历史地积累与遗传下来的凝结着共同体成员集体智慧、力量和价值的文化成果，并转化为自己生活和活动的一部分，成为自己的无机身体与精神无机界，从而不但使自己的各种需要普遍地得到满足，也因他人的体力成为自己体力的延伸和他人的知识以及智慧成为自己智力的扩充，从而使自己的本质力量和内部构造——动力世界也普遍得到了发展、增长以及强化。所以，马克思把与他人的交换和交往，看作是"我的生命表现的器官和对人的生命的一种占有方式。"② 即通过对外部世界的有分工的掌握和掌握的成果横向的人际、族际、国际的交换和交往，通过纵向的代际的历史传承和发展，人类掌握外部世界的积极成果就能固定下来并延续下去，人们才能在越来越广阔和越来越深入的层面上扩大以及拓深着对外部世界的掌握，从而不断地扩大延展着人类赖以生活的外部世界的范围。

五、经济与伦理的研究意义："功利与道义"

（一）功利

功利是指人的行为结果给行为人和相关者带来的好处。当代美国道德哲

---

① 马克思，恩格斯：《马克思恩格斯全集》第 46 卷（上），人民出版社，1979 年版，第 31 页。
② 马克斯，恩格斯：《马克思恩格斯全集》第 42 卷，人民出版社，1979 年版，第 125 页。

学家弗兰克纳给功利下了一个明确的定义。他说："功利原则十分严格地指出，我们做一件事情所寻求的，总的说来，就是善（或利）超过恶（或害）的可能最大余额（或者恶超过善的最小差额）。"这里的"善"与"恶"，是指非道德意义上的善与恶。① 功利又分行为功利和规则功利。所谓行为功利，就是指不依据规则，而仅根据眼前的情况来决定行为，只要它能够带来好的效果便是道德的。规则功利是依据规则能够带来好的结果的行为就是道德行为。

边沁与密尔是功利论的主要代表人物，其功利思想的基本观点可概括为三个方面：一是"最大幸福"原则。边沁解释说："这个原则讲的是凡是利益攸关的人们的最大幸福，这种幸福是人类行为（各种情况下的人类行为，特别是执行政府职权的一个或一批官员的行为）的正确适当的目标，并且是唯一正确适当并为人们普遍欲求的目标。"② 二是效果原则。它认为评价一种行为，要视行为的结果而定，倘若行为结果能增加当事人的幸福与快乐，那这种行为就是道德的，就应该予以肯定。这就是说，行为的结果是道德价值评价的最终依据。三是以个人利益与幸福为基础的共同幸福原则。他主张以个人利益与幸福作为人类行为的基础，同时强调自我与他人、个人与社会的利益协调、共享以及幸福、利益和总量增殖。

从以上可以看到，功利主义提倡以个人利益以及个人幸福作为人类行为的基础，但它同时也强调个人利益同社会利益、他人利益相协调，因而不能简单地将功利等同于私利，将功利主义等同于利己主义。对于经济的发展，客观来看，功利主义具有重大的促进作用。第一，功利原则所肯定的追求个人利益的合理性。在市场经济条件下这对于调动大劳动者的积极性，有着积极意义。在封建社会里，以道德压制人的物欲，使个人合理与正当的利益、需求受到压制而得不到满足，而在现代极左思想盛行时代，则以抽象的"集体"和"社会"湮没了个人，否定了个人利益需求的合理性，因而阻碍了人的积极性的发挥。而功利原则肯定了个人利益与需求的合理性，确认个性自

---

① ［美］弗兰克纳：《善的求索》，辽宁人民出版社，1987 年版，第 73 页。
② 周辅成：《西方伦理学名著选辑》下卷，商务印书馆，1987 年版，第 211 页。

由、个人独立、个人成功和个人幸福等个人价值的合理地位，这就有利于打破那些阻碍人们"自由进出市场"和积极进取的不必要的旧道德限制，为个体进入市场发挥作用提供了必要的伦理支持，这有利于发挥与调动广大劳动者的积极性和创造性，也有利于社会生产力的发展。第二，功利原则注重行为的实际效果，它把行为所产生的实际效果和预期效果作为最高道德目标，这对于客观地评价人们的行为，具有积极意义。如何评价人们的行为，在传统社会里，存在着一种倾向对一个人的评价，非常看重他的语言、承诺却很少看重关注他的实际行为所产生的结果，以致产生了一批满口谈圣贤、心性不付诸行动的"空谈家"。功利原则注重行为的实际效果，与经济活动注重获取最大利益、追求最高效率具有很强一致性，可以看出，利益原则是经济的首要原则，这与实际效果是功利原则的重要原则一样，两者具有内在的价值同构性。因此，功利原则注重行为实际效果，对于克服"空谈"，崇尚实际，具有重要意义。不过在提倡功利原则时，也要克服功利主义只顾实际效果，不管动机、目的的局限性，要把动机、目的同行为效果结合起来，把邓小平同志提倡的"三个有利于"作为市场经济条件下人们行为的价值目标与评价标准。

（二）道义

与功利论不同，道义论主张人的行为是否道德，不应以行为的结果来判断，而应以行为本身和行为依据的原则，即行为动机正确与否进行判断。凡行为本身是正确的，或行为依据的原则是正确的，不论结果如何都是道德的。正如，弗兰克纳所说："道义论主张，除了行为或规则的效果的善恶之外，还有其他可以使一个行为或规则成为正当的或应该遵循的理由——这就是行为本身的某种特征，而不是它所实现的价值。"①

道义亦可分为行为道义和规则道义。所谓行为道义，就是指它不注重是否有规则，只要行为本身是合乎道德的，那么行为就是正当的。所谓规则道义，则是说行为遵循的规则必须是合乎道德的，否则便不是道德行为。"道

---

① ［美］弗兰克纳：《善的求索》，辽宁人民出版社，1987年版，第31页。

义"同样也有三个特征。一是注意行为本身或思想、动机（即行为依据的原则），不关心思想、行为的后果。二是不计算，不考虑思想与行为的后果对自己会怎么样。三是道义不是立足于个人的利，面是立足于全社会的人民大众的长远的或根本的利益。

同西方的道义论在形式上有所类似，道德至上是中国主导性传统文化的基本特点，这已经是学术界的共识。所谓道德至上是指在中国传统社会，道德在社会生活中被看作是至高无上的价值，它比人的人性、生命、物质生活、政治、法律、军事、宗教、文艺都重要；道德判断成为对人对事的最高判断；道德活动是人最重要的生命活动，道德规范成为衡量社会活动和个人行为的最高标准。显而易见，这种道德至上观是不真实的、非科学的历史唯心主义。道德作为一种思想关系，在社会生活中只能处于第二位的地位，它要受到经济关系及经济生活状况的制约；它与法律、政治、宗教、军事、文艺等社会上层建筑、意识形态是形成一种相互制约、交互作用的关系，而非决定与被决定的关系。这种非科学的观念之所以能在传统社会中存在，在民众方面，是出于"趋善"的善良愿望，把道德看作太平日子的庇护神；在统治阶级内部，则是为了满足他们以德治国、王天下的政治需要，使他们的统治长治久安，因为"得人心者得天下"。然而，在义利关系上，道德不可能完全超越物质利益面成为至高无上的价值（特别是对广大民众而言），这就使得统治阶级采取各种手段大力宣扬的道德至上，只具有了某种纯形式化的"说说而已"的性质。

需要特别指出的是，现实生活中的义与利是相互依存的，互为补充。在现实生活中，没有纯粹的义，正如没有纯粹的利一样。对于人类的生存和繁衍来说，利永远是一个基础，没有物质利益的满足，人类就会失去生命的根基。但是，人类的理性本质又决定着对物质利益的追求必须放弃掠夺性的方式，必须顺及个体之的平面，顾及当下与未来的关系处理。这就意味着人们又必须用文明的方式求得对利的索取，保持在义与利之间的适度张力。这就是说，要利用与重视传统的道德资源，吸收西方近代科学的理性精神，构建起"义利两全"学说。这一学说的主要内容是：一是，工商业乃富国之本，发展实业是使国家走向富强的必由之路和基础。二是，财富的追求与人格的完美追求并不相悖。财富是人们乐善好施，济贫救急的物质基础，是人们"为圣"的基础。而"为圣"即成就圣贤人格，则是既具人性论意义而又超越价值的追求。三是，企业应当以正当的手段即严格遵循职业道德来获取利润。正如《论语》中所说的那样"富与贵，是人之所欲也，不以其道得之，不处也"。也就是说，不合于正道的富贵，毋宁处于贫的好；如果是本着正道而得到的富贵，则安之无妨。四是，财富应当是正当的支出，着力于公益事业的建设。企业经营者的财富并非来自其一人之力，而是依托于整个社会。所以，企业且效益颇丰，就愈加不应当忘记回报社会。索取财富的另一面应当顾及社会的恩谊，不忘记对社会尽到道德上的义务。

在资本主义发展的早期，或者是在资本主义经济政治、法律体系不太完善的领域，都曾经过盛行不择手段通过钱谋以取私利的现象，这种现象无益于资本主义正常秩序的形成和发展。其实，真正对近代资本主义形成和发展有所献的企业家，往往是具有高度发达的伦理素质，又具有远见卓识，能忍耐、自制的人。因为只有他们才能生产自己的资本和货币供给，才能维持资本主义秩序的正常运转。不受任何道德规范约束的谋取或挥霍财富，无益于近代资本主义的形成和发展。因而在近代资本主义的形成与发展的时期，不仅会出现与国家权力的结盟，也会出现与宗教和道德力量的结盟。在西欧与北美，近代资本主义生成和发展结盟的宗教力量是新教伦理；马克斯·事伯的新教伦理所体现的资本主义精神也主张生活准则应该需合乎伦理道德，并且能够以合理主义精神来运用资本进行经营。但马克斯·韦伯认为儒家学说与资本主义精神无缘的观点却在涩泽荣一那里被推翻。作为新教伦理生活准则的"入世禁欲主义"是源于上帝的绝对命令。克勤克俭、减信不欺、严守规则合理运用财富则均是上帝指定的生活方式，并被视为美德。涩泽荣一的"义利合一"说所确定的生产生活方式与新教伦理相似。但与新教伦理不同的是，这一切均是出自公益的现世需要和"为仁"的人伦道德追求，其理论依据出自儒家的经典。

第五章 中国传统经济伦理思想

第一节 中国传统经济伦理思想概述

经济伦理学作为一门学科是近代以来的产物，经济思想和伦理思想所具有的内在关联性很早就已存在于古代中外思想家的论述中。在我国古代不仅有着丰富的经济思想，而且还蕴涵着比较丰富的经济伦理思想，甚至从某种程度上说，经济的伦理化是我国古代经济思想的主要特征。因此，显然研究中国古代经济伦理思想对于构建当代中国特色社会主义经济伦理学，具有十分重要的借鉴意义。

经济现象作为社会生活的客观事实，由于它始终以"问题"的形式呈现在世人面前，反映了人与自然交互过程中所面临的普遍的矛盾状态，因而对其进行思考便构成了为人类生活的基本焦虑之一。但是，由一种心理焦虑提升为一种自觉的理性思索，并以这种理性思索的结果去指导与规范人们的经济行为，这只有在人类进入文明社会之后才具有现实可能性。同样，由于人类一进入文明社会的门槛就面临着阶级的分野，这使得一开始人们对于经济现象的理性思考就不是一种纯粹的体现效益优先原则的知识经济学式的思考。在自然经济时代，在很大程度上由于经济活动表现为一种人对自然禀赋的依赖性，人类的生产活动和社会交换活动只能在一种狭窄的封闭的地理空间内展开，甚至可以说，自原始农业产生以来，人与自然之间的交换虽然在单位面积的产量上有着不断的升级和提高，但真正影响农业经济效率的原因，从主体方面讲，则是生产技术的改进；从客体方面讲则是否存在自然界的风调雨顺。两者做对比后发现，后者更为重要，它使得自然经济成为一种典型的"靠天吃饭的经济"。由于经济效益问题的主导权在"天"和自然，便使得人们对于经济问题的思考集中于两个方面：一方面是如何顺天而行，即按自然规律办事。如，"不违农时"就成为传统农业经济的一个"绝对命令"，而要做到这一点，除了政府需要在历法方面予以指导之外，更重要的是政府应该从制度上保障"农时"不受诸如修陵、筑城、打仗等徭役、兵役与杂役的影响，这种所谓的"轻徭"政策是历代封建王朝所特别标榜的"德政"之一；另一方面则是如何顺民而行，在维护统治阶级既得利益的同时必须对被统治阶级的利益有所调整和关注。即政府应该成为不同利益集团之间的矛盾调节者，倘若"利"只为某一阶层所垄断，则不仅会造成经济社会的停滞不前，而且也还会导致社会各阶层的冲突，从而影响皇朝的兴盛。因此，无论是从经济社会的发展还是从朝代自身的长治久安出发，政府都应承担起不断调整生产关系的责任。由此可知，在自然经济条件中，在等级结构制度中，对经济现象的考量，往往不会是一种现代意义的纯粹的经济学考量，而是一种政治经济学和政治经济思想，这种思想的一个重要特征就是将经济问题化约为一个政治问题，是一个"王政"问题。

中国社会结构具有宗法一体与家国同构的特征，这使得中国传统家庭作为社会的细胞承担着十分复杂的社会学与政治学意义。在中国传统社会里，"家政"的重心不在于如何"理财"，而在于如何"齐家"，在于如何维系一种以血缘关系为基础的宗族秩序的稳定与和谐。中国古代经济伦理思想虽然由于伦理思想的过度扩张而弱化了本身经济学意义，并使得中国古代经济伦理思想的德性主义占了主体地位。但是，从先秦诸子开始，中国古代经济思想仍然还存在着功利主义思想，且这种经济伦理思想在秦汉之后的发展又有着与儒家德性主义经济伦理思想相互渗透的趋势，这样一来，中国古代的经济思想便不只是一种单纯的道德主张，还包含着一种真正的经济学意义上的关怀。

第二节　中国古代经济伦理思想的发展阶段

中国古代经济伦理思想从产生与不断发展大致可以分为三个阶段，即先秦时期、汉唐时期、宋明清时期。

一、先秦时期：中国古代经济伦理思想的产生

从历史视角来看，对经济现象的伦理考量最早发生于西周之初，它与西周初期思想家在"殷鉴意识"的观照下所确立的以"敬德保民"为内涵的德治主义价值取向有关。西周的思想家提出了诸如"孝养父母"的生产观、不独专于利的分配观以及"恭俭惟德"的消费观等德性主义经济伦理思想的萌芽。但到春秋战国之际，随着西周礼乐社会结构的解体，王官之学逐渐为诸子之学所替代，从而出现了以"义利之辨"为主要命题的诸子百家争鸣的经济伦理思想发展新格局。这种新格局基本上呈现出两条线索：

一条线索是功利主义经济伦理思想的产生与发展。春秋早期，管仲从"人本自利"的人性论出发，提出了著名的"仓廪实而知礼节"的道德生成论观点，这标志着中国古代功利主义经济伦理思想的产生。墨子认为"兴天下之利，除天下之害"，并提出了"义，利也"的功利主义命题，试图在"公利"的层面将"义利"统一起来，并将此命题延伸到劳动生产和日常生活领域，这奠定了中国古代功利主义经济伦理思想的基本理论之始基。另一条线索是德性主义经济伦理思想。孔子从仁学出发，高举"义利之辨"的大旗，明确提出"君子喻于义，小人喻于利"的命题，确立了"见利思义"的德性主义价值取向，但是，孔子对于"民之利"，对于满足人类基本生存需要的"饮食之利"，以及通过正当方式取得的"利"等等的伦理正当性是持肯定态度的，并在此基础上提出了他的"富国""富民"的生产观、"均而安"的分配观和黜奢崇俭的消费观等经济伦理思想。

二、汉唐时期：中国古代经济伦理思想的发展

汉唐时期是中国古代封建社会的发展与鼎盛时期。从思想史的角度看，自秦之后，以先秦诸子中的道家、儒家思想为主整合了其他思想，构成了这一时期思想发展的特色。在这种思想背景之下，汉唐时期的经济伦理思想的发展亦具有儒道互补、德性主义与功利主义冲突和融合的特点。如董仲舒从"天人合一"观念出发，一方面提出了"正其谊不谋其利，明其道不计其功"的德性主义经济伦理命题，而另一方面他又继承了荀子"义利两有"论，主张"两养"。

三、宋时清时期：中国古代经济伦理思想的完善和嬗变

宋代时期，随着商品经济的发展和明中叶资本主义萌芽的产生，中国古代经济伦理思想的发展得到了进一步的完善，并开始发生嬗变。一方面，儒家思想在宋代的发展已更趋本体论化和道学化，产生了程朱等道学家的禁欲主义经济伦理思想；另一方面则是在民族纷争日益严重的背景下，催生了一种可称之为"儒家功利主义"的经济伦理思想。明清之际，由于资本主义萌芽的产生，造成了中国古代经济伦理思想的嬗变。"经世致用"已成为这一时期的思想家们的主要思想取向。何心隐提出了"人则财之本"的人本经济伦理思想。黄宗羲以"人必有私"的人性论为基础，提出了"工商皆本"的本末论，等。宋明清时期这种以功利主义为特征的经济伦理思想的流行，直接影响到蕴含着近代经济伦理思想的萌芽。

第三节　中国古代经济伦理思想的特征

纵观中国古代经济伦理思想的发展历史，我们可以看出德性主义经济伦理思想在思想领域占据主导地位，它的影响深远，其伦理特色成为影响后世经济伦理思想发展的重要准则。

第一，德性主义经济伦理思想占主导地位。中国古代经济伦理思想产生于先秦时期诸子间的"义利之辨"，是围绕着道德和利益敦先敦后以及敦重敦轻这一核心问题而展开的。由于受制于小农经济基础上的"农本商末"的经济结构和家族主义为基础的"家国同构"的社会结构，形成了以主张"重义轻利"以及"重公轻私"为价值取向的儒家德性主义经济伦理思想占据了中国古代经济伦理思想的主导地位。特别指出的是，而且即使是功利主义思想家，也无法摆脱这种经济与社会结构特征的影响，在他们对经济问题的关注中大多贯注了伦理的色彩倾向。这一点造成了中国古代经济伦理思想的构架存在着"经济学式关注"和伦理学式关注的严重失衡。第二，以人性论为基础。儒家以性善论为基础，认为"仁义"非由外铄，是主体与生俱来的一种道德基因，这一点决定了"义"对于成就"大我"的第一位的价值。但是，儒家也认为，人作为生命的存在又具有"饮食男女"等物质利益的需要，且这种欲望的基本满足也具有伦理的正当性，但由于它只具有成就"小我"的价值，所以它与"义"的需要又有相互冲突的一面，因而需要对之加以抑制，宋明道学家甚至认为需要"以理灭欲"。很显然，以这样一种人性论为基础的经济伦理思想必然具有轻视利益问题的倾向。第三，强调道德对于经济的积极作用。一方面，儒家德性主义经济伦理思想虽然有着"罕言利""何必曰利"的倾向，但由于儒家是以"齐家治国平天下"的社会责任为承当，构建其理念当然也包括了"内圣"之学和"外王"之学两个维度，而后者使得儒家的经济学具有很多丰富内涵。在儒家关于"外王"的经济学构建中，由于"外王"是从"内圣"所开出的，因而也就决定了它的道德本位主义特征，所以，儒家经济学也可以说是一种"德政经济学"。这种经济学的最突出特点就是强调道德对于社会经济发展的决定作用。另一方面，中国古代功利主义经济伦理思想，虽然存在着杨朱式的极端功利主义，但以利为主、义利兼顾或统一乃是主流。这就是说，中国古代的功利主义思想家在强调经济对道德的决定作用的同时，并没有将道德伦理问题约化为一个单纯的经济问题，也没有将物质问题，而是认为经济和道德之间存在着某种张力，二者之间是一种互动的关系。第四，为封建自然经济结构进行伦理合法性辩护。"本末之辩"是中国古代经济伦理思想的重要主题之一。纵观中国古代经济伦理思想的发展脉络，可以得出这样的结论：传统经济伦理思想从整体上说主要反映了封建自然经济的"农本商末"社会结构的特征和要求，这为农业的"本"业地位提供了一种伦理合法性辩护，从而给商业涂上某种不道德的色彩，形成了一种贬斥"末"的文化现象。

第四节　儒家经济伦理思想主要内容

儒家思想的内容博大精深，儒家经济伦理思想就是其中重要的组成部分。本书将通过挖掘和整理儒家经济伦理思想的基本要义来诠释其历史基本脉络与主要观点。儒家经济伦理思想最早是由孔子和孟子等先秦儒家思想家所开创，后经汉代儒学家的丰富发展并使之成为封建统治者的指导思想。至此，儒家经济伦理思想成为调节与规范人们在经济活动中相互关系的一整套完整伦理体系。儒家经济伦理思想中深刻地反映出浓郁的中华传统文化的优良品质及超凡智慧，这可以为我国社会主义市场经济的发展提供源源不断的精神资源。因此，挖掘整理儒家经济伦理思想中的积极含义并将其融汇入社会主义市场经济理性之中和相应的体制建构中，这会对社会主义市场经济的健康有序发展起到必要作用。由于篇幅所限，本书主要介绍对儒家经济伦理思想及后世经济思想影响最大的孔孟经济伦理思想。

孔子（前551—前479年），名丘，字仲尼，古代鲁国昌平乡邑人（今山东曲阜县东南）。中国历史上影响最大的思想家和伟大的教育家，儒家学派的创始人。相传，孔子的先祖为宋国贵族，后避难奔鲁，卿位始失，下降为士。孔子三岁时丧父，家境贫寒。孔子说："吾少也贱，故多能事。"（《论语·子罕》）年轻时曾做过委更（管理仓廪）和"乘田"（管放牧牛羊）等小官。虽然如此 章孔子儿时即受到母亲的礼乐教育，从十五岁"志于学"，至"三十而子立"，学业初成，并开始授徒讲学，"自行束脩以上，吾未尝无海焉。"《论语·述而》据《史记·世家》所载："孔子以诗、书、礼、乐教，弟子盖三千焉，身通六艺者七十有二。如颜浊邹之徒，颇受业盛者甚众。"私人办学至如此之规模，这在中国教育史上是罕见的，对打破"学在官府"的传统、促进学术文化的进一步下移做出了积极的贡献。

孔子之世，鲁政一直掌握在以季氏为首的"三桓"手中。季氏生八佾舞于庭，孔子闻之，曰：是可忍也，孰不可忍也？（《论语 八》）鲁定公九年，季氏家臣阳虎被绌，孔子开始出仕，为中都宰。是年孔子五十一岁。为中都宰一年，因政绩突出，遂升为司空，再升为大司寇，摄行相事。定公十年，齐鲁夹谷之会，孔子相礼，并充用外交手段帮助鲁国收回了被齐国占领的土地。定公二十年，孔子为加强"公室"，抑制"三桓"的发展，提出了"堕三都"的计划，但计划最终失败。鲁定公十三年春，齐人馈女乐于鲁，季桓子受之而三日不朝。孔子遂率弟子再一次离开了"父母之邦"，开了长达十四年之久的周游列国的颠沛流离生涯，至鲁寝公十一孔子的学生冉有为季氏宰，孔子才归鲁。是年孔子六十八岁。孔子归鲁，鲁人虽尊之以"国老"。但《史记·世家》说："鲁终能用孔子，孔子亦不求仕"。孔子晚年把主要精力放在整理文和从事教育事业上，《论语·子军》："吾自卫返鲁，然后乐正，雅各得其所。"鲁哀公十四年，狩猎获麟，孔子认为："吾道穷矣"，因史记而作《春秋》。是年孔子七十一岁。鲁哀公十六年（前79年）夏四月，孔子卒，享年七十三岁。

孔子的主要思想是"仁"，但同时又主张"复礼"。夫子既曰："仁者爱人"，又曰："克己复礼为仁"，道德的主体（仁）与道德的现范性（礼）之间的互动，便构成了孔子伦理思想体系构建的主要特征。而孔子的经济伦理思想便是其仁学思想在经济学方面的展开。研究孔子的经济伦理思想，主要的资料是《论语》。此外《左传》及《史记·孔子世家》和《仲尼弟子列传》等，亦可作为参考。

一、见利思义的价值取向

儒家向来重视"义利之辩"孔子所说"利"的含义与今天所说的"利益"范畴相近，它是指主体对一定对象如物质财富和权力等的客观需要。"利"是一个反映主客体关系的范畴，它有着不同的历史内涵。从主体的角度来看，虽然"利"作为人的需要源自人类最基本的生存和生理需要，但它又总是多于或高于这种基本的需要，人想得到的总是要比自己所实际需要的要多一点，这是一个客观的心理事实，它促进了人类社会的不断发展。孔子说："富与贵，是人之所欲也"，其中"富与贵"就是比人的实际需要"多一点"的东西，而主体具有的欲望于它的心理倾向，这是很自然具有伦理的正当性。孔子十分强调"利"获取方式的正当性问题，而这种正当性关键在于是否符合"道"抑或"义"的要求。如果符合道义的要求，那追求个人的利益满足并不妨碍一个人成为"君子"。可以说，从强调"利"的获取方式的正当性这一方面来看，儒家的道义论实际涵容了发展为功利论的可能性。

第一，孔子所说之"义"，是相对于"礼"和"勇"等概念而言的，相对于"礼"，即孔子所说"义以为质"，这表明"义"是指礼仪这一外在表现形式的内在根据；相对于"勇"，则表明"义"是一个包含着仁、知在内的范畴，其中既有对勇敢这一行为的动机考量，也有对勇敢之行为的手段考量。综合言之，孔子所说的"义"作为一个伦理道德范畴，其主要的蕴含含义应为仁与礼的统一，而仁专是指道德的主体性，礼是指道德的规范性，"义"就是道德的主体性和道德的规范性的统一。

第二，孔子所说的"利"的含义与今天所说的"利益"范畴相近，它是指主体对一定对象如物质财富和权力等要素的客观需要。"儒家所谓义利之辨之利，是指个人私利。……若所求的不是个人私利，而是社会的公利，则其行为不是求利，而是行义。"① 我们认为，在公利的层面，儒家确无义利之辨的必要，孔子曾讲，"因民之利而利之，斯不亦惠而不费乎？"（《论语·尧曰》）所谓"民之利"即公利也，对这种公利，孔子一贯主张"利之"。

第三，孔子的义利之办是否完全否认私利呢？孔子并不是简单地否定私利。在孔子看来，"利"作为一种需要既然是客观的，就表明它是人之所必需以及不可或缺的，因而对这种需要的满足就具有很大的正当性。对此，孔子毫不讳言自己有一种求利的需求，曰："富而可求，虽执鞭之士，吾亦为之"。这也就意味着，即使是在个人利益的层面，"利"与"义"之间也有相通的可能性。

---

① 冯友兰：《冯友兰学术论著自选集》，北京师范学院出版社，1992年版，第282页。

第四，孔子的义利之辨所"辨"的是作为个人利益的获取方式的正当性问题。"利"是一个反映主客体关系的范畴，同时也有着不同的历史内涵。从主体的角度来看，"利"作为人的需要虽然源自人类最基本的生存、生理需要，如饮食男女等，但它又总是高于抑或多于这种最基本的需要，人想得到的总是要比自己所实际需要的要多一点，这既是一个客观的心理事实，而且从一定意义上说，也正是这"多一点"的需要，促进了人类社会的不断发展。马克思主义认为，人类社会正是在不断地满足人类不断增长的各种需要中不断发展起来的。孔子所说："富与贵，是人之所欲也"，其中"富与贵"就是比人的实际需要"多一点"的东西，而主体具有欲望在于它的心理倾向，这是很自然的，也具有伦理的正当性的。然而，问题在于，人们对于这种需要的满足是否采取了一种正当的方式或手段？这才是孔子义利之办所关注的。孔子十分强调"利"的获取方式的正当性问题，而这种正当性在于是否符合"道"或"义"的要求。如果符合道义的要求，即所谓"君子爱财，取之有道"，则追求个人的利益满足并不妨碍一个人成为"君子"。从强调"利"的获取方式的正当性这一点来看，儒家的道义论实际上涵容了发展为功利论的可能性。

此外，孔子所强调的"因民之利而利之"，是否意味着只要是公利，就可以不顾手段的正当与否呢？这一点之所以值得特别提出，是因为无论在孔子所生活的春秋时代还是在当今的现实生活的问题，人们似乎可以为了国家利益和集体利益这一共同利益，公利在其实现手段和方式上的正当性似乎是一个无须考量的不二手段。从孔子强调"德政"来看，孔子是反对为达目的不择手段。再如在评价晋文公和齐桓公的新业时，孔子认为："晋公调而不段的"，他说："善人为邦百年，亦可以胜残去杀矣"（《论语·子路》）正，齐桓公正而不调。"（《论语·间》）"话而不正，说明晋文公之霸业是建基于"道德"之上，而齐桓公却反之。观《论语》通篇，我们可以发现，孔子曾多次称许管仲为仁—因为他帮助齐桓公成就了春秋首霸之业，"桓公九合诸侯，不以兵车，管仲之力也。如其仁！如其仁！"（《论语·宪同》）而很少称及晋文公，原因就在于晋文公的霸业不是行义所致，而是靠"兵车"所致。因此，即使是公利，也存在着实现方式的正当性即"义"的问题。

　　第五，如果孔子的义利之辨仅止于"利"的获取方式的正当性层面，则儒家思想与其他思想之间的区别就基本上不存在了。孔子义利之辨的核心问题还不只是"利"的获取方式的正当性问题，更重要的是涉及人的价值取向问题。如前所述，孔子肯定了个人物质利益是"人之所欲也"，但是，在现实生活当中，为什么人们总是难以以正当的抑或"义"的方式去实现这种需要的满足呢？人们为了追求个人利益的实现，为什么总是置人间的亲情和社会的伦理规范于不顾呢？换句话说，人们为什么总是"见利忘义"呢？孔子认为，最根本的原因就在于人们没有意识到在人类的需要层次当中，存在着比物质利益需要更高的并因此也是更为根本的人类需要，这等同于道德需要。而关于道德需要是否为人的基本需要之一的问题，孔子虽没有明确地说过，但从他对"仁"的人性化解释中可以看出，孔子对这一问题的回答是肯定的。这一论点也属儒家的基本立场之一。正如后来荀子所说："义与利、人之所两有也"，是尧舜等圣人所不能"去之"的存在（《荀子·大略》）。但是，在这"两有"之中，何者更为根本呢？或者说，"两有中"何者是第一性，何者为第二性呢？这才是问题的关键。

　　孔子的基本看法是："义以为质"与"义以为上"。所谓"义以为质"是指道德（包括道德的主体性即仁和道德的规范性即礼两个层次）在社会价值体系中的本体论地位，它是一种具有独立自主价值的和无须于道德之外再去寻找其存在依据的存在，而以之为行为的依据或出发点，类似于康德所讲的"绝对命令"，是一种不计功利的纯道德行为。正如汉儒董仲舒所云："正其谊不谋其利，明其道不计其功。"（《汉书·煎仲舒传》）即人的行为的根据是唯道义是从，如果从功利的角度来考虑行为，则要么是"见利忘义"，要么是"贼仁义"而行之，前者是"小人"，后者是"乡原"。而孔子对于"乡原"最是深恶痛绝，称其为"德之贼也"（《论语·阳货》）。而所谓"乡原"也就是"好好先生"，从表面看，他与孔子所讲的"君子"之"无可无不可"没有什么不同。但他恰恰是"贼"取了"君子"的外衣，而在实际上，"乡原"是一种典型的功利主义者，或者说是理性的利己主义者。这种人并非不讲道德，而是把道德当作种工具来考量，当作其获取"利"的一种成本来核算。换言之，道德对于他们来说是第二性的存在，是服务于第一性的"利"的工具性的存在。而道德一旦失去其第一性的地位，它便不再是作为"绝对命令"来向主体颁布，道德律令的普遍性和强制性就会大打折扣而一个人的讲道德也就会是一种有限度的讲道德，即他不可能讲中国古代经济伦理道德到"杀身成仁"和"舍生取义"的地步。孔子及儒家正是从这一角度考虑，所以才不愿意放弃道德的第一性或本体论的地位。当然，如何在理论上去证立道德的这种本体论地位，始终是儒学所面对的理论困境之一。

所谓"义以为上"，是指道德需要即"义"在与人的其他需要如"利"的需要的比较选择中具有被优先考量的地位，这也就是"见利思义"。孔子所说的"见利思义"一语，"见"字最为关键。因为，它说明"义"之考量即"思义"是在"利"与"义"发生矛盾的情况下才是必要的。孔子认为，只有在极限状态下，"义以为上"才会采取"利取义"的方式，而在一般的情况下，"义以为上"所要求的方式是"重义轻利"。"轻利"不等于不讲"利"，更非"舍利"，它只是相对于"义"而言较次而已。为什么"义"的考量在价值选择中具有这样的优先性呢？孔子认为："放于利而行，多怨。"即按照"利"的标准来决定行为之当否，容易招致别人的怨恨，而单纯就"利"的实现而言，如果处于这样一种"多怨"的环境之下，也是难以满足主体利益实现的最大化要求。所以，从"利"的最大化出发，"义"的优先考量也是必要的。从这一角度来说，孔子及儒家实际上是把"利"包含于"义"之中。大多数学者认为，孔子是纯粹的道义论者，并举孔子"君子谋道不谋食"和"君子忧道不忧贫"为证，但是，这是一种断章取义的做法。因为，孔子在谈到这一问题时，明明是这样说的："君子谋道不谋食。耕也，馁在其中矣；学也，禄在其中矣。君子忧道不忧贫。""谋道"与"忧道"，这是"君子"的主业所在，而如何去"谋道"呢？孔子认为是"学也"。而"学"在孔子看来不仅可以掌握"道"，而且"禄在其中矣"，精神文明和物质文明尽在"学"之中。可见，孔子的"义利之辨"既有其本体论层面的考量，也有其功能论层面的考量。孔子不是单纯的道义论者，更不是如一些人认为的那样是将义与利对立起来的思想家。后来孟子将此思想做进一步的发展，提出"何必曰利？"的命题。至宋明理学，更是提出"存天理，灭人欲"的思想，始才将"义"与"利"对立起来。我们不能从宋明儒家"义利之辨"思想去反推孔子的思想也是如此。

第六，"义与之比"，是孔子"义利之辨"中的最高境界。它强了"义"在主体行为选择标准中的唯一性，它与孔子所讲的"仁者安仁"和"仁者不忧"思想是相同的。毫无疑问，从这种思想来看，"利"的考量对于"君子"人格构建来说确是一种消极的因素，我们都可以看到孔子对于"君子"的要求总与对"利"的鄙薄相关联，如在孔子看来，一个有志于"道"的人，如果又"耻恶衣恶食"，这种人"未足与议也"，即根本不值一提，又说"士"如果贪图安逸，也"不足以为士矣"。但是，是否意味着一个人要成为"君子"就必须以"安贫"为前提呢？者反过来说，一个人"处富"就不可能"乐道"呢？在这一问题上，孔子的态度可以从两方面看：

一是孔子认为，"邦有道，贫且贱焉，耻也；邦无道，富且贵焉，耻也。"（《论语·泰伯》）这就是说，对物质财富的鄙薄与否，是以国家之是否"有道"为前提的，如果是在一个"邦有道"的时代，一个人仍然过着"贫且贱"的生活的话，这是可耻的。从这一点来看，孔子的"义利之辨"并不是抽象的道义论者。因为，在一个"有道"的时代，作为"君子"不仅有着追求"富且贵"的必要性，而且也有道追求"富且贵"的正当性。换言之，一个人就不一定非得"安贫"方能"乐道"，而是"安富"也可以"乐道"，富贵（利）与乐道（义）之间并不是完全对立的。仅是因为孔子所处的春秋时代乃是一个"无道"的时代，所以，对于士君子而言，对"利"的追求与对"道义"的追求存在着难以调和的矛盾，孔子才把"义与之比"当作"义利之辨"的主要标准来要求"君子"。因此，我们必须看到孔子的"义利之辨"所包含着的具体的历史内涵，而不能对之做一种抽象的伦理学理解。二是孔子认为，"安贫乐道"固然是"君子"人格的最高境界，但仅此也是不够的。因为，"君子"作为一种人格符号，同时也代表着社会的某个阶层，我们知道，"君子"范畴首先是一个阶级（《论语·卫灵公》）来说，"君子"在人们心目中至少不应是一个经济范畴，然后才是一个道德范畴。从子路问孔子"君子亦有穷乎？"的阶层，当然在事实上存在着"君子有穷"的可能性，但这种可能性在"君子"心目中也是暂时性的。那么，从整体和常态来说，事实上，这就意味着在"君子"不仅有"贫而乐道"的问题，也有高而乐实上，"君子"集团的社会地位和经济地位都是"小人"所无法比拟的，这就意味着在"君子"不仅有"贫而乐道"的问题，也有"富而乐道"的题。(《论语·学而》)载："子贡曰：贫而无谄，富而无骄，何如？"子曰："可也。未若贫而乐，富而好礼者'。"人穷志短，所以易谄；财大气粗，所以骄人，这是人生的常态。故"贫而无谄"与"富而无骄"也可以说是人的道德主观能动性的表现之一，但孔子认为，仅做到这一点还不够，更高的境界是"贫而乐"和"富而好礼"。因为，"贫而无谄"只能说明人穷志不短，体现了一种道德意志的力量，但在道德境界上仅相当于孔子所说的"狂狷之真士"，即道德对于他来说还具有"他律"性质，尚未内化为一种主体的内在需要，尚未把道德当作一种"乐而为之"的对象来追求，属于"克己复礼为仁"而非"仁者安仁"之境界层次。同样，"富而无骄"也只是种自谦之道，而自谦往往有两种可能性：一是确实意识到自己作为存在的有限性，意识到物质财富的多少并不能代表人的真正的价值所在，所以，在道德修养上还需要主体的不断进益；一是认为财富的聚集程度还不够，所以，还需要不断增进自己的财富。从后一种情况来说，"富而无骄"有可能走向一种"富而有吝"。孔子说："如有周公之才之美，使骄且吝，其余不足观也已。"(《论语·秦伯》)朱子引程子语注曰："骄，气盈，吝，气歉"。愚谓娇客虽有盈歉之殊，然其实常相因。盖骄者吝之枝叶，吝者骄之根本。故尝验之天下之人，未有骄而不吝，吝而不骄者也。(《论语集注》)"无骄"有可能是"吝"的一种表现形式，而"吝"又是一种隐性的"骄"，是一种道德的虚伪化形式，相当孔子所说的"乡原"，乃"德之德也"。所以，孔子认为"富而无骄"不若"富而好礼"。从人生的常态来说，随着自身经济地位的提高，人们自然会产生提高自己的僭越礼仪之上的社会地位，而并不是说人们不行礼仪。故一个人若能有社会地位的想法与需求，春秋时期的"礼崩乐坏"主要也是表现在"富"之时还能"好礼"，恒正好体现为一种道德主体性的力量。

由上可知，虽然孔子的"义利之辨"强调道德即"义"本身的独立自主价值（这一点也是孔子的经济伦理思想区别于晏子的根本之处，即后者是功利主义者，而孔子则是德性主义者），但这并不意味着孔子的经济伦理思想是一种以"贫穷"为基础的道德快乐主义，而是包含着在富裕情况下主体的道德修养的理性考量问题。当然，孔子也注意到了"贫而无怨难，富而无骄易"（《论语·宪问》）这一事实，使得"义"和"利"的矛盾在孔子的思想中显得似乎更为突出一些，但是，也不能由此而认为孔子的"义利之辨"是只讲二者之间的对立而不讲二者之间统一的"忘利主义"。

二、富国安民的生产观

在"仁者爱人"的命题中，"立人""达人"与"兼善天下"等仍是孔子所力求实现的理想目标。孔子说："修己以安人"和"修己以安百姓"（《论语·宪问》），但是，"安人"和"安百姓"应当采取何种方式来推进呢？孔子认为必须实行以"为政以德"为主要特征的"王道"政治。而"王道"政治的具体内涵，首先是要创造出一套中尽可能符合社会正义的制度体系，即《尚书·洪范》中所谓："无偏无党，王道荡荡；无党无偏，王道平平；无反无侧，王道正直。"孔子认为周礼就应该是这样的制度安排，故欲恢复之即"复礼"。其次，就是发展经济。孔子认为，欲实现"王道"政治的理想，关键在于如何赢得民心。而民心之得，除了统治者实行"为政以德"外，还必须充分考量到民众的利益和需要。孔子说："小人怀土"和"小人怀惠"，老百姓最关心是土地与物质上的实惠，这是毋庸置疑的事实。倘若能在经济上解决百姓的实际生活问题，则所谓"德政"就会变成为一种空洞的说教。因此，孔子主张以"富民"为重点的富国之道，提出了著名的"庶、富、教"论。

如何理解孔子的"义、富、教"？本书认为，应该将之与孔子职业伦理观联系起来一并考察。本书曾指出，孔子提了"君子喻于义，小人喻于利"的分殊，这在一方面来说，是一种严格区分的思想，而在另一方面说也是一种职业分殊的观点。因为在孔子看来，整个社会中实际上存在着不同的社会阶层，如公、侯伯、大夫等贵族阶层，以及土、农、工、商等"四民"阶层。尽管社会这种分层具有世袭的特征，但是，在春秋战国时代，社会各阶层间的纵向升降与横向位移已并不罕见，尤其是孔子的有教无类教育学主张及其兴办私塾教育的实践，对此贡献甚大。不过，这并不意味着孔子欲抹杀社会各阶层的界限，也不表明孔子的"利"时只属于平民所有。孔子提出义利之辨，一方面是以"君子""小人"做出总结，强调不同的道德人格和阶级差异之间的关联，但另一方面又明确指出"富与贵，是人之所欲也"，这就是说"利"的需要并无"君子"和"小人"之分。我认为，这种看似矛盾的表述实上反映出孔子这样的思想，即社会不同的阶层尽管有着不同的获"利"途径与方式，但是在伦理上它们的正当性要求却具有一致性的。从这一点，我们可以看出孔子的经济伦理思想的德性主义特征。

如"君"，由于国家的巩固与强大即君主之"利"在于是否得民心，而得民心的关键又在于老百姓是否富裕。孔子说："百姓足，君孰不足？百姓不足，君孰与足？"（《论语·颜渊》）所以，作为统治者就必须"因民之利而利之"。孔子到卫国，看到卫国人口众多，弟子冉有问曰："既庶矣，又何加焉？"孔子答曰："富之"。冉有再问"既富矣，又何加焉？"曰："教之"（《论语·子路》）。由孔子的这"庶、富、教"论可知，"高民"是国"利"之所在，因为，百姓不"足"，已作为君主的影响来促进"高民"这是统治者的职责所在。如何"君"就不可能"足"。而统治者为了自己之"足"，就必须运用自才能富民呢？孔子认为，作为统治者必须做到："道千乘之国，敬事而信，节用而爱人，使民以时"（《论语·学而》）。"节用"，即国家在财政开支上尽可能节省，此为节流。而"使民以时"，即让老百姓按时从事农业生产，遵循农业生产的规律，此为开源。《左传·桓公六年》有"谓民三时不害，而民和年丰也"之说，所谓"三时"，即春、夏、秋三季，正是农业生产的播种、生长与收获的时期。古代社会因为统治者的徭役繁杂，所征不时，经常影响农业生产。故"使民以时"，这是传统社会统治者是否"爱民"的标志之一，也是一个国家经济是否能得到发展的重要保障。孔子还主张统治者"惠民"，他说："惠足以使人"（《论语·阳货》），即施予百姓以实惠，就可以调动劳动者的生产积极性，而且作为统治者在施"惠"时应注意方法，不要像"有司"一样，犹之与人也，"出纳之吝"（《论语·尧曰》），即施人以财物，出手却十分的悭吝，犹如库吏之所为，这样收不到"惠民"的效果。正确的施"惠"方法是"因民之利而利之"，这就是所谓"惠而不费"（同上），即既给老百姓以好处，但统治者自己又没有什么耗费。孔子的这一思想

可以与管子的 "如以于人食者，不如无夺其事"（《管子·侈靡》）之思想相发明，都是一种管理效益论观点。总之，孔子强调 "高民"，把 "君足" 与 "百姓足" 相联系，又把 "节用" "使民以古 四时" 和 "惠而不惠" 这一德政要求作为实现 "君足" 与 "百姓足" 的必要条件，从而把 "君" 之财富问题约化为了一个 "君主" 的伦理道德问题。

如 "士"，由于在春秋时期他作为社会阶层的特殊性，即他们是 "贵族之末，四民之首"，在经济地位上有着极大的依赖性。这一点既为士的弱点，但未尝不是士的优点。因为，士在经济地位上的无根性恰恰可以使他获得一种认识的客观性前提，其思想认识更能够兼顾到社会不同阶层的利益需求。孔子也是这样来定位 "士" 的。他说："君子谋道不谋食"。耕也，在其中矣；学也，禄在其中矣。"（《论·卫灵公》）"知道是上的业所在，有对 "道" 的知识产权是土人获得独立社会地位的重要，这就是说，在孔子看来，士对于社会经济发展不在于他直接施从事劳动生产——孔子认为士人无须学 "稼，"之事，他曾指责遇学橡为 "小人哉"（《论语·子路》），在于他通过向治者的规功使之建立起一个信赖的社会体系和理性的制度安排，从而减少社会管理的成本，间接地促进生产的发展，这就是当今世界所讲的管理出效益。众所周知，在自然经济形态之下，生产力的发展除了生产工具这一技术进步因素之外，更重要的是人口因素，人口的多寡及其质量水平往往是衡量一个国家兴旺发达的重要标志之一。所以，对统治者而言，如何有效地组织劳动者从事生产，如何提高劳动者的生产积极性以及如何吸引更多的劳动力，乃是国家政治的核心内容，是为 "大道"。孔子认为，要达到这一目标，只有德政，他说 "上好礼"，则民莫敢不敬；上好义，则民莫不服；上好信，则民莫不用情。夫如是，则四方之民强负其子而至集，焉用程？（同上）确实，如果在上者为政以德，使百姓做服，积概性得到提高（"用情"），社会的向心力与凝聚力便会得到加强，士又何必一定去学 "稼圆" 之事？以此而言，土之 "利" 存在于士之 "学" 中。面士之所 "学" 主要不是农业生产技术，面是儒家所之 "道"。因此，一方面，可以说是 "君子课道不课食"，但另一方面来尝不可以说君子之食存在于 "君子之道" 中，换言之，存在于经济管理的伦理之中。

再如"民"，孔子认为他们是"响于利"的"小人"，是从事"稼圆"等农业生产的"劳力者"。孔子对手工生产劳动的观念，即从事过农业劳动乃是一种"部事"，对生产劳动表现出一种道德上的关注更多的是从"士"与"民"在创造物质财富的比较中面生发出的一种效益论观点。因为，毕竟"富民"是孔子经济思想的核心。"富民"并不只是统治阶级的一个管理问题，而且也是需要劳动者本身去积极投入生产劳动的问题。要提高农民的生产积极性，孔子认为，除了政策的引寻外，还必须对农民进行教育。所以，孔子关于"富民"的思想又是与其"教民"思想相互关联的。这就是说，在孔子看来，"富民"问题并不是一个单纯的物质文明建设问题，而且也是即精神文明建设问题。孔子指出，"富足"并不能成为一个国家"强大"的唯一指标，一个国家的强大主要表现在一个国家的"综合国力"上，它主要包括三个方面，即"足食、足兵、民信"。而在这三者之中，如果不得已要去其一的话，孔子认为，首先是"去兵"，如果还不得已要去其一的话，孔子选择"去食"，而唯一不能去的是"民信"，因为："自古皆有死，民无信不立。"（《论语·颜渊》）正是基于这一点，孔子认为必须重视对百姓的教育。

另一方面，孔子认为，"教民"不仅是提高劳动者生产积极性从而实现"富民"目标的主要途径，而且也是提高劳动者道德素质并使劳动者确立正确的财富观的必由之路。孔子意识到，一个人在富裕之后，如果不提高自身的道德修养，会产生一种"富而骄"或"饱食终日无所用心"的不良道德状态，而这一状态反过来会对经济发展和社会稳定造成不良的影响。这也就意味着：物质财富虽然是道德思想意识的基础，但是人的道德水平并不是物质财富的自然延伸，二者之间并不具有必然的同步性关系。管子所谓"仓廪实则知礼节，衣食足则知荣辱"，其实仅看到了经济基础对伦理道德意识的决定作用，而未能发现人的道德意识所具有的相对独立性。因此，孔子认为，要使人做到不仅"贫而无谄，富而无骄"，而且还要使人做到"贫而乐"和"富而好礼"（《论语·学而》）。不对百姓进行教育是不行的。因为只有教育才能使人既承受生命之"重"（劳动），又承受生命之"轻"（闲适）。教育的主要内容同样既包括具体的技术知识，而要教育以礼仪为核心的道德知识。孔子主张"礼下庶人"，并认为："有教无类"，肯定了"庶人"成为"士君子"的可能性。这些都说明孔子的"富民"思想并没有局限于经济领域，没有仅以成就"经济人"为己任，它始终和道德问题相联系，与成就"君子"抑或"道德人"相联系。

对于商业活动的看法，是理解儒家经济伦理思想的重要内容。这是因为，自西周以来，农业的"本事"地位一直使人们对于商业这种"末业"地位存在着一种伦理上的轻视。但是，从前章有关商业的经济伦理思想论述中，我们还可以看到春秋后期的商业发展及商人阶层在政治舞台上的表现，使人们不得不从伦理上对之进行重新审视与评价。子产是孔子所赞许的春秋历史人物中唯一没有微词的思想家，孔子曾说："以是观之，人谓子产不仁，吾不信也。"（《左传·襄公三十一年》）对子产"为政以宽"的思想，孔子尤其赞赏（《左传·昭公二十年》），子产卒，孔子闻之，出涕曰："古之遗爱也。"（同上）由此足见子产对孔子的影响之深。在商业伦理思想方面，孔子曾明确地提出要把自由贸易原则作为商业交换的基本经济伦理要求。据说，当时鲁国的大夫文仲设置"六关"以阻碍商人的自由贸易，孔子认为，这种做法是"不仁"的行为（左传·文公二年）。在孔子的学生中，子贡擅长于经商之道，"废著鬻财于曹、鲁之间"（《史记·货殖列传》），"家累千金"（《史记·仲尼弟子列传》）。对此，孔子曾将之与颜回相比较，曰："回也其庶乎，屡空；赐不受命，而货殖焉，亿则屡中。"（《论语·先进》）在这里，孔子一方面是在感慨春秋时期"道德与物质财富"之间的二律背反关系，另一方面也是默许了子贡把经商致富作为士人生存之道的做法。孔子的这种对待商业的态度，在中国古代经济伦理思想史上是独特地位的。胡寄窗先生说："在中国，与战国后期以来二千多年中极端轻视商业的流行观点相对比，却是很突出的。"[①] 胡先生还指出：为什么孔子坚决反对儒者抑或士人阶层从事农业与工业的体力劳动而对待商业经营却采取另外一种态度呢？唯一可能的解释就是春秋后期商业已有长足的发展，富商大贾也是不直接参加生产劳动而进行剥削的阶级，在这一点上，商贾与儒者阶层是一丘之貉，且新兴商人阶级中必然有许多人已渗入当时知识分子阶层。这些客观条件促使孔子丘不得不对

---

① 胡寄窗：《中国经济思想史简编》，中国社会科学出版社，1981年版，第43页。

商业经营采取另一种态度。（同上）孔子关于自由商业的理念不曾与其周游列国和到处求仕的职业自由思想相关。因为，虽然孔子视出仕为士人的职业选择之一，但他并不强调一定要仕于"父母之国"，"有道则从，无道则止"，这是孔子出仕的唯一原则。孔子对于柳下惠"三"而不离"父母之邦"不以为然（《论语·微子》）。所以，在很大程度讲，孔子时代的儒家作为一种职业（无论是其本来的职业——相礼，还是其理想的职业——做官）其本身就具有自由职业的特点。当然，这种自由是建立在一种没有任何经济基础之上的自由。也仅是由于春秋时期社会的治乱需要，这使得社会对人才的需求显得供不应求，才使得儒家等士人群体获得了一种比较自由的生存空间。但是，应该注意到，孔子在率弟子周游列国的过程中注意到，经济问题是困扰儒家群体生存的严重问题之一。因为，在"天下无道"的情形下，如果固执于孔子的出仕原则，到处流浪（也是自由的一种形式）就成为一种必然的结局。如何在固守"道"的情况下解决儒家的生存问题，经商看似是孔子及其儒家所不得不做出的一种职业选择，而当时"工商食官"格局的破解也使得这种选择成为可能。事实上，子贡的经商活动对于孔子儒家群体生存的意义是不可低估的，《史记·货殖列传》评曰："子贡结驷连骑，束帛之币以聘享诸侯，所至，国君无不分庭与之抗礼。夫使孔子布扬于天下者，子贡先后之也。此所谓得势而益彰者乎？"这些都是促使孔子具有不同于占主流地位的"贱商论"的客观原因。此外，孔子早年随母亲到都城谋生的经历也应是使孔子对商业有一种亲近感的重要原因之一。

　　总之，孔子对于生产劳动的态度持有一种职业伦理学的观点。一方面，他对农业劳动存在着一种伦理上的鄙视，这反映出孔子经济伦理思想的阶级性本质。另一方面，他又提出了不同的职业应有不同的伦理要求。孔子拒绝樊迟的学"稼"要求，这一事件应该视为孔子对儒学的一种学术定位，即儒学乃"君子之学"，因而他所考虑的问题是有关统治者如何治国安民与发展经济等管理学方面的问题。以此而论，我们可以看到，孔子经济伦理学的主要特征是"人本"管理。由于这里所谓的"人"主要是指种具有道德人格即"君子"型的人，而非其他类型的人所以，它也又是一种伦理管理。

三、"均而安"的分配观

孔子的"富民"之道是把经济的发展看作是社会稳定的物质基础，然而，仅此是不够的。因为影响一个社会稳定的因素是多种多样的，但仅从经济关系方面来看，分配问题可能显得更为重要。在这一问题上，孔子主张要确立一种有利于社会稳定的分配制度，并提出了著名的"均安论"（《论语·季氏》）载孔子曰："丘也闻有国有家者，不患寡而患不均，不患贫而患不安。盖均无贫，和无寡，安无倾。"从字面上来看，"寡"者，少也："贫"者，穷也。少与贫，有联系，但又不同。所同者，二者皆是指一种物质上的短缺状态而言；而不同者，"寡"之为"少"是一种分配意义上"较少"，它源自分配上的不均；而"贫"之为"穷"则是一种实际生活状态上的贫穷。这种区别正如一个人的财产较之周围的一些人要少些即"寡"，但这并不意味着他就贫穷。如果说"寡"是指一种穷，那也是一种"相对贫困"，而"贫"的意义是指一种"绝对贫困"。而当人处于"绝对贫困"状态时，就容易铤而走险，孔子说"君子固穷，小人穷斯滥矣。"（《论语·卫灵公》）又说："好勇疾贫，乱也。"（《论语·泰伯》）而"乱"就是"不安"。可以看出，孔子最担忧的不是"相对贫困"（寡），而是分配不均；也不是"绝对贫困"（贫），而是由此导致的社会不安定。

要说明这一问题，我们还必须联系这段话中的后面三句，即"盖均无贫，和无寡，安无倾"。根据孔子这段话的后三句，前两句似应改作："不患贫而患不均，不患寡而患不安"，"均无贫"中之"均"，依朱子所注，乃"各得其分"之意。而这个"分"也就是依照封建等级制度所规定的权利之"分"，这就意味着孔子所说的"均无贫"并不是通常所理解的平均主义。孔子的意思是，只要能够"均"即分配公平，则贫富差异就不会扩大，也就不会有"绝对贫困"，但"相对贫困"还是存在着的。由于"相对贫困"实际是源自周代礼制的差级安排，为当时社会秩序建构所必需，所以"相对贫困"是客观存在且无法消除的。而要消弭由"相对贫困"所引起的社会矛盾，孔子认为，只有通过"和"，这个"和"，也就是"先王之道"所蕴含的"礼之用，和为费"之和。而这种"和"表现在政治上，就是前述的"德政"，即以"道之以德"为基础的"齐之以礼"，简言之，即孔子所谓之"仁"。因为"仁和"，则由礼制差异所产生的"寡"即"相对贫困"就不再存在。所以，我认为，如果说"均无贫"是强调"齐之以礼"以消除"绝对贫困"，那么，"和无寡"则是强调"道之以德"来消除"相对贫困"。

但是，由于制度安排所产生的财富分配不均（平均）以及由此而引起的社会矛盾虽然可以通过"为政者"的仁德来加以缓和，但是这还不足以从根本上解决问题。孔子认为，真正的问题在于：相对于人们的欲望而言，物质财富的满足实现总是处于一种"欠饱"状态而要使人们从这种"欠饱"状态中解脱出来，这就必须有一种"正确的"财富观，这就是孔子所倡导的"义利之辨"。如前文所述，孔子关于"义利之辨"的总的看法是，一方面，承认人的物质欲望的本然性，即所谓"富与贵，是人之所欲也"，"贫与贱"，是人之所恶也（《论语·里仁》）；另一方面又强调满足物质欲望的方式的正当性，即所谓"君子爱财，取之有道"，或"不义而富且贵，于我如浮云"。（《论语·述而》）这就是说，在孔子的思想观念中，物质生活需要只是人的需要的一个组成部分，人除了有物质需要之外，还要有精神方面的需要，而且相对而言，后者是人的一种更为本质的需要。孔子说："君子谋道不谋食"，"君子义以为质"（《论语·卫灵公》），追求"道义"是人之所为人的标志之一。当然，孔子也承认，物质需要对于人的精神来说起着决定性的作用，但是，人的精神也有对物质需要的主观能动性，如"君子固穷"与"小人穷斯滥矣"，就是两种完全不同的态度，后来孟子也说："无恒产而有恒心，唯士为能。若民，则无恒产，因无恒心。"（《孟子·梁惠王上》）这表明孔孟儒家对于道德的相对独立性及其意义有着充分的认识。总之，"安贫乐道"是"君子"人格主要价值取向之一。由此再来看孔子的"安无倾"，就会知道：所谓"安"，主要是指一种由主体的'乐道'而来的"安"，因为"乐道"，所以能"安贫"，因为能"安贫"，所以就"无倾"即无倾覆的危险。

由上可知，所谓"不患寡而患不均，不患贫而患不安"，反映了孔子对如何解决"寡"和"贫"的方式的一种"患"即担忧。而"盖均无贫，和无寡，安无倾"，则是从整体上来提供解忧之方。本来孔子所"患"者只有

"二"，而提供的解"患"之方却有"三"，这说明我们不能简单地将后三句与前两句联系起来，更不能因求为圣人圆说，而认为孔子所谓之"寡"和"贫"是分别指"财富"与"人口"而言。"寡"和"贫"应分别指"相对贫困"与"绝对贫困"而言，但无论是何种贫困，都会与社会财富的分配方式有关，所以，孔子提出"均无贫"，实际上指如果通过制度安排上的合理化能够解决"绝对贫困"的话，"相对贫困"的制度层面解决也就包含于其中。但问题是，无论是何种意义的贫困，都不只是一种物质上的贫困，而且还是一种精神上的贫困，而精神贫困是"相对贫困"的另一种形式，它实际上是一种对现有物质生活状态存在不满足感，而且这种不满感又主要存在于统治阶级内部，孔子认为，这才是社会不安定的真正原因所在，而要解决这种"贫困"，单纯地靠制度层面的变革是不可或缺的。这是因为，无论社会分配制度如何公平，都不可能是一种绝对意义上的平均主义，都会存在各种各样的不平均，且这种不平均已是一种"正直"的"王道"，社会分配的不均恰恰是因为礼制失范主义对于效率的消极影响。孔子认为，这是以周礼为代表的政治体制理论所致，即只要人们能按周礼来取财，就可以复归于"王道"。但是，我们知道，周礼的主要功能是"辨异"，这种"辨异"功能如果过度张扬的话，不仅会在客观上造成人们在物质财富上的差异扩大，并有陷入"绝对贫困"的危险，而且还会在主观上造成人们的"相对贫困"心理，这样，"不安"现状之心就必然会产生。而要解决这一问题，孔子认为，必须从两方面着入手，一是"道之以德"，即行仁政；另一则是加强主体的道德修养，即"乐道安贫"。前者即"和无寡"，后者即"安无倾"。所以，孔子所说的这段话的中心思想是"均安论"，即着眼于从制度安排与道德建设的两个层面来解决正义问题，分配正义问题，而非"均无贫"论，后者主要是只涉及制度安排的正义问题。

由上可见，孔子的分配观是不同于晏子"权有无、均贫富"的分配观，后者是一种纯粹的制度经济伦理学观点，而孔子经济伦理思想的着眼点不仅有制度经济伦理学的考量，而且还把主体道德修养和分配正义问题相关联，这在中国经济伦理思想史上也是十分独特的。

四、奢俭的消费观

"利"作为主体欲望的对象在外化为一定的物质财富形态时，它是与人们的消费观相联系的。在自然经济条件下，由于生产力的水平低下，社会物质财富的供给和人们的消费需求之间总呈现为一种"短缺经济"状态，因而在消费问题上国家与社会一般都提倡一种崇俭去奢的生活态度，这与现代市场经济经常要靠扩大社会的消费需求来拉动整个经济的发展是截然不同的（管子的观点则是一个例外）。孔子的消费观从整体上说也是以提倡节俭为主的，但它也又与其仁、礼思想联系在一起，具有自己的特征。

第一，消费应体现仁爱思想。仁是孔子思想的核心观念，而仁的主要内涵是"仁者爱人"。如何"爱人"呢？孔子认为可以从消极和积极两方面进行。从消极的方面说，"爱人"之道就是"己所不欲，勿施于人"，是为"恕"道，也是一种底线伦理，是人人皆能做到的伦理；从积极的方面说，"爱人"之道是"己欲立而立人，己欲达而达人"，是为"忠"道，也是一种高阶伦理，孔子认为这不是每一个人都能做到的，即使是尧舜，"其犹病诸"（《论语魔也》）。孔子的忠恕之道虽然作为一种伦理原则具有普适性，但对不同的人还是有不同的伦理偏向，如就其"立人、达人"思想而言，这主要是对统治者所提出的要求。既然如此，孔子所倡之以仁爱为基础的消费观便同样具有政治伦理学的意蕴，换言之，孔子是从"治国"即国家财政开支的角度来考量消费问题的，子曰："道千乘之国，敬事而信，节用而爱人，使民以时"（《论语·学而》），"节用"则意味着可以"薄赋"，"爱人"才能落到实处，同时，"节用"也意味着"轻徭"，这样"使民以时"才真正可能。孔子认为，"小人怀惠"和"养民也惠"（《论语·公冶长》），而百姓的"惠"即好处、实惠之由除了能获得土地之外，还在于统治者能否在自身和国家的消费上"节用"。

不过，从治国的角度来要求统治者在消费上节俭毕竟具有外在强制性的功利色彩，倘若仅止于此，孔子的消费观仍然属于政治伦理学的范畴。如前所述，孔子在义利问题上特别肯认了仁义道德的价值自足性与其本体论地位，从而使道德需要成为人的内在需求和最高需要之一。这就是说，在孔子看来，"节用"作为一种消费伦理要求虽然与人的自然消费需求倾向相矛盾（因为，"富与贵，是人之所欲也"），但一方面因为治国需要国家在财政上"节"是成就士君子人格的主要标准，子曰："君子忧道不忧贫"，另一方面更主要的原因是，"节用"是人的内在的道德需求卫灵公，作为士人应"食无求饱，居无求安"（《论语·学面》），"耻是恶衣恶食者，未足与议也。"（《论语·里仁》）如颜回，"一箪食，一瓢饮，在巷，人不堪其忧，回也不改其乐。"（《论语·雍也》）这种安贫乐道的精神正是儒家理想人格的内在要求在消费问题上的表现。由此来看，孔子的消费观实际上是其道德观的表现形式之一，作为一种道德消费，它与一般的消费不同，后者把消费看作是一种经济学意义上的行为，如，早期资本主义的节俭就是所谓新教伦理消费观，就是为了资本的原始积累，实现更大规模的再生产的目的，而儒家则认为，虽然消费是对"物"的消费，但它更是一种精神消费，是道德消费借助了一定的物质形式，只具有生物学的意义，物质消费因而它也只是道德消费，只是追求一种精神满足的工具。当然，道德消费不一定导致在物质消费上采取节俭的形态，但在自然经济条件下，这又具有历史的必然性。需要特别指出的是，孔子的道德消费观虽然是"节俭"式的消费观，并提倡安贫乐道的精神追求，但是，他并没有将人对物质消费的需求与道德人格的成就完全对立起来，这与宋明理学家们的"天理人欲"之辨具有根本的不同。

第二，消费是按礼的等级标准来进行。如前所述，在消费问题上孔子并没有将"人欲"看作是"道欲"的必然对立物，倘若是那样的话，则意味着人只有"安贫"才可能"乐道"，而这是否同时意味着"处富"就不能"乐道"？或"乐道"就必然贫穷呢？这种德福之间的悖论虽然是中国历史的常态，但绝非孔子及其儒家们的追求。从整体上讲，孔子是一个低消费主义者，但是，孔子所谓之低消费有两层含义：第一是要量力而行，如颜回死后，其父颜路要求孔子卖掉车子为弟子置椁，但为孔子拒绝。表面上看，孔子的理由似乎是："使吾从大夫之后，不可徒行也"（《论语·先进》），而实际上，根据礼仪规定，"君松椁，大夫柏椁，土杂木椁"（《礼记·丧大记》），甚至于"自天子达于庶人"皆可以用椁（《孟子·公孙丑下》），可见，用椁与否，并不完全是一个礼仪问题，椁的礼仪在于其木质与大小尺寸方面，但不用也不算违礼，所以，用椁的标准实际上有两个，一是礼仪所规定的木质与尺寸大小上，另一是个人的经济条件，即所谓"称家之有亡。有，毋过礼；苟亡矣，敛首足形，还，悬棺而封。"（《礼记·号》）显然，颜路之请恰恰是因为它超出了其自身的经济承受能力而为孔子所拒。第二是要依礼而行。孔子认为，一个人的消费水平不仅应符合个人经济条件，而且还要与自己的社会地位和身份相合，如上面提到的孔子之所以拒绝颜路之请的理由是"使吾从大夫之后，不可徒行也。"（《论语·先进》）就是为了维持自己作为大夫之后的种种体面要求；再如孔子认为，像晏婴那样一件狐裘穿三十年、祭祖的宰相身份不符；不过，在当时，更多的情形是许多贵族地主在消 所用的猪腿连盘子都放不满，便不是节俭而是吝啬，因为它与晏婴费上超过了自己的身份规定要求，如季氏"八佾舞于庭"（《论语·八佾》），孔子认为这是一种"是可忍，孰不可忍？"的越礼之举，应群起而攻之，再如为孔子许以仁的管仲，"邦君树塞门，管氏亦树塞门；邦君为两君之好，有反坫，管氏亦有反坫。管氏知礼，孰不知礼？"（同上）

我们对此看到，在孔子时代，随着经济社会的发展，个体消费的考量实际上具有经济和伦理的双向维度，且这两者之间又是相互影响的。一方面，随着经济状况的不断改善，个体具有了更高的消费需求，而这种需求有可能与传统礼仪的规定不相符合，从而导致"越礼消费"现象的产生。而"越礼消费"现象一旦普遍化，则意味着它向传统伦理提出了新的变革挑战。对此，孔子的态度如何呢？首先，在根本的礼仪制度上，孔子是坚决反对做任何的变更，如上文所提到的季氏"八佾舞于庭"及管仲之"树塞门""有反"等，皆是因为这些消费需要涉及君三之礼这一有关封建等级制度的维护问题，因此子坚决反对它；其次，在一些根本的礼制无大碍的礼仪方面，孔子是主张做某些变革的，如根据传统礼制规定，礼仪是贵族的特权，所谓"礼不下庶人"是也，而孔子则根据春秋时期社会生产力水平的提高，适应下层群众对礼仪的需求，提出了"礼下庶人"的思想，这在一定程度上决定了人们日益增长的消费需求。另一方面，由于一部分贵族不能适应新的社会生产力的发展，其维护传统礼仪所需要的物质条件越来越难以得到保障，如孔子自己，之所以不愿意卖掉车子来为颜回做椁，原因是他作为大夫之后，不能徒步而行，而实际上也是因为当时孔子的经济条件不允许他这样做；所以孔子主张："礼与其奢也宁俭"（《论语·八佾》），如，孔子曰："麻冕，礼也；今也纯，俭，吾从众。"（《论语·子罕》）。可见，礼仪趋于简化实属无奈。总之，在消费问题上，孔子的观点是，一方面，消费必须依礼而行，尤其是在涉及根本"礼制"问题时，不能有任何商量的余地，如子贡欲去告朔之"饩羊"，孔子批评道："赐也，尔爱其羊，我爱其礼。"（《论语·八佾》）另一方面，消费也应随经济的变化而做出或简或繁的调整。

综上所述，孔子的经济伦理思想构建是以"义利之辨"为基础，以及"富国安民"为中心，以德政主义为手段，达到了经济发展和社会稳定的政治目的。从中可以得出结论：在经济与道德的关系问题上孔子的思想可概括为一种经济的、道德本质论观点，即强调道德价值性的，道德是目的，而经济只是达到道德目的之手段，这点不仅对于"君子"如此（"君子义以为质"），而且对于一般百姓也是如此（百姓"足"之后需要对之进行"教"）；且经济的发展不仅离不开伦理管理模式的介入，也有赖于主体道德水平的不断提高。有鉴于此，可以说，孔子的经济伦理思想是德性主义的。

第五节　儒家经济伦理思想的发展

从公元前475—前221年，史称战国时期。政治方面，经过春秋时期激烈的兼并战争，到这时已逐渐形成了齐魏、赵、韩、秦、楚、燕七大国争雄的格局。而这些大国为了在战争中取得胜利，为了实现统一全国的野心，皆进行了以巩固和完善封建制度为主要内容的变法运动。经济方面，由于冶铁技术的进一步发展和国家组织力量的加强，这一时期兴修了许多著名的水利工程，这使得灌溉农业经济效益有了显著的提高，如《史记·河渠书》载：凡受郑国渠水灌溉的农田，"收皆亩一钟"。一钟约合今一石二斗八升，这在当时的生产力水平下，确是较高的产量。工商业方面，出现了各种形式的私营手工业，其中特别是"豪民"经营的大手工业无论在规模上还是在技术上都已超过了官府手工业，对当更〔《盐铁论·禁耕篇》），确是事实。而与手工业发展相伴随的是，伦理思想对经济生活越来越起着重要的影响，所谓非豪民不能通其利业经济在这一时期也迅速发展起来。不仅出现了"天下之中、请侯四通，货物所交易"的大城市（《史记·货殖列传》），而且还产生了以金属货币为媒介的商业交换形式，这无疑大大促进了商业的发展。所以，尽管当时各国政府对商业课税甚宣，"关市之征，五十取一"（《管子·大匡篇》），但是还是阻挡不了战国商人对利益的追逐，（《史记·货殖列传》）说："天下熙熙，皆为利来，天下攘攘，皆为利往。"当时产生了一大批富可敌国的大商人，所谓"万乘之国必有万金之贾，千乘之国必有千金之贾"（《管子·轻重甲》），他们不仅在商业交换活动中呼风唤雨，而且还开始涉足政治领域，如大商人吕不韦就利用自己的经济势力，登上了秦国丞相的位置。政治变法和经济发展反映到思想领域便是出现"百家争鸣"局面。战国时期的士作为一个新兴的知识分子阶层颇受当时各诸侯国的礼遇，所谓"诸侯并争，厚招游学"（《史记·秦始皇本纪》），充分说明了"士"的生存与当时政治环境之间的内在关联。从很大程度上说，当时的"处士横议"都是围绕着如何结束"诸侯并争"并最终实现政治大统一这一新的历史课题而展开的，只是由于他们所处的环境不同，代表的利益有差异，以及思想的渊源不一，因而他们对问题的看法才有差异。而孟子作为一个以传承孔子思想为己任的思想家，展开思想无疑是站在"仁政"的立场，高扬道德的社会政治作用，具有道德理想主义的色彩。

孟子（前 371—289 年），名轲，战国时邹人。相传他为鲁国贵族孟孙氏之后，幼年家贫，曾至齐稷下，并一度任齐宣王客卿，中年以后曾游历诸国，其弟子彭更谓其："后车数十乘，从者数百人，以传食于诸侯。"（《孟子·文公下》）但孟子的仕途亦如孔子。其政治主张虽受到各诸侯国的尊重，但并不为统治者所用，（《史记·孟子荀卿列传》）曰："道既通，游事齐宣王，宣王不能用；适梁，梁惠王不果所言，则见以为迂远而阔于事情。……天下方务于合纵连横，以攻伐为贤，而孟轲乃述唐虞三代之德，是以所如者不合。"于是，孟子晚年便将主要精力用于授徒著述，"退而与万章之徒序《（诗）、书》，述仲尼之意，作（《孟子》）七篇。"孟子的思想渊源无疑与孔子有关，据说，孟子曾受业于子思的门人。而子思作为孔子的嫡孙，虽只是孔子死后"儒分为八"之中的一派，但其影响却是其他派别所难以企及的。不过，孟子学说虽源自"子思之儒"，但又有自己的特点，即孟子不仅继承和发挥了"子思之儒"的"内圣"之学，而且从"外王"的角度阐述了儒家"仁政""王道"的德治理想。这样，便将孔子思想发展为一个完整的思想体系。孟子的思想对后世影响极大，被尊称为仅次于孔子的"亚圣"。(孟子) 一书是我们研究孟子经济伦理思想的主要资料。

"何必曰利?"的道义

孟子继承了孔子关于"义利之辨"的思想，并将对其做了进一步的发挥。孟子生活在一个尚"利"的时代，这一点不仅表现于孟子在周游列国时所遇到的每一位诸侯国君的"求利"之问中，而且也表现于思想界的"贵利义"思潮的大行其道。孟子说："圣王不做，诸侯放恣，处士横议，杨朱、墨翟之言盈天下。天下之言，不归杨，则归墨。"(《孟子·滕文公下》) 而杨子"贵己"，主张"为我"，所谓"杨子取为我，拔一毛而利天下，不为也。"(《孟子·尽心上》) 而墨家以"兼爱"为"义"，课求"天下之大利"提出了"义可以利人，故曰经义天下之良宝也"的思想 (《子·耕柱》)。与此同时，商鞅等法家理 思若水之于下也，四旁无择也 (《商君书·君臣》)、"民之欲富贵也"，共 伦也指出："民生则计利，死则虑名"(《商君书·算地》)、"民之于利也，史国棺而后止"(《商君书·赏刑》)，视"求利"为人之本性，提出了"利"乃"义之本"的命题 (《商君书·开》)。并以此为基础，在政治上推行"利出一空"的功利主义政敌。面对这一情况，孟子以"距杨墨，放淫辞"为己任，自觉地担负起了儒家"义利之辨"的思想使命，提出了"去利怀义"的义利之说。

关于义与利之间的关系，孔子的基本态度虽然是"罕言利"，或"重义轻利"，但"见利思义"或"因民之所利而利之"则是孔子处理二者之间关系的基本原则，这一点在前章中已详细论之。而孟子在继承孔子思想的基础上，似乎走得更远，他提出了一个"何必曰利?"的命题。《孟子·梁惠王上》载：

孟子见梁惠王。王曰："叟! 不远千里而来，亦将有以利吾国乎?"孟子对曰："王，何必曰利?! 亦有仁义而已矣。王曰，何以利吾国? 大夫曰，何以利吾家? 士庶人曰，何以利吾身? 上下交征利而国危矣。万乘之国，弑其君者，必千乘之家；千乘之国，弑其君者，必百乘之家。万取千焉，千取百焉，不为不多矣。苟为后义而先利、不夺不。未有仁而遗其亲者，未有义而后其君者。王亦曰仁义而已，何必曰利?"

《孟子·告子下》也载：

"为人臣者怀利以事其君，为人子者怀利以事其父，为人弟者怀利以事其兄，是君臣、父子、兄弟终去仁义，怀利以相接，然而不亡者，未之有也。…为人臣者怀仁义以事其君，为人子者怀仁义以事其父，为人弟者怀仁义以事其兄，是君臣、父子、兄弟终去利，怀仁义以相接，然而不王者，未之有也。何必曰利?"

由上可知，在孟子看来，"怀利"与"怀义"是两种根本对立的能价值取向，若以之为行为的指导，会导致两种根本迥异的后果，即"怀利"者必定会引起社会不同阶层之间的相互倾轧，并最终导致丧家灭国的结局；而"怀义"者则会促进人们之间的相互团结，从而达到保社稷而王天下的目的。正是基于这一认识，孟子认为，作为统治者"何必曰利?""曰仁义而已"。

孟子的"何必曰利?"主要有两层意蕴。第一，它表明：孟子所欲去之"利"，主要是指个人的私利，而这种私利，又主要是指与封建宗法的等级制度相冲突的个人利益。那么，作为统治者特别是"王"的"利"是什么呢?"王"为什么不能言"利"呢? 孟子认为，社会的安定乃是国家即统治阶级的"大利"所在，因而对统治者而言，"利"的考量不仅是自然而然的，而且也是事嫣国家政治生活的重心。但是，问题的关键在于：怎样才能真正地实现国家"大利"呢? 孟子认为，"大利"的实现存在于"何必曰利"抑或"曰仁义"之中。作为国家的最高统治者之所以不应该公开提倡为"利"，原因在于，国君的言论对于整个社会来说具有舆论导向的作用，如果"王"开口闭口地谈论"利"，就容易诱寻人们的求利意识。因为在人们看来，既然国君可以说"何以利吾国?"，则我们为什么就不能考虑"何以利吾家?"抑或"何以利吾身?"这就意味着，利，无论是私利，还是公利，都是实际上存在着的，两者之间的矛盾也是客观实在的事实。在孟子看来，尽管个人的私利具有一种伦理上的非正当性，而国家利益（实际上是国君利益）却具有伦理上的正当性，但是，如果"国君"总是将"利"挂在口头上，则有可能使国家利益私有化——而且在事实上往往如此，那样的国君就会变成为人人得而诛之的"独夫民"。换言之，孟子在这里实际上已意识到，在国家利益和"国君"利益之间也存在某种程度的紧张与不一致。特别是在以大夫为代表的"私家"的压力下，以国君为代表的"公室"利益越来越难以得到保障，这使得"公室"利益与国君个人利益之间的关联越来越趋于同一化，加之大国争雄的压力，这些都是使统治者不能不时常将利益的考量挂牵于怀，在社会的一种普遍的急功近利的心态支配下，如何可能将仁义道德教化作为实现利益的手段抑或工具？尽管孟子将仁义的社会政治作用说得如何、如何之大，但其思想终难为统治者所采用，这也是很自然的。第二，表明了"曰仁义"具有价值导向的作用。在孟子看来，不仅整体利益的实现存在于"曰仁义"这一方式之中，而且任何具体的利益实现过程都离不开"曰仁义"的指导。孟子指出：今之事君者皆曰：我能为君辟土地，充府库。…"我能为君约与国，战必克。"（《孟子·告子下》）而这种能够富国强兵的臣子，世人往往称其为"良臣"，但实际上他们应该被称之为"民贼"。因为，他使"君不向道，不志于仁，而求富之，是富桀也"，"君不向道，不志于仁，而求为之强战，是辅桀也。"（同上）即是帮助像夏桀这样的暴君富足，是助纣为虐。又说：求也为季氏宰，无能改于其德，而赋粟倍他日。孔子曰：'求非我徒也，小子鸣彭而攻之可也。'由此观之，君不行仁政而富之，皆弃于孔子者也。（《孟子·离上》）这就是说，在孟子看来，对利益的追求必须与对道德的追求相结合，并以后者作为价值导向，否则，财富越多，国家越富强，其对人类社会的危害性也就越大。当然，最终的结果是："由今之道，无变今之俗，虽与之天下，不能一朝居也。"（同上）即不可能实现真正的长治久安。由此可见，孟子对于社会物质文明的思考总是以道德文明为指导的，其主要宗旨是：没有道德文明便没有真正的物质文明，或者说物质文明的建设不能离开道德文明的指导。孟子的这种思想既反映了儒家道义论的立场，同时也是对春秋战国以来"利出一空"之现实的严厉批判。因此，它既具有深刻的理论意义，同时也具有深远的历史意义。孟子还把"去利怀义"当作人的内在本性的要求，它以"性善论"作为哲学基础，从而使这一具有政治学意义的道德命令获取了伦理行为准则的意义。在孟子看来，人之所以为人，就在于人有农，居而无教，则近于高鲁。"人道"的内涵就是所谓的"人伦""人道"，而"人道"就是人区别于动物的关系所在："人之有道"。饱食暖即"父子有亲，君臣有义，夫妇有别，长幼有叙，朋友有信。"（《孟子，文公上》）孟子认为，"人伦"作为一种处理人际关系的准则，一方面是"圣人"自觉创制的结果，即"圣人有忧之，使契为司徒，教以人伦"（同上），另一方面，"人伦"也是人的内在本性即善性的要求所致。孟子说："恻隐之心，仁之端也，羞恶之心，义之端也，辞让之心，礼之端也，是非之心，智之心端也。"（《孟子·公孙丑上》）而这"四端"即四种道德心理不仅是人和动物区别的本质属性，即"无恻隐之心，非人也，无羞恶之心，非人也，无辞让之心，非人也，无是非之心，非人也。"（同上）而且又是人先天即有的存在，孟子明确地说："仁义礼智，非由外铄我也，我固有之也。"《孟子·告子上》我们每一个人都具有"不虑而知"和"不学而能"的"良知"与"良能"，孟子合称之为"良心"（《孟子·尽心上》）。"仁义既非外铄"于主体，是人的内在的本性要求所致，则人的行为自然会是"由仁义而行"，而非"行仁义"。这一点凡人皆是如此。既然人的行为皆"由仁而行"，则"去利怀义"这一道德要求就不是外在的社会向主体强加的一种规范性要求，而是主体人性的内在要求，而"见利去义"，则是对人性的一种背叛。

然而，孟子也意识到，尽管内在的人性要求人们"去利怀义"。在现实生活中，身边发生的情形却与之截然相反。孟子认为，这种情形的出现并不是由人性本身所致，"若夫为不善，非才之罪也"（《孟子·告之上》），而是由于环境的浸染和主观的努力不够并从而导致"良心"受到遗弃或"放良心"所致，他说：富岁子弟多赖，凶岁子弟多暴。非天降尔才殊也，其所以陷溺其心者然也。（同上）这如同山上茂盛的材木，由于人们的砍伐或牛羊的啃食而变成秃山，人"以为未尝有材焉，此岂山之性哉？"，同样，人之为恶，"岂夫仁义之心哉？其所以放其良心者，亦犹斧斤之于木也，且旦而伐之，可以为美乎？"（同上）正因为人性易失，所以，人们必须发挥自己的主观能动性，加强道德修养，这样才能将人性的光辉"扩而充之"。孟子还特别从理性和感性的角度做了深入的阐述。他认为，人作为存在具有感性和理性的双重功能，而感性的物质基础主要是"耳目之官"，理性的物质基础则是"心之官"。相比而言，"耳目之官不思"，而"心之官则思"，"不思"则会"弊于物"。物交物，则引之而已矣。而"思"则"得之"。孟子所谓"得之"之"之"，乃是指"良心"而言，故"思"的过程也就是"求放心"的过程（同上）。孟子说："思则得之，不思则不得也。此天之所与我者"（同上），既然是"思"之与否乃"天之所与"，则意味着"耳目之官"易为外界物欲所蒙蔽也是自然之事，因而主体就存在"思"和"不思"的主观选择，孟子曰："从其大体为大人，从其小体为小人"（同上）"大体"即"心"，而"小体"即"耳目"。"思"与这一点乃是孟子"义利之辨"的特色。"不思"之辨构成为"大人"与"小人"这一人格区分的心理基础。

由上可知，孟子把"大人"与"小人"之别定位于"思"之与否。不思则意味着从其"小体"，而从其"小体"就是"弊于物"，也就是为外在的物质利益所诱惑，简言之，是人为物役。而"思"则"得之"，"得之"者，"内得于心"也，即获得一种内在的德性自足。故"从其大体"即是"怀义"，而"从其小体"即是"怀利"。而二者又构成为区分君子与小人的价值标准。关于这一点，孟子曾明确地说："鸡鸣而起，为善者，舜之徒也，荤为利者，跖之徒也。欲知舜与跖之分，无他，利与善之间也。"（《孟子·尽心上》）"舜"与"跖"作为两种不同人格的历史化符号，其区别就在于二者之间的价值取向是具有差异性的，即"舜"者为"善"，而"跖"者为"利"，或反过来说是：为"利"者"跖"（小人），而为"善"者"舜"（圣人与君子）。既然从人性的角度来说，"为义"是人之本性的要求所致；又如，既然"为义"与"君子"或"大人"之间、"为利"与"小人"之间构成种同构关系，而"大人"与"小人"作为一种人格符号同时又反映着不同的社会等级地位，这就意味着无论是从外在功利的角度抑或从内在道德的角度，对"义"的追求应该成为人们的主要价值目标所在。有鉴于此，孟子认为，"义"是人身中最为宝费的东西，它可称之为"良费"或"天爵"。谓其为"天爵"，即意味着"义"是与生俱来的具有内在的品质，因此使得人们对"义"的追求具有可能性；谓其为"良贵"，则意味着"义"的价值是无与伦比的，是值得人们去追求的。孟子强调人们要修其"天爵"与保持"良贵"，认为这对于人生的意义要远甚于对"人爵"（即"公卿大夫"）和财富的追求，甚至于它比生命还重要。简言之，"义"是指导我们现实生活的最高伦理准则。孟子说："鱼，我所欲也，熊掌，亦我所欲也。二者不可得兼，舍鱼而取熊掌者也。生，亦我所欲也，义，亦我所欲也。二者不可得兼，舍生而取义也。"（《孟子·告子上》）"鱼"与"生"，作为人之所欲望的对象，是人的自然属性的反映，也就是人们的"为利"需求，孟子承认它们也是"我"即主体（"小体"）"所欲"的对象，对它的满足也具有一定伦理的正当性。但是，相对于"熊掌"与"义"而言，后者具有更高的价值与意义。一般言之，人总是希望能二者"兼"得，希望物质需要与精神需要得到同时满足，然而，现实生活的境遇往往需要人们于二者之间做出"或先或中后""或重或轻"的选择，有时甚至要做出"非此即彼"的抉择，而在这一问题上，孟子亦如孔子的"杀身成仁"，主张"舍生而取义"。这一点反映了儒家在道义论立场及对理想人格追求上的共通性。不过，相比之下，孟子似乎更注重理想人格构建的意义。他认为，个人只有树立这样的理想人格，只有意识到"义"作为人的内在需求的独立价值与意义，才可能在利益面前，"不为得"，在困难面前，不避患难，真正做到"富贵不能淫，贫不能移，威武不能屈""志士不忘在沟壑，勇士不忘丧其元"（《孟子·文公下》），简言之，就是无论何时何地、何种处境，都应该"怀义"，从其"大体"。此外，需要指出的是，孟子虽然认为"何必曰利？亦有仁义而矣"，但并不反对在任何情况下都不讲利，或在任何情况下都要全利而取义，孟子的"义利之辨"除了坚持道义论的立场外，还具有境遇伦理学的维度。《孟子·告子下》载：

任人有同屋庐子曰：礼与食孰重？曰："礼重"。"色与礼孰重？"曰："礼重"。曰："以礼食则饥而死，不以礼食则得食，必以礼乎？亲迎则不得妻，不亲迎则得妻，必亲迎乎？"屋庐子不能对，明日之邹以告孟子。孟子曰：于答是也何有！不揣其本而齐其末，方寸之木可使高于岑楼。金重于羽者，岂谓一钩金与一舆羽之谓哉！取食之重者与礼之轻者而比之，奚翅食重！取色之重者与礼之轻者而比之，奚翅色重！往应之曰："给兄之臂而夺食之，则得食。不参则不得食，则将参之乎？逾东楼而楼处子，则得妻，不楼则不得妻，则将搂之乎？"

于此，孟子所面临的难题实际上是一种道德的两难处境，这一处境表现为社会规范（"礼"）与人性原理（既包括食、色等自然之性，也包括仁、义等义理之性）或者家庭伦理（"孝"）与社会伦理（"恕"）之间的冲突。孟子认为，食、色乃人之性也，从其"小体"即满足人的自然之欲，这在伦理上是讲得过去的。因为，食、色之性的满足不仅是对人的生命自然价值的尊重，更重要的是，在孟子看来，通过食、色之性的满足可以实现人类种族繁衍这一重大目的，这也是儒家"不孝有三，无后为大"的伦理原则的要求所在。所以，相对于这一更根本的伦理原则而言，"亲迎"之礼在不得已的情况下是可以变通的。当然，孟子也强调，虽然为了实现更具根本性的伦理原则的要求主体可以不必拘泥于"礼之轻"，但并不意味着可以为满足这一欲求而不择手段，如"紾兄之臂而夺食之""逾东楼而搂处子"等，如果这样，则食、色之欲得不到满足是"轻"，而不杀、不淫为"重"。由此可见，孟子对于道德规范与利益需要之间的冲突所采取的立场并不是完全地舍利以取义，而是将利益需求放在不同的伦理境遇之中做一种比较性考量，并根据仁义的根本性原则来做出"或此或彼"的选择，这充分体现了孟子伦理思想所具有的原则性与灵活性相统一的特点。

第六章　西方经济伦理思想

在西方，有关经济行为和道德行为关系的研究一直备受学界青睐，形成了众多学派和观点，也积累了诸多经验。时至今日，在西方历史上关于经济伦理的诸多观点依然是人们争论的焦点所在。然而，这些焦点都聚焦于如何利用经济运行规律和非经济因素来消弭经济和道德间的对立。

随着资本主义市场经济的不断变化而孕育出了在不同时代背景下经济行为与道德行为之间错综复杂的关系。尤其是在近代以来资本主义经济关系不断完善后，经济道德领域内的问题愈发凸显，自私、欺诈、贪婪等丑恶行径肆意妄为，人类为此付出惨重的道德代价。但与此同时，现代市场经济运行规则的建立与完善，经济道德也在客观上取得了巨大的进步，并深刻地表现为经济伦理研究的日益深入。在这其中代表人物和思想可以归纳为下述内容：

第一节　亚当·斯密与大卫·李嘉图经济伦理思想

一、亚当·斯密经济伦理思想

1723 年 6 月 5 日，亚当·斯密出生于苏格兰法夫郡一个只有 1500 人左右的小镇寇克卡迪。斯密幼年时聪明好学，他 14 岁就进入了格拉斯哥大学，主修希腊语、拉丁语、数学和道德哲学。在格拉斯哥学习期间，斯密受到哲学教授弗兰西斯·哈奇森的自由主义精神影响最大。1740 年，斯密，进入牛津大学学习，并获得了奖学金。1746 年他毕业后回到故乡柯卡尔迪。1748 年，斯密在爱丁堡大学担任讲师，主讲英国文学，几年后开始讲授经济学课程。1751 年，斯密回到母校格拉斯哥任教，主讲道德哲学和逻辑学。在格拉斯哥大学任职期间，斯密公开发表经济自由主义的主张，逐渐形成了自己的经济学观点。1759 年，斯密的第一部著作《道德情操论》出版。1764 年，斯密受布克莱公爵之邀，离开了格拉斯哥大学来到欧洲大陆游历。旅行的经历以及在旅行过程中同诸多大陆学者的交往，促使斯密经济理论逐渐走向成熟，尤其是重农主义的经济学家魁奈对他影响最大。三年后，斯密回到伦敦，被选为英国皇家学会会员。他为了完成自己的研究工作，斯密回到故乡寇克卡迪，并开始潜心撰写经济学著作。1776 年，这部修改三年的经济学著作《国民财富的性质和原因的研究》（即《国富论》）历时六年终于完成，这标志着古典自由主义经济学的正式诞生。

斯密指出，市场经济条件下人们首要的工作是生存与发展，因此必须适应时代要求，需要追逐和实现个人利益。具体来讲，在经济领域中，人们参与经济活动动力来源于自身的利己性。经济领域中的人性利己就等于追求自身短期经济利益。然而，经济利益的实现需要同伴的协助。原因在于，协助能够保证双方利益得以实现。斯密提出：人们在交易中，"请给我以我所要的东西吧，同时，你也可以获得你所要的东西：这句话是交易的通义。我们所需要的相互帮忙，大部是依照这个方法取得的。我们每天所需的食料和饮料，不是出自屠夫、酿酒家或烙面师的恩惠，而是出于他们自利的打算。"① 只有各自出于经济私利才能保证互利的实现。

此问题涉及两个方面的内容，一是"经济人"有自利性。斯密指出，人的自利性驱使人的行为，"我们每天所需的食料和饮料，不是出自屠户、酿酒家或烙面师的恩惠，而是出于他们自利的打算。我们不说唤起他们利他心的话，而是唤起他们利己心的话。我不说自己有需要，而说对他们有利。"② 因

① ［英］亚当·斯密：《国民财富的性质和原因的研究》（上卷），商务印书馆，1994 年版，第 13－14 页。
② ［英］亚当·斯密：《国富论》上册，商务印书馆，1972 年版，第 14 页。

为，"每个人首先和主要关心的是他自己。无论在哪一个方面，每个人当然比他人更适宜和更能关心自己。"① 二是"经济人"有利他性。斯密认为，"经济人"想要实现个人利益最大化，需要摒弃零和博弈的思维方式，努力保证双方互利双赢。

如何保证各自利益及他人利益？斯密指出，要通过社会分工交换来实现此目标。分工一经完全确立，一个人自己劳动的生产物，便只能满足自己欲望的极小部分。他的大部分欲望，须用自己消费不了的剩余部分来满足。于是，一切人都要依赖交换而生活，或者说，在一定程度上，一切人都成为商人，而社会本身，严格地说，也成为商业社会。劳动生产力上最大的增进，以及运用劳动时所表现的更大的熟练、技巧和判断力，似乎都是分工的结果。"使各种职业家的才能形成极显著的差异的，是交换的倾向；使这种差异成为有用的也是这个倾向。"② "当初产生分工的冲动正是人类要求互相交换这个倾向。例如，在狩猎和游牧民族中，有个善于造弓矢的人，他往往以自己制成的弓矢，与他人交换家畜或兽肉，结果他发觉，与其亲自到野外捕猎，倒不如与猎人交换，因为交换所得却比较多。为他自身的利益打算，他只好以制造弓矢为主要业务，于是他便成为一个武器制造者。""这样一来，人人都一定能够把自己消费不了的自己劳动生产物的剩余部分，换得自己所需要的别人劳动生产物的剩余部分。这种鼓励大家各自委身于一种特定业务，使他们在各自的业务上，磨炼和发挥各自的天赋资质或才能"。③ 此外，斯密认为，政府是无效的，"每个人改善自身境况的一致的、经常的、不断的努力是社会财富、国民财富以及私人财富所赖以产生的重大因素。这不断的努力，常常强大得足以战胜政府的浪费，足以证明政府的大错误，使事情日趋改良。他还认为，"有些富翁简直是室满奴婢，大吃大用的花。有些宁愿食事俭绝，奴婢减少，却修饰庄园，整饬别墅，频兴建筑，广置有用的或专用作为装饰的家具、书籍图画等等。有些，却明璎璎珞。还有些，则有如前数年逝世的某

---

① ［英］亚当·斯密：《道德情操论》，商务印书馆，1997 年版，第 282 页。
② ［英］亚当·斯密：《国富论》二册，商务印书馆，1972 年版，第 15 页。
③ ［英］亚当·斯密：《国富论》二册，商务印书馆，1974 年版，第 14－15 页。

第六章　西方经济伦理思想

大王的宠臣，衣服满箱，锦绣满床。① 尽管斯密反对国家干预经济，但并没有否定政府的作用，鲜明地提出了"不干涉主义"。"按照自然自由的制度，君主只有三个应尽的义务——这三个义务虽很重要，但都是一般人所能理解的。第一，保护社会，使不受其他独立社会的侵犯。第二，尽可能保护社会上各个人，使不受社会上任何其他人的侵害或压迫，这就是说，要设立严正的司法机关。第三，建设并维持某些公共事业及某些公共设施（其建设与维持绝不是为着任何个人或任何少数人的利益），这种事业与设施，在由大社会经营时，其利润常能补偿所费而有余，但若由个人或少数人经营，就决不能补偿所费。"② 斯密提出了著名的"一只看不见的手"理论。"在这场合，像在其他许多场合一样，他受着一只看不见的手的指导，去尽力达到一个并非他本意想要达到的目的。也并不因为是非出于本意，就对社会有害。他追求自己的利益，往往使他能比在真正出于本意的情况下更有效地促进社会的利益。"③

斯密在论述"一只看不见的手"时专门指出了经济领域道德行为的重要性。他指出，人类的本性是自私自利，这是驱使人们从事经济活动的根本动力来源。"一只看不见的手"是富人与穷人分享生产品消费的重要原因。斯密指出，富人"尽管他们的天性是自私和贪婪的，虽然他们只图自己方便，虽然他们雇用千百人来为自己劳动的唯一目的是满足自己无聊而又贪得无厌的欲望，但是他们还是同穷人一样分享他们所做的一切改良的成果。一只看不见的手引导他们对生活必需品做出几乎同土地在平均分配给全体居民的情况下所能做出的一样的分配，从而不知不觉地增进了社会利益，并为不断增多的人品提供生活资料。"④

在《道德情操论》中，斯密将经济领域和道德领域中人的行为区分离，自然而然地也将道德与经济两个领域中利己、利他区分开来。经济自由主义认为，市场可以通过"看不见的手"将个人利益个社会利益有机统一起来。

---

① ［英］亚当·斯密：《国富论》上册，商务印书馆，1974 年版，第 319 页。
② ［英］亚当·斯密：《国富论》下卷，商务印书馆，1974 年版，第 252－253 页。
③ ［英］亚当·斯密《国民财富的性质和原因的研究》（下卷），商务印出馆，1994 年版，第 27页。
④ ［英］亚当·斯密《道德情操论》，第 229－230 页。

两者相统一后的形态就是经济道德，这体现了社会历史进步。"只有在一个有凝聚力和道德约束的社会中，个人对自我利益的追逐才会同时为公众利益服务。斯密认为，只有在这种情况下，社会合作和凝聚力才会为追逐个人利益的冲动所进一步加强。"① 通过上述分析可以看出，斯密经济自由主义本质上就是功利主义，其理论基点就是"人性论"。

第一，有关同情心。斯密指出：无论人们会认为某人怎样自私，这个人的天赋中总是明显地存在着这样一些本性，这些本性使他关心别人的命运，把别人的幸福看成是自己的事情，虽然他除了看到别人幸福而感到高兴以外，一无所得。这种本性就是怜悯或同情，就是当我们看到或逼真地想象到他人的不幸遭遇时所产生的感情。这种情感同人性中所有其他的原始感情一样，绝不只是品行高尚的人才具备，虽然他们在这方面的感受可能最敏锐。最大的恶棍，极其严重地违犯社会法律的人，也不全然丧失同情心。"因此，正是这种多同情别人的少同情自己的感情，正是这种抑制自私和乐善好施的感觉情，构成尽善尽美的人性；唯有这样才能使人与人之间的情感和激情协调一致，在这中间存在着人类的全部情理和礼貌。"②

第二，有关仁慈。斯密指出：仁慈总是不受约束的，它不能以力相逼。仅仅是缺乏仁慈并不会受到惩罚，因为这并不会导致真正确实的罪恶。"我们认为仁慈和慷慨的行为应该施予仁慈和慷慨的人。我们认为，那些心里从来不能容纳仁慈感情的人，也不能得到其同胞的感情，而只能像生活在广漠的沙漠中地一样生活在一个无人关心或问候的社会之中。"同时，仁慈还具有一种至高无上的和支配一切的品质，所有其他的品质都处于从属的地位，也"只有仁慈才能为任何一种行为打上美德这种品质的印记，"因此，由于仁慈是唯一能使任何行为具有美德品质的动机，所以，某种行为所显示的仁慈感情越是浓厚，这种行为必然能得到的赞扬就越多。③

第三，有关自爱。斯密指出：毫无疑问，每个人生来首先和主要关心自

① ［美］理查德·布隆克：《质疑自由市场经济》，江苏人民出版社，2000 年版，第 260 页。
② ［英］亚当·斯密：《道德情操论》，商务印书馆，1997 年版，第 25 页。
③ ［英］亚当·斯密：《道德情操论》，商务印书馆，1997 年版，第 101 页。

已经是而且，因为他比任何其他人都更适合关心自己，所以他如果这样做的话是恰当和正确的。虽然对他来说，自己的幸福可能比世界上所有其他人的幸福重要，但对其他任何一个人来说并不比别人的幸福重要。因此，虽然每个人心里确实必然宁爱自己而不爱别人，但是他不敢在人们面前采取这种上态度，公开承认自己是按这一原则行事的。"那么，在这种场合，同在其他一切场合一样，他一定会收敛起这种自爱的傲慢之心，并把它压抑到别人能够赞同的程度。他们会迁就这种自爱的傲慢之心，以致允许他比关心别人的幸福更多地关心自己的幸福，更加热切地追求自己的幸福。"① "自爱是一种从来不会在某种程度上或某一方面成为美德的节操。它一妨害众人的利益，就成为一种罪恶。当它除了使个人关心自己的幸福之外并没有别的什么后果时，它只是一种无害的品质，虽然它不应该得到称赞，但也不应该受到责备。人们所做的那些仁慈行为，虽然具有根源于自私自利的强烈动机，但因此而更具美德。这些行为表明了仁慈原则的力量和活力。"因此，"完美的品德，存在于指导我们的全部行动以增进最大可能的利益的过程中，存在于使所有较低级的感情服从于对人类普遍幸福的追求这种做法之中，存在于只把个人看成芸芸众生之一，认为个人的幸福只有在不违反或有助于全体的幸福时才能去追求的看法之中。"②

二、大卫·李嘉图经济伦理思想

作为英国古典政治经济学的主要代表之一，大卫·李嘉图是英国古典政治经济学的完成者。李嘉图早期是交易所的证券经纪人，后受亚当·斯密所著《国富论》一书的影响，激发了他对经济学研究的兴趣，其研究的领域主要包括货币和价格，以及税收问题。李嘉图的主要经济学代表作是 1817 年完成的《政治经济学及赋税原理》。在书中，他阐述了著名的税收理论。实践上，1819 年他曾被选为上院议员，并极力主张议会改革，支持自由贸易，践行其税收理论。李嘉图继承并发展了斯密的自由主义经济理论。他认为，增

① ［英］亚当·斯密:《道德情操论》，商务印书馆，1997 年版，第 102 页。
② ［英］亚当·斯密:《道德情操论》，商务印书馆，1997 年版，第 399 页。

长经济的最好办法是限制政府的活动范围、减轻税收负担。李嘉图从边沁的功利主义为出发,建立起了以劳动价值论为基础,以分配论为核心的理论体系。在他的理论中,他继承了斯密理论中的科学因素,肯定了商品价值由生产中所耗费的劳动所决定的理论,并在此基础上批评了斯密价值论中的错误。他提出社会必要劳动是决定价值的劳动,决定商品价值的不仅有活劳动,还有投入在生产资料中的劳动。他指出,全部价值由劳动产生并在三个阶级间进行分配:工资由工人的必要生活资料的价值决定,利润是工资以上的余额,地租是工资和利润以上的余额。由此说明了工资与利润、利润与地租的对立,从而实际上揭示了无产阶级与资产阶级、资产阶级与地主阶级之间的对立。他还论述了货币流通量的规律、对外贸易中的比较成本学说等理论。然而,他把资本主义制度看作是永恒的制度,则只注意到了经济范畴的数量关系,没有在方法论上观察到其又有形而上学的缺陷,因此不能在价值规律基础上说明资本与劳动的交换、等量资本获等量利润等问题,这两大难题最终导致李嘉图理论体系的解体。但是,他的理论达到了资产阶级界限内的高峰,对后世的经济思想有着重大的影响。

李嘉图认为,人类的需求和欲望具有无限的性,每个人都是在日常经济生活中满足自身和他人的需要。所以,社会个体利益和社会整体利益具有一致性,其关键就在于经济自由主义的实现。他指出,"在商业完全自由的制度下,各国都必然把它的资本劳动用在最有利于本国的用途上。这种个体利益的追求很好地和整体的普遍幸福结合在一起。"① 李嘉图的主要贡献在于,他发现了个人对利益的追求会在很大程度上促进社会公共利益。一切符合社会生产力发展的行为都是合乎道德规范的、正确的准则,即使牺牲部分个人与群体的利益也在所不惜。

李嘉图的经济思想是建立在个人功利主义的基础上。他认为,众多的个人结合成整体,个人利益的追逐构成人们对社会利益的追逐源动力。这种共同利益是以最大多数人的最高幸福以原则为基础,在政治范围内提出了平等、

① 李嘉图:《政治经济学及赋税学理》,商务印书馆,1962 年版,第 113 页。

博爱、自由的要求；而在经济范围内，则提出了绝无限制的竞争自由。① 因此，只有坚定不移的维护资产阶级的个人利益，才是对最大多数群体共同利益的最大保障。而这一目标的实现需要践行经济自由主义。他指出："在商业完全自由的制度下，各国都必然把它的资本和劳动用在最有利于本国的用途上。这种个体利益的追求很好地和整体的普遍幸福结合在一起。由于鼓励勤勉、奖励智力，并最有效地利用自然所赋予的各种特殊力量，它使劳动得到最有效和最经济的分配；同时，由于增加生产总额，它使人们都得到好处，并以利害关系和互相交往的共同纽带把文明世界各民族结合成一个统一的社会。"② 为此，"李嘉图描绘了实现最大化的经济增长的画面。要实现这个结果，必须给予商人以追求利润最大化的自由，消除可能限制他们获得最大利润能力的政策，这样，储蓄和资本积累就可以达到最大量。"③

经济自由主义反对国家干预经济自由运行，这也是李嘉图所认同的重要信条。在他看来，资本家对利润的追求会促进资本积累进而发展生产力，最终会增加人们的普遍幸福，由此推出资本家利益与人类社会利益相一致的功利主义原则的结论。他强调要允许资本家自由活动。而为了普遍的繁荣，对于各种财产的转移和交换所给予的便利是不会嫌多的，因为通过这种办法，各种资本可以流入最关于利用它来增进国家生产的人们的手里。工人工资的上涨是由劳动市场的供求关系自发调节的，这一市场法则是支配每一个社会绝大多数人的幸福的法则。工资正像所有其他契约一样，应当由市场上公平而自由的竞争决定，而不应当用立法机关的干涉加以统制。此外，李嘉图还指出，如果国家实施济贫法，救济贫民的做法只能是适得其反的作用。当现行济贫法继续有效时，维持贫民的基金自然就会愈来愈多，直到把国家的纯收入全部吸尽为止，至少也要把国家在满足其必不可少的公共支出的需要以后留给我们的那一部分纯收入全部吸尽为止。"济贫法的趋势是使富强变成贫弱，使劳动操作队形提供最低的生活资料以外不做其他任何事情，使一切智

---

① 《资本论》第 1 卷，人民出版社，1975 年版，第 699 页。

② ［英］彼罗·斯拉法：《李嘉图著作和通信集》第 1 卷，商务印书馆，1965 年版，第 113 页。

③ ［英］丹尼尔·福斯菲尔德：《现代经济思想的渊源与演进》，上海财经大学出版社，2003 年版，第 64 页。

力上的差别混淆不清，使人们的精神不断忙于满足肉体的需要，直到最后使一切阶级染上普遍贫困的瘟疫为止。这种趋势比引力定律的作用还要肯定。"①

在分配层面，李嘉图论述了资本家和雇佣工人之间的对立关系。"李嘉图学派不承认土地所有者是资本主义生产的职能执行者。这样，对抗就归结为资本家和雇佣工人之间的对抗。但李嘉图学派的政治经济学把资本家和雇佣工人之间的这种关系看作是某种既定的东西，看作生产过程本身所依据的自然规律。"② 李嘉图认为，工人工资与工人人口增长率成正比，这就可以不需要调节工资，而使得两者自动实现均衡。由此可以看出，李嘉图将资本家利益置于最高地位。

第二节　密尔顿. 弗里德曼经济伦理思想

米尔顿·弗里德曼是美国当代经济学家、芝加哥大学教授、芝加哥经济学派代表人物之一，货币学派的代表人物。以研究微观经济学、宏观经济学、统计学、经济史及主张自由放任资本主义而闻名。他于1976年获诺贝尔经济学奖，以表扬他在货币供应理论及历史、消费分析、和稳定政策复杂性等范畴的贡献。于1962年出版问世的《资本主义与自由》，提倡将政府的角色要最小化以让自由市场充分运作，以此维持社会和政治的自由。他的政治哲学强调自由市场经济的优点，反对政府干预经济。由此，他的理论成了自由意志主义的主要经济根据之一，并许多其他国家的经济政策都有着极大影响。

20世纪70年代经济自由主义在国家干预主义式微后重新抬头，形成新经济自由主义思潮。这股思潮的代表人物就是著名经济学家密尔顿. 弗里德曼，他提出了"回到斯密"的口号。关于经济与道德，他崇尚"看不见的手"，"这只'手'是他对一种方式的想象，在这种方式中，千百万的人自愿行动可

---

① ［英］彼罗·斯拉法：《李嘉图著作和通信集》第1卷，商务印书馆，1965年版，第91页。
② 《剩余价值理论》第3册，人民出版社，1975年版，第473页。

通过价格体系来协调，而不需要指导中心。"① 他利用"斯密的眼睛"来证明市场客观运行的规则。"我们通过斯密的眼睛，却看到市场是一个秩序井然、有效协调起来的体系，它产生于人们具有各自动机的行为，但又不是人们有意创造的。它是一把千百万人分散的知识和技能为了共同目标而协调配合的体系。"② 在道德方面，"在出于不利己的慈善目的而动员同情心方面，市场的看不见的手，都比政府的看不见的手远远更为有效。"③ 从中可以看出，在新经济自由主义视域中市场远比政府有目的性和计划性。

第三节　西斯蒙弟的人本主义经济伦理

法国著名经济学家西斯蒙弟创立了所谓的"政治经济学的新原理"。他自称是对斯密和李嘉图经济思想的扬弃。他反对将经济和道德统一于一切经济机制之上，反对将生产和财富纳入经济中心。"我要阐明的是：财富既然是人的一切物质享受的标志我们就应该使它所有的人带来幸福。"④ 劳动是财富的唯一源泉，节约是积累财富的唯一手段；但是，我们还要补充一句：享受是这种积累的唯一目的，只有增加了国民享受国民财富才算增加。⑤ 西斯蒙弟提出政治经济学的研究对象是人，是为了满足人的物质和精神需要的科学。"人一生下来，就给世界还来要满足他生活的一切需要和希望得到某些幸福的愿望，以及使他能够满足这和愿望的劳动技能或本领。这种技能是他的财富的源泉；他的愿望和需要赋予他一种职业。人们所能使自己享有价值的一切，都是由自己的技能创造出来，他所创造的一切，都应该用于满足他的需要或他的愿望。"⑥ 正因为政治经济学的研究对象是人，所以，它更多的是涉及经

---

① 《国外经济学论文选》第 4 辑，商务印书馆，1982 年版，第 130 页。
② 《国外经济学论文选》第 4 辑，商务印书馆，1982 年版，第 130 页。
③ 《国外经济学论文选》第 4 辑，商务印书馆，1982 年版，第 130 - 131 页。
④ 西斯蒙弟：《政治经济学新原理》，商务印书馆，1964 年版，第 10 页。
⑤ 西斯蒙弟：《政治经济学新原理》，商务印书馆，1964 年版，第 45 页。
⑥ 西斯蒙弟：《政治经济学新原理》，商务印书馆，1964 年版，第 47 页。

济伦理道德的科学，实证研究与规范研究并存，"需要良心如需要理智一样。"① 因此，道德和经济的关系表现为：道德决定经济而非相反。

西斯蒙弟的经济伦理思想的核心是将人的需要放置于首位，把社会整体物质和非物质利益的取得作为终极目标，并以此为经济活动出发点。他主张政府来执行此任务，"政府是为所属的全体人民的利益而建立的；因此，它必须经常考虑全体人民的利益。正如应当利用高级政治向一切公民广施自由、道德和文化恩泽一样，政府应当通过政治经济学来为所有的人管理全民财产的利益；它应当设法维持秩序，使富人和穷人都享受到丰衣足食和安宁的生活，这种秩序不许国家里有任何受苦，不许有任何人为自己的将来感到忧虑，不许有任何人不能以自己的劳动获得本人和自己的家庭所需要的衣、食、住；要使人的生活变成一种享受，而不是负担。"②

"法国"小资产阶级政治经济学和古典政治经济学创始人西斯蒙弟，提出人本主义价值取向。人本主义认为人性具有利己性与利他性的特点。西斯蒙弟指出，利他主义是人性中最根本的内涵。人本主义的另一个重要特点是它认为无论是利己主义还是利他主义都有发展的潜质，而且这种潜质随时处于动态调整之中。人本主义者倾向于把生命看成是具有一种特殊品质的东西，它使生命不仅仅是一架复杂的机器，还使生命随着时间的流逝不断展现新的机会，而不是相同的部件的新组合。③

西斯蒙第人本主义经济伦理思想的另一个特点是猛烈抨击资本主义社会弊端。他指出：亚当·斯密所考察的只是财富，并且认为所有拥有财富的人都关心财富的增加，从而得出这种结论：只有让个人利益在社会上自由活动，这种财富才能最大限度地增加。私人财富的总和就是国家财富；没有一个富人不兢兢业业地把自己变得更富，因此，就听其自然好了；他在使自己致富的同时也会使国家富裕起来。"享受是这种积累的唯一目的，只有增加了国民

---

① 西斯蒙弟：《政治经济学新原理》，商务印书馆，1964 年版，第 47 页。
② 西斯蒙弟：《政治经济学新原理》，商务印书馆，1964 年版，第 22 页。
③ ［美］马克勒克斯：《人本主义经济学的挑战》，西南财经大学出版社，2003 年版，第 4 - 6 页。

享受国民财富才算增加。"① 对此，西斯蒙弟认为国家干预十分必要，要让社会力量干涉经济生活，以便使得财富以正常速度增长。原因在于，政府是代表远期利益的代表，职责就是保证社会公众的利益不被个人私欲所侵犯，对此要完善对待富人和穷人同样的社会制度，作为长久制度设计保障坚持下去。

西斯蒙第强调生产由消费所决定。他指出："国民收入应该调节国民开支，国民开支则应在消费基金里吸收全部生产；绝对的消费决定一种相等的或者更高的再生产，再生产又产生收入。如果说迅速而完全的消费永远决定更高的再生产，财富的其他部分以一种均衡的速度按比例向前发展，并且继续逐渐地增加，国家才会不断繁荣。一旦这种比例遭到破坏，国家就会灭亡。"② "在政治经济学方面，一切都是相互关联的，人们不断沿着一个圆圈循环，果要变成因，因又变成果。但是，只要此一行动和另一行动配合得好，各方面就都能前进；只要有一个运动落后，它本来应该和其他动作互相配合却脱离了正轨，那时一切就都要停顿。根据事物的自然发展进程，增加一份财富，就应增加一份收入，增加一份收入，就应增加一份消费，随后是应该增加一份再生产的劳动，和增加一定的人口；最后，这种新的劳动反过来又增加财富。但是，假使措施不当，以致这些活动中的某一环节加快了速度，不能同其他环节相配合，就会打乱整个系统，于是，预期使穷人获得怎样的幸福，反而给他们造成了同样深重的灾难。"③

总之，作为小资产阶级代表的西斯蒙弟仍然抱着思古的幽情，向往小农社会那种田园风光般的理想生活。他抨击了资本主义大机器大工业所造成的弊端，同情工人阶级成为饱受苦难的"不幸阶级"，但他没有发现造成此境况的真正原因。因此，他提出了建立一个由小生产者、农民以及手工业者组成的社会必然是不能实现的乌托邦。

---

① 西斯蒙第：《新原理》，商务印书馆，1964 年版，第 45 页。
② 西斯蒙第：《新原理》，商务印书馆，1964 年版，第 45 页。
③ 西斯蒙第：《新原理》，商务印书馆，1964 年版，第 434 – 435 页。

第四节 西尼尔、巴师夏经济伦理思想

一、西尼尔经济伦理思想

英国经济学家西尼尔将人的心理因素作为政治经济学研究的起点。他认为，人类趋乐避苦的本性决定了其在经济中追求财富的价值取向。对此，他将人的心理欲求量化为具体金钱数量，并以此作为衡量心理满足的标准。"一个人只要有了钱，就可以随其所好地满足他的种种奢望或虚荣，就可以使他懒惰度日，就可以发挥他急公好义的精神，或施行他驻人间的恩惠，就可以千方百计地求得肉体上的快乐，避免肉体的劳苦，就可以用更大代价求得精神上的愉快。"[①] 因此， "每个人都希望以尽可能是少的牺牲取得更多的财富。"[②] 并据此研究政治经济学。

二、巴师夏经济伦理思想

法国经济学家巴师夏，1801 年 6 月 29 日生于法国巴约讷附近的一个大商人家庭。1825 年他继承祖父遗产后成为酒业企业家。1830 年法国革命后，当选为本地法官，后又任区总顾问，七月王朝后期迁居巴黎。1846 年建立法国争取自由贸易协会。1848 年法国革命期间当选为制宪会议和立法会议的代表。

巴师夏是自由贸易思想的积极宣传者，同时也是市场经济的提倡者。他认为社会组织是建立在人类本性的普遍规律之上的，并赞美了市场经济社会是一种和谐的社会。社会就是交换，交换就是相互提供服务，两种互相交换的服务决定了价值。价值，即服务的尺度就是服务提供者所做的努力的紧张程度和服务接受者所节省的努力的紧张程度。在自由放任主义政策下，二者趋于一致。交换是以等价为基础，等价交换是公道的交换，这样的社会当然

① 西尼尔：《政治经济学大纲》，商务印书馆，1977 年版，第 47－48 页。
② 西斯蒙弟：《政治经济学新原理》，商务印书馆，1964 年版，第 17 页。

是和谐的。他还指出，随着社会进步，社会总产品中分配给资本的部分会减少，分配给劳动的部分会增加，人们的状况会不断改善，社会会更加和谐。他著有《经济诡辩》《经济和谐》等著作。巴师夏的主要经济观点是：政府的行动基本限制于保证秩序、安全和公正，倘若超出这一限制，就是对人类意识和劳动的侵犯，就是对人类自由的侵犯。

法国经济学家巴师夏认为，政治经济学的研究对象决定了其必然会重视道德规范，经济活动是满足人的需要的手段。"伦理学科占有了属于'同情'这个迷人的领域的一切概念—诸如宗教的感情、父母的慈爱、孝道、爱情、友谊、爱国、慈善、礼节等等。剩下给政治经济学的只是个人利益这个冷酷的领域。"① 政治经济学研究个人利益追求的动机，而心理因素则是趋利避害。巴师夏以此为契机，将经济活动纳入伦理道德之中，指出人满足自身欲望而从事经济活动就是人们互相满足各自需要的活动。"我们能够互相帮助互相替代对方工作、提供相互服务，并且在有报酬的条件下，把我们的才能或运用这些才能的结果，交给别人支配。这就是社会。"② 虽然互相服务论掩盖了资本对劳动剥削的本质，但是也构建了市场经济中新的经济伦理关系。

第五节　马歇尔经济伦理思想

阿尔弗雷德·马歇尔（1842—1924）是近代英国最著名的经济学家之一，新古典学派的创始人，剑桥大学经济学教授 19 世纪末和 20 世纪初英国经济学界最重要的人物。在马歇尔的贡献在于，经济学从仅仅是人文和历史学科的一门必修课程逐渐发展成为一门独立的学科，具有与其他自然科学相似的科学性。剑桥大学在他的影响下建立了世界上第一个经济学系。

马歇尔是局部均衡分析论的创始者，他研究了单个市场的行为而不考虑

---

① 巴师夏：《经济和谐》引自《资产阶级庸俗政治经济学选辑》，商务印书馆，1964 年版，第 196 页。

② 巴师夏：《经济和谐》引自《资产阶级庸俗政治经济学选辑》，商务印书馆，1964 年版，第 204 页。

市场与市场之间的影响。他用上升的供给曲线和下降的需求曲线来分析收入、成本的变化对价格的影响。马歇尔重要的贡献之一是建立了弹性的概念和计算弹性的公式。他分析了需求价格弹性和供给价格弹性，发现了在短时期内需求的上升会带动价格产量的小幅度增加，但更多的会带动价格的上升涨。从长时期来看，产量较容易扩张或收缩，企业可以自由进入或退出，这也使得长期的供给曲线显得比较平坦。因此，马歇尔得出结论，在短期里，需求是影响价格的决定性因素；而在长期里，供给或生产成本是影响价格的决定因素。1890 年出版的《经济学原理》是马歇尔的最主要著作。该书在西方经济学界被公认为划时代的巨著，也是继《国富论》之后最伟大的经济学著作。该书所阐述的经济学说被看作是对英国古典政治经济学的继承和发展。以马歇尔为核心而形成的新古典学派在长达 40 年的时间里在西方经济学中一直占据着支配地位。马歇尔经济学说的核心是均衡价格论，而《经济学原理》正是对均衡价格论的引申和论证。他认为，市场价格取决于供求双方的力量均衡，对市场是同时起作用的。

英国剑桥大学经济学教授马歇尔提出了在经济运行中"心理原则"系统化的思想。他指出，"经济学是一门研究财富的学问，同时也是一门研究人的学问。"[1] 研究人是"研究人类满足欲望的种种努力，然只以这种努力和欲望能用财富或它的一般代表物——即货币——来衡量。"[2] 经济学把财富当作人是欲望和进取以物化方式存在的形式。这些决定了经济运行的方式和结果，并据此提出：边际效用递减规律，"即人类本性的这种平凡而基本的倾向，可用欲望饱和规律或效用递减规律来证明，一物对任保人的全部效用（即此物给他的全部愉快或其他利益），会随着他对此物所有量的增加而增加，但不及所有量的增加那样快。如果他对此物的所有量是以同一比率增加，则由此而得到的利益是以递减的比率增加。"[3] 虽然心理因素不可衡量，但是货币可以成为判定人心理因素的尺度，并进而影响经济规律。

① 马歇尔：《经济学原理》（上卷），商务印书馆，1964 年版，第 23 页。
② 马歇尔：《经济学原理》（上卷），商务印书馆，1964 年版，第 69 页。
③ 马歇尔：《经济学原理》（上卷），商务印书馆，1964 年版，第 112 页。

第六节　凯恩斯国家干预主义经济伦理思想

约翰．梅纳德．凯恩斯是英国历史上著名的经济学家，是现代西方经济学凯恩斯主义经济学的创始人，也是现代西方宏观经济理论体系的奠基者。

凯恩斯的经济思想最早属于英国剑桥学派，以研究货币理论和货币政策而著称。20世纪30年代的经济大危机与大萧条使他的经济思想和政策主张发生了根本性的变化。他在最著名的传世之作《就业、利息和货币通论》中，否定了以英国剑桥学派为主要代表的传统的新古典经济学关于资本主义市场经济可以自动维持经济达到充分就业的和谐均衡的理论主张和信条，提出了一整套新颖的有效需求理论，并主张通过国家对经济生活进行积极干预的办法，来消除大规模失业、摆脱经济萧条。这些理论观点和政策主张被后来的经济学界认为是对于以马歇尔，庇古为代表的新古典经济学自由放任的主要经济思想倾向和政策主张的"革命"。也就是后来双方经济学界所说的"凯恩斯革命"。这一"革命"开创了一个新时代，不仅导致了现代宏观经济学的产生，而且也催生了凯恩斯主义经济学在第二次世界大战之后在西方国家中较长期内占据主导地位。

1929—1933年，资本主义各国出现了普遍性的经济大萧条，生产和产值大幅度下跌，失业急剧增加。其中，尤其以美国最为严重。根据统计资料显示，1929—1932年各主要资本主义工业化国家的工业生产和国内生产总值的下降百分比平均高达30%左右。与此同时，1917年，俄国发生了社会主义革命。经过了最初几年艰苦奋斗之后，该国的秩序和经济建设迅速好转，其影响迅速扩大。

面对上述情形，资本主义各国严重的经济困境迫切要求得到解脱。但是，传统的新古典的经济理论一筹莫展，既无法从理论上给予解释，也无法从政策方面提出解脱困境的办法。这是因为，古典经济学的基本信念是，在充分自由竞争条件下，追求个人最大限度利益的当事人各行其是的理性经济活动，会自然而然地使社会经济生活处于最好的有序状态，而参加经济活动的各方面都会最好地实现自己的目的。当这样的经济理论体系无法解释 20 世纪 30 年代那样的经济大萧条时，西方经济学发展历史上第一次大的理论危机就出现了。

凯恩斯原来也属于剑桥学派，在严酷的现实面前，他不得不承认传统的新古典理论的无能为力。为此，凯恩斯要从根本上改造传统的古典经济学理论体系和政策主张，寻求一条新的道路，既可避免社会主义，又能避免经济的彻底崩溃。在这样的过程中，凯恩斯也逐步建立并明确了自己新的理论方向和理论体系。

凯恩斯提出在三大心理规律（消费倾向规律、流动偏好规律和资本边际效率规律）作用下，有效需求不足将导致社会上出现大规模失业和生产过剩，而市场自动调节的机制将无法发挥出有效作用来纠正这种失调。凯恩斯反对"自由放任"和"无为而治"的传统做法，主张国家通过经济政策，主要是财政政策和货币政策对经济生活进行积极干预和调节。凯恩斯特别强调扩张性财政政策在经济萧条时的积极作用，他具有"创新"性地提出了功能性的财政预算政策，主张以赤字财政政策来解决大的经济萧条和危机问题。

凯恩斯国家干预主义的实质就是国家利用扩张性的财政政策和与货币政策，通过增加公共投资来刺激有效需求，以实现充分就业，达到缓解经济周期性危机带来的衰退的目的。凯恩斯反对为了节俭而进行储蓄，提出要将利率作为维持均衡的必要条件。在充分就业的条件下，消费的增加会通过储蓄率的变化来影响资本积累，所以这不利于个人与社会经济利益的增加，因此节俭是美德。如果在非充分就业条件下，消费将有利于资本积累，而节俭反而会导致贫困。

第七节　施穆勒经济伦理思想

早年施穆勒经济思想属于自由主义思想范畴。他在 1870 年出版的《19 世纪德国中小企业发展史：统计调查和国民经济调查》中，提出了保护"中产阶级"，要对手工业者和自耕农采取保护和救济的方式，对工人阶级和新的中等阶层采取社会改良主义政策，这样就可以维持资本主义秩序的稳定。在方法论上，他既排斥古典经济学的抽象的逻辑的方法，又反对旧历史学派急于寻求的普遍性规律。他提倡国民经济学的道德理念，主张历史的伦理主义的经济学体系。他将这种方法称为"历史的统计方法"。他强调，史料即使不带有思想，仍有一种相对的价值，而思想如不根据史料，则将是一种"妄想"。他认为国民经济学是介乎应用的自然科学和比它更重要的精神科学之间的科学，经济现象既属于自然的技术的关系，又属于伦理的心理的关系，经济结构不外是由这种经济法规和伦理所规定的生活秩序。他把生产、交换、分工、劳动、工资等经济范畴，既看作是经济技术范畴又看作是伦理心理的范畴。由于施穆勒强调了历史的经济学是以伦理主义为基础，所以新历史学派又被称为"历史的伦理学派"。

德国新历史学派施穆勒明确了道德在经济运行中所起到的决定性作用。他批评了以往经济学派只注重从实证角度研究经济活动，轻视甚至忽视道德在经济中应发挥的作用。他特别强调心理作用忽视道德因素的情况，"企图把心理力量从数量上加以计算可能是永远做不到的事。"[1] 对此，施穆勒主张经济关系需要依靠道德、心理以及法律作为联系纽带。他说："我们称作'经济'的，是指由互相连属的个人所构成的或大或小的集体，构成这种联属因素是心理的、道德的或者是法律的因素，而其从事经济的方式则是联合的方式，部分是为着共享，也可不是为自己而为首别的人。"[2] 利己到利他的演变需要将经济问题和道德问题结合起来对待。

第八节　马克斯·韦伯新教经济伦理思想

马克斯·韦伯（1864－1920），德国著名经济学家、政治学家、社会学家、哲学家，他是现代一位最具生命力和影响力的思想家。韦伯曾在海德堡

---

[1] 施穆勒：《一般国民经济学大纲》，引自《资产阶级庸俗政治经济学选辑》，第358页。
[2] 施穆勒：《一般国民经济学大纲》，引自《资产阶级庸俗政治经济学选辑》，第359－360页。

大学求学，在柏林大学开始教职生涯，并陆续于维也纳大学、慕尼黑大学等大学任教。这对于当时德国的政界影响很大，他曾前往凡尔赛会议代表德国进行谈判，并且参与了魏玛共和国宪法的起草设计。他是同泰勒与法约尔同一历史时期，对西方古典管理理论的确立做出了杰出贡献，是公认的古典社会学理论与公共行政学最重要的创始人之一，被后世称为"组织理论之父"。

马克斯·韦伯不仅是德国著名的经济学家、社会学家和政治学家，亦是一位极具理论原创性的思想家。可以说，德国思想家马克斯韦伯在解决经济和非经济因素问题具有十分鲜明特色。他非常认同非经济因素对经济因素所起到的决定性作用。按照韦伯的说法，研究经济与非经济因素需要首先确立"价值中立"的研究方法。所谓价值中立，是指社会科学研究要遵循研究对象的规律与特点，而非研究者的自身价值判断。据此他研究了世界上主要几种宗教形态：印度教、儒教、佛教、基督教、伊斯兰教和犹太教。他指出，不同的宗教都存在不同的生活准则体系，而且具有能够吸引信众参与经济的源动力，其内涵就是宗教经济伦理。不仅如此，韦伯更着重关心与探讨的是宗教伦理在经济活动中所发挥的积极作用。

富兰克林论述的资本主义精神集中体现在其金钱观之中。富兰克林提出："时间就是金钱"，"信用就是金钱"，"金钱具有滋生繁衍性。"① 即金钱具有周转性，这与一个人信用直接相关。"切记下面的格言：善付钱者是别人钱袋的主人。"② 人们只有恪守"谨慎""公正""节俭"和"诚实"等美德才能积攒信用，也才能赚取更多的钱。韦伯对此进行了分析，"富兰克林所有的道德观念都带有功利主义色彩。诚实有用，因为诚实能带来信誉；守时、勤奋、节俭都有用，所以都是美德。"③ 可以看出，富兰克林经济伦理观具有十分鲜明的功利主义色彩，这也是资本主义社会的一条首要的基础性原则。韦伯指出，"事实上，这种伦理所宣扬的至善——尽可能地多挣钱，是和那种严格避免任凭本能冲动享受生活结合在一起的，因而首先就是完全没有幸福主义的

① 韦伯：《新教伦理与资本主义精神》，三联书店，1987年版，第33页。
② 韦伯：《新教伦理与资本主义精神》，三联书店，1987年版，第34页。
③ 韦伯：《新教伦理与资本主义精神》，三联书店，1987年版，第36页。

（更不必说享乐主义的）成分掺在其中。这种至善被如此单纯地认为是目的本身，以致从对于个人的幸福或功利的角度来看，它显得是完全先验的和绝对非理性的。人竟被赚钱动机所左右，把获得作为人生的最终目的。在经济上获利不再从属于人满足自己物质需要的手段了。"① 韦伯评论道：因此，"在现代经济制度下能挣钱，只要挣的合法，就是长于、精于某种天职的结果和表现。"② 换句话说，资本主义首要精神是为了赚钱而赚钱。

韦伯生活的年代，资本主义政治经济等一系列制度已经确立起来，资本主义制度鼓励人们努力赚钱，任何人只有适应这种制度才能更好地生存与发展。然而，"把赚钱看作是人人都必须追求的自身的目的，看作是一项职业，这种观念是与所有那些时代的伦理感情背道而驰的。"③ 这就是韦伯所得出的结论。

近代宗教改革的产物之一就是新教伦理，是随着资本主义的兴起而不断发展，资本主义精神也源于此处。新教伦理成为推动生产力与资本主义经济发展的决定性动力。在韦伯看来，经济行为是一种合乎逻辑、遵循理性的科学行为。因此，必须排除暴力与欺诈的方法。他在考察了世界五大宗教后指出，只有基督教的新教的天职观与禁欲主义可以在调节经济关系中发挥较大作用。

传统教义反对人们言利，主要因为财富会使人变得堕落。新教则纠正此种看法，认为财富本身并无过错，只有当财富的诱惑耽于安乐才是在道德上是邪恶的。倘若人们追求财富是遵循上帝旨意，这在道德上不仅不会受到谴责，反而应该受到赞赏和鼓动。韦伯得出结论："确实，一种职业是否有用，也就是能否博得上帝的青睐，主要的衡量尺度是道德标准，换句话说，必须根据它为社会所提供的财富的多寡来衡量。不过，另一条而且是最重要的标准乃是私人获利的程度。在清教徒心目中，一切生活现象皆是由上帝设定的，而如果他赋予某个选民获利的机缘，那么他必定抱有某种目的，所以虔信的

---

① 韦伯：《新教伦理与资本主义精神》，三联书店，1987年版，第37页。
② 韦伯：《新教伦理与资本主义精神》，三联书店，1987年版，第38页。
③ 韦伯：《新教伦理与资本主义精神》，三联书店，1987年版，第53页。

基督徒应报膺上帝的召唤，要尽可能地利用这天赐良机。要是上帝为你指明了一条路，因循它你可以合法地谋取更多的利益（而不会损害你自己的灵魂或他人），而你却拒绝它并选择不那么容易获得的途径，那么你会背离他的馈赠并遵照他的训令为他而使用它们。他的圣训是：你须为上帝而辛劳致富，但不可为肉体、罪孽而如此。"①

新教的职业观是人应为上帝尽职，对此要放弃肉体享受，克制物欲追求，禁欲是为了与上帝意志保持一致。因此，新教的禁欲主义会直接影响资本主义经济社会生活，实际效果是"禁欲主义的节俭必然导致资本的积累。"② "在构成近代资本主义精神乃至整个近代文化精神的诸基本要素之中，以职业概念为基础的理性行为这一要素，正是从基督教禁欲主义中产生出来的——这就是本文力图论证的观点。"③ 由此，新的资产阶级经济伦理诞生。"一种特殊的资产阶级的经济伦理形成了。资产阶级商人意识到自己充分受到上帝的恩宠，实实在在受到上帝的祝福，他们觉得，只要他们注意外表上正确得体，只要他们的道德行为没有污点，只要财产的使用不致遭到非议，他们就尽可随心所欲地听从自己金钱利益的支配，同时还感到自己这么做是在尽一种责任。此外宗教禁欲主义的力量还给他们提供了有节制的、态度认真的、工作异常勤勉的劳动者，他们对待自己的工作如同对待上帝赐予的毕生目标一般。"④

第九节　穆勒的折中主义经济伦理思想

约翰·穆勒（1806.5—1873.5），英国著名经济学家、哲学家、心理学家，19世纪影响力很大的古典自由主义思想家，支持边沁的功利主义。

约翰·穆勒是詹姆士·穆勒的儿子，受过其父的严格教育，他在17岁时

① 韦伯：《新教伦理与资本主义精神》，三联书店，1987年版，第127页。
② 韦伯：《新教伦理与资本主义精神》，三联书店，1987年版，第135页。
③ ［德］韦伯：《新教伦理与资本三义精神》，三联书店，1987年版，第141页。
④ ［德］韦伯：《新教伦理与资本三义精神》，三联书店，1987年版，第1389－139页。

就进入不列颠东印度公司，一直持续到 1858 年。他一生以新闻记者和作家的身份写了不少著作。约翰·穆勒是孔德的实证主义哲学的后继者。他把实证主义思想最早从欧洲大陆传播到英国，并与英国经验主义传统相结合。这主要体现在哲学方面的有《论自由》（1859）著作。

约翰穆勒认同功利主义价值观，他充分肯定了功利主义的最高伦理原则："最大多数人的最大幸福"，这是指导人类行为的根本准则，也是道德的根本。他的思想体现在一系列论之述中。

第一，他强调人与人之间的利益存在着矛盾与冲突，但可以协调这些矛盾冲突。在人类进步还处于较为原始的状态时，个人利益之间的矛盾不会有协调。但是，当人类社会文明进步到较高程度时，人们不希望互相将别人对利益的正当追求看作是对自身利益的威胁；第二，穆勒认为，功利主义幸福观并非专指个人幸福，而是指所有相关人的幸福，并要求在自身幸福和他人幸福间谋得公平，这需要法律与社会组织发挥协调个人利益和社会利益的作用，进而影响人的道德形成；第三，功利主义不仅表现为趋乐避苦，还体现出一种自我牺牲精神。功利主义的道德承认人类可以为他人的利益而牺牲自身的利益，这种自我献身精神最终归于集体利益所规定的个人幸福；第四，穆勒将功利主义置于政治经济学研究之中，提出改善人性的观点，逐渐形成了以分配为中心的经济公平化的经济伦理理念。穆勒指出，只有被社会认同的合理分配制度才能持续。这就是说，社会法律与风俗决定了分配方式。例如，遗产的继承与转让。他一方面承认遗产的私人占有，这是法律应当保护的所有制形式，蕴含着不容置疑的天赋权利。另一方面，遗产继承也有失公平。因为它会损害经济效率，威胁自由竞争。因此要通过征收遗产税来促进社会公平；第五，穆勒认为，土地是全人类生存基本资料，但大部分土地被少数人占有，因此要通过土地税来征收地租。他赞赏小农所有制，因为农业工人租种土地与否及租金多寡只需由竞争决定而非农业资本家。全部农产品给予租种者；第六，穆勒虽然赞同自由竞争，但也辩证地指出它的缺点。因此十分必要进行国家干预。穆勒的国家干预思想具有两面性。一方面，他强调有限政府的作用，"第一，意识的内在境地，要求着最广义的良心的自由，要求着思想和感想的自由；要求着在不论是实践的或思考的，是科学的、道德的或神学的等等一切题目上的意见和情操的绝对自由…… 第二，这个原则还要趣味和志趣的自由；要求有自由制定自己的生活计划以顺应自己的性格；要求有自由照自己所喜欢的去做，第三，随着各个人的这种自由而来的，在同样的限度内，还有个人之间相互联合的自由。"[1]

　　总之，穆勒在经济自由主义和国家干预主义之间表现为一种折中性特点，他对前人和同时代的各种经济流派思想进行了折中，接受了种种矛盾学说。

---

　　[1]　［英］约翰穆勒：《论自由》，商务印书馆，1959年版，第12－13页。

第七章　马克思主义经济伦理思想

关于市场经济和道德建设关系的问题，自始至终都是西方近代和现代经济学以及伦理学界的一个需要不断探究的问题。马克思主义关于市场经济与道德建设的理论论述十分丰富，这对于解开两者关系将起着指导与方法论的作用。

第一节　马克思主义经济伦理思想的产生及发展

19 世纪上半期，是资本主义发展历史上一个重要转折时期，英国、法国和德国等西欧主要资本主义国家的经济得到迅速发展。这不仅使社会生产力急剧提高，而且使社会阶级结构发生了深刻变化，这时不仅出现了工业资产阶级和无产阶级，而且在社会生活的实践中，工人阶级的力量逐渐发展壮大，无产阶级和资产阶级的矛盾，已经上升为社会的主要矛盾，资本主义迅速发展的同时，使生产的社会化和生产资料的私人占有之间的矛盾日趋尖锐。从 1825 年起，欧洲连续爆发了三次大规模的经济危机，表明资本主义的生产关系，由促进生产力的发展，开始转向阻碍生产力的发展，工人受周期性经济危机影响，生活愈加贫困。例如，工人每天要劳动 15 到 16 个小时，甚至更长。尽管终年劳累，没有星期天等节假日，工资却少得可怜，难以维持一日三餐，至于居住条件就更加恶劣。不少工人只能睡在机器下面，或露宿在街头巷尾，工人子女的生活同样悲惨，他们没有幸福的童年，而是在很小的年纪，甚至只有六七岁就被迫给资本家当童工，任其宰割。超负荷的劳动使这些童工面黄肌瘦，一些人不到10岁就被折磨死了，这一切使无产阶级与资产阶级的矛盾日益激化，哪里有压迫哪里就有反抗，无产阶级为了维护切身的利益同资产阶级展开了英勇的斗争，在19世纪30年代，在西欧，出现了历史上工人阶级最早的武装起义。从19世纪30年代起，西欧连续发生工人起义事件，例如1831年和1834年法国里昂丝织工人起义，提出工作不能生活，毋宁战斗而死的口号，这两次起义虽然被镇压，但是起义之后，无产阶级和资产阶级之间的阶级矛盾却日趋尖锐. 1836、1858年，英国掀起宪章运动，这是世界上第一次广泛的真正群众性的、政治性的无产阶级革命运动，1844德国西里西亚爆发纺织工人起义，愤怒的起义者捣毁资本家的厂房，机器和住处，同政府军展开殊死的战斗，这些斗争的矛头直接指向私有制和资本主义制度，表明无产阶级已经作为一支独立的政治力量开始登上历史舞台，这些斗争是欧洲阶级斗争史上的一个转折点，从此无产阶级和资产阶级之间的斗争在西欧国家的历史中升到了首要的地位，但是这些斗争却缺乏革命理论的指导，蓬勃发展的工人运动向何处去？资本主义向何处去？无论是空想社会主义理论还是资产阶级、小资产阶级的改良主义理论都无法回答这些问题，时代呼唤着科学共产主义理论的诞生。在实践中创立科学共产主义理论并以其来指导日益发展的工人运动已经成为当时迫切的历史任务。

在马克思科学地分析了资本主义社会经济的运行情况后，直接或间接地阐述了道德在经济运行中所发挥的重要作用，并详细地说明了资本主义社会的经济道德，即资本主义社会经济伦理，从而使马克思经济伦理转变为科学理论，这也成为研究资本主义社会普遍原理与研究方法。

马克思在分析资本主义经济形态时，首先从分析商品入手，由此引申出资本主义经济的奥秘。在资本主义生产方式中，商品成为产品的普遍形式，资本主义的发展和商品的发展息息相关。商品已愈发越融入资本主义生活的方方面面，包括政治生活、文化生活、公共生活和一切精神生活领域等。所以说，在资本主义社会与统治地位的是商品，而与之相关的市场经济则是资本主义经济的根本经济体制。因此，对商品性质的研究就成为剖析资本主义经济的关键所在，进而也成为研究资本主义经济伦理的前提条件。

马克思在分析商品性质时指出了商品具有价值与使用价值的二重性。一方面，作为生产商品的一定具体的生产活动，这就是有用劳动，它创造使用价值；另一方面，作为人类劳动力的单纯支出，也凝结了抽象劳动，它创造交换价值。马克思说："商品中包含劳动的这种二重性，是首先由我批判地证明了的。这一点是理解政治经济学的枢纽。"① 商品的二重性揭示了劳动秘密，即在商品生产中人的关系以物的关系形式表现出来。马克思认为，"商品形式的奥秘不过在于：商品形式在人们面前把人们本身劳动的社会性质反映劳动产品本身的物的性质，反映出这些物的天然的社会属性，从而把生产者同总劳动的社会关系反映成存在于生产者之外的物与物之间的社会关系。"② 这种人与人关系异化为物与物关系的经济形态，必然会反映在经济道德层面。

资本的出现使得商品生产快速地发展起来。马克思指出，"资本是由商品构成的。"③ 资本的本性决定了货币要通过商品的中介来实现增值，即货币转化为资本的首要条件是劳动力转化为商品。前提是劳动者丧失一切生产资料和有人身自由。工人被迫出卖劳动力，资本通过购买劳动力剥削其剩余价值，货币才能转化为资本。资本逐利运动没有止境，"相反，作为资本的货币的流通本身就是目的，因为只是在这个不断更新的运动中才有价值的增殖。因此，资本的运动是没有限度的。"④

马克思从商品二重性入手分析了资本的本质，并进而剖析了资本主义生产运行方式及其规律。然而，他并没有完全止步于此，而是深刻地阐述了资本主义市场经济带给人们思想道德层面的变化，亦可称为资本主义经济伦理演变。马克思主义经济伦理认为，西方资本主义经济道德的就是拜金主义，"要找一个比喻，我们就得逃到宗教世界的环境中去。在那里，人脑的产物表现为赋有生命的、彼此发生关系并同人发生关系的独立存在的东西。在商品世界里，人手的产物也是这样。我把这叫拜物教。"⑤ 商品的拜物教性质不是来自人性、神、人的主观意志等，而是来源于生产商品的劳动所特有的社会

---

① 马克思，恩格斯：《马克思恩格斯全集》第23卷，人民出版社，1979年版，第55页。
② 马克思，恩格斯：《马克思恩格斯全集》第23卷，人民出版社，1979年版，第88－89页。
③ 马克思，恩格斯：《马克思恩格斯全集》第23卷，人民出版社，1979年版，第976页。
④ 马克思，恩格斯：《马克思恩格斯全集》第23卷，人民出版社，1979年版，第173－174页。
⑤ 马克思，恩格斯：《马克思恩格斯全集》第23卷，人民出版社，1979年版，第89页。

性质。生产商品的劳动是彼此独立进行的私人劳动，由于生产者只有通过交换各自的劳动产品才会发生社会交往，各自的私人劳动的特殊性也只有在这种交换中才表现出它的社会性质。彼此相互独立的私人劳动只有表现出抽象的人类劳动才能相互交换，也就是只有以物的方式即商品形式才有可能实行交换。马克思分析道："在生产者面前，他们的私人劳动的社会关系就表现为现在这个样子，就是说，不是表现为人们在自己劳动中的直接的社会关系，而是表现为人们之间的物的关系和物之间的社会关系。"① 正因为如此，商品交换者所关心的只是自己的产品能否与他人交换，交换价值有多少，后者取决于客观的社会决定而非任何人的主观意志。人们的拜金主义意识是对资本主义经济运行的主观反映。马克思分析道："商品没有出什么力就发现一个在它们之外、与它们并存的商品体是它们的现成的价值形态。这些物，即金和银，一从地底下出来，就是一切人类劳动的直接化身。货币的魔术就是由此而来的。人们自己的生产关系的不受他们控制和不以他们有意识的个人活动为转移的物的形式，首先就是通过他们的劳动产品普遍采取商品形式这一点表现出来。因此，货币拜物教的谜就是商品拜物教的谜，只不过变得明显了，耀眼了。"②

从货币角度可以看出，货币是一种特殊商品，是一般等价物，"货币是其他一切商品的转换形态，或者说，是它们普遍让渡的产物，因此是绝对可以让渡的商品。……从货币上就看不出它空间怎样落到货币所有者的手中，空间是由什么东西转化来的。货币没有臭味，无论它从哪里来。一方面，它代表已经卖掉的商品，另一方面，它代表可以买到的商品。"③ 货币的特性和力量就是我的特性和力量，我是什么和能够做什么，绝不是由我的个性来决定，而是由货币来决定。货币是最高的善。④

社会存在决定社会意识的基本原理告诉世人，人们对货币的价值取向来源于货币的经济特性，这决定了市场经济条件下的经济伦理。马克思说："货

---

① 马克思，恩格斯：《马克思恩格斯全集》第 23 卷，人民出版社，1979 年版，第 89 页。
② 马克思，恩格斯：《马克思恩格斯全集》第 23 卷，人民出版社，1979 年版，第 111 页。
③ 马克思，恩格斯：《马克思恩格斯全集》第 23 卷，人民出版社，1979 年版，第 129 页。
④ 马克思，恩格斯：《马克思恩格斯全集》第 23 卷，人民出版社，1979 年版，第 152 – 153 页。

币不仅是致富欲望的一个对象，并且是致富欲望的唯一对象。这种欲望本质上是万恶的求金欲。"① 货币一旦与权力结合在一起，货币的权力也将日益扩大。随着作为货币占有者的私人权力也会日益扩大，私有权力将会取代社会权力成为社会主流。对此，马克思指出，"货币是'无个性的'财产。我们可以用货币的形式把一般社会权力和一般社会联系，社会实体，随身揣在我的口袋里。"② 在这基础上，经济伦理道德无疑会受到很大影响。金钱使得一切价值判断与事实依据都颠倒了，一切不是商品的物品都可以被金钱收买，"有些东西本身并不是商品，例如良心、名誉等等，但是也可以被它们的所有者出场以换取金钱，并通过它们的价格，取得商品形式。"③ 因此，一切活动的中心目的都是为了钱，资产阶级抹去了一切向来受人尊崇和令人敬畏的职业的神圣光环。它把医生、律师、教士、诗人和学者变成了它出钱雇佣劳动者。④

马克思不仅批判了资本主义社会经济关系的异化，而且在其经济发展思想中着重提出了马克思主义经济伦理思想。早在 19 世纪中叶，马克思就提出了经济理论。这主要反映在《哥达纲领批判》《＜政治经济学批判＞导言》《工资、价格和利润》《资本论》等论著中。在这些论著中，马克思阐述了人类社会发展的基本脉络；他从经济发展的动力、含义、影响经济发展的主要因素，国家在其中所起到的作用以及对外贸易的影响。这些理论中蕴含着丰富的经济伦理思想，充分体现了马克思关于人的全面发展的人道主义伦理价值观。

第二节　马克思主义经济伦理思想的主要观点

马克思主义经济伦理思想中蕴含着丰富的内容，概括起来可以分为以下

① 马克思，恩格斯：《马克思恩格斯全集》第 23 卷，人民出版社，1979 年版，第 122 页。
② 马克思，恩格斯：《马克思恩格斯全集》第 46 卷（下），人民出版社，1979 年版，第 431 页。
③ 马克思，恩格斯：《马克思恩格斯全集》第 23 卷，人民出版社，1979 年版，第 120－121 页。
④ 马克思，恩格斯：《马克思恩格斯选集》第 1 卷，人民出版社，1979 年版，第 152－153 页。

几类问题：

一、马克思经济伦理中的物质利益问题

马克思指出，道德是建立在一定经济社会基础上的思想关系，是具有特殊性的社会意识形态。道德在本质上是对社会物质关系的反映，这是由社会经济关系所决定并为其服务的社会意识形态。同时，马克思也强调，道德是对人与人之间以及个人与社会关系之间进行调整的手段。从这个角度来看，道德的基础在于正确理解个人利益，因为阶级的道德观才是正确理解个人利益与社会利益的关系，"只有在集体中，个人才能获得全面发展其才能的手段，也就是说只有在集体中才可能有个人自由。"① 个人利益若想集体利益中得以实现。必须使个人的私人利益符合全人类的利益，即满足全体劳动者阶级和整个人类的利益。

马克思还指出，道德会随着社会形态的变化而不断变化，"人们按照自己的物质生产的发展建立了相应的社会关系，正是这些人又按照自己的社会关系创造相应的原理、观念和范畴。所以，这些观念、范畴也同它们所表现的关系一样，不是永恒的。它们是历史的暂时产物。"② 因此，马克思认为，"任何人如果不同时为了自己的某种需要和为了这种需要的器官做事，他就什么也不能做。"③

二、未来共产主义社会的经济伦理品质

马克思在一系列论著中不仅深刻地批判了资本主义社会的经济伦理失范，还对未来共产主义社会的伦理特质给予了深刻阐述。共产主义社会分为两个阶段，第一个阶段是社会主义阶段。由于生产力发展仍然较低，商品生产和货币经济蓬勃发展。当生产力水平达到相当高的程度后，人类社会就逐渐进入共产主义阶段。"共产主义是私有财产即人的自我异化的积极的扬弃，因而

---

① 马克思，恩格斯：《马克思恩格斯全集》第 3 卷，人民出版社，2002 年版，第 84 页。
② 马克思，恩格斯：《马克思恩格斯全集》第 4 卷，人民出版社，1958 年版，第 144 页。
③ 马克思、恩格斯：《马克思恩格斯全集》第 3 卷，人民出版社，1995 年版，第 329 页。

也是通过人并且为了人而对人的本质的真正占有；因此，它是人向作为社会的人即合乎人的本性的人的自身的复归，这种复归是彻底的、自觉的、保存了以往发展的全部丰富成果的。这种共产主义，作为完成了的自然主义，等于人本主义，而作为完成了的人全面发展"。综合起来看，马克思所描述的共产主义社会，具有以下六个方面的特征：一是社会生产力将高度发展，劳动生产率也将空前提高；二是社会将占有全部生产资料，以使社会主义所有制顺利过渡到共产主义所有制；三是旧的社会分工将消失，人类将获得自由和全面的发展；四是全面实行计划经济，以达到充分满足人们物质的和文化的生活需要；五是实行各尽所能、按需分配原则；六是作为阶级统治的国家最后将趋于消亡。其伦理意愿表现为人的全面自由发展。具体而言：

（一）人的全面发展

人的全面发展是指人的各种需要都能得到满足，个人潜能与个性都能得到发挥，人的社会关系得到了高度丰富。马克思恩格斯认为，未来的共产主义社会，旧的分工已经消失，人们不再为分工所限，劳动已不再是谋生的唯一手段，不存在异化劳动，资本对工人的剥削亦将不复存在，所有的人都平等的享受经济社会权利。人有目的的联合起来发展生产力和生产关系，人的体力和智力达到了完美统一。

（二）人的自由发展

人的自由发展是衡量人的发展程度的第二个维度。马克思和恩格斯指出，共产主义社会是"个人的独创的自由的发展不再是一句空话的唯一的社会"。"通过社会生产，不仅可能保证一切社会成员有富足的和一天比一天充裕的物质生活，而且还可能保证他们的体力和智力获得充分的自由的发展和运用"。马克思这样描述道，"在共产主义社会里，任何人都没有特殊的活动范围，而且都可以在任何部门发展，社会调节整个生产，因而使我有可能随自己的兴趣今天干这事，明天干那事，上午打猎、下午捕鱼，傍晚从事畜牧，晚饭后从事批判，这样就不会使我老是一个猎人、渔夫、牧人或批判者。"这包含两层含义，一是个人发展并不屈从于任何强加给他的外部条件；二是个人自由发展需要为个人能力所驾驭。这样，"人才在一定意义上最终地脱离了动物界，从动物的生存条件进入真正人的生存条件……一直统治着历史的客观的异己的力量，现在处于人们自己的控制之下了。只是从这时起，人们才完全自觉地自己创造自己的历史"，而这就意味着人类真正实现了从必然王国向自由王国的飞跃。

人的自由全面发展是符合人类历史发展规律的远大理想，是在生产力发展水平达到相当的高度后实现的，这需要丰厚的物质基础做保障。正是在这种高度丰富的物质条件下，人们才会追求人的物质文明和精神文明的统一，才会追求自我价值的实现。

三、以人为本的经济发展伦理观

马克思经济伦理的一个重要特点就是始终把人的需要及全面自由发展放在第一位。"没有需要，就没有生产。"[①] "需要是同满足需要的手段一同发展的，并且是依靠这些手段发展的。"[②] 不仅如此，马克思认为，满足需要亦是经济发展的内在动力。因为人的"消费创造出新的生产的需要，也就是创造出生产的观念上的内在动机，后者是生产的前提"。"消费创造出生产的动力。"[③] 马克思还进一步提出了扩大消费和更大更好满足人的需要的方法："第一，要求扩大现有的消费量；第二，要求把现有的消费推广到更大的范围，以便造成新的需要；第三，要求生产出新的需要，发现和创造新的使用价值。"[④] 在诸多需要中，社会需要依然是调整社会经济发展的依托。但此时的调节手段是计划而非市场。"社会的生产无政府状态就让位于按照社会总体和每个成员的需要对生产进行的社会的有计划的调节。"[⑤] 此外，马克思还认为无论是满足人的消费需要还是推动商品经济和谐均衡发展的必要条件。人的社会需要对劳动时间按比例分配和积累都有着决定性的意义。"社会需要，

---

① 马克思，恩格斯：《马克思恩格斯全集》第 2 卷，人民出版社，1995 年版，第 9 页。
② 马克思，恩格斯：《马克思恩格斯全集》第 23 卷，人民出版社，1972 年版，第 559 页。
③ 马克思，恩格斯：《马克思恩格斯全集》第 2 卷，人民出版社，1995 年版，第 9 页。
④ 马克思，恩格斯：《马克思恩格斯全集》第 46 卷（上），人民出版社，1979 年版，第 391 页。
⑤ 马克思，恩格斯：《马克思恩格斯全集》第 3 卷，人民出版社，2002 年版，第 630 页。

第七章　马克思主义经济伦理思想

即社会规模的使用价值，对于社会总劳动时间分别用在各特殊生产领域的份额来说，是有决定意义的。"① 人的不同需要形成了市场不同的需求结构，经济发展必须满足这种不同的需要结构，否则就会导致经济发展的结构失衡。马克思指出："如果说个别商品的使用价值取决于该商品是否满足一种需要，那么，社会产品总量的使用价值就取决于这个总量是否适合于社会对每种特殊产品的特定数量的需要，从而劳动是否根据这种特定数量的社会需要按比例地分配在不同的生产领域。"②

总之，满足人的需要是经济社会发展的应有之意。未来共产主义社会最本质的特征，正是人的自由而全面发展，"代替那存在着阶级和阶级对立的资产阶级旧社会的，将是这样一个联合体，在那里，每个人的自由发展是一切人的自由发展的条件。"③

第三节　中国化的马克思主义经济伦理思想

马克思主义经济理论的中国化是一项已经进行了七十多年并正在进行着的伟大工程。在实施这一工程的过程中，虽然也曾走过了许多弯路，但总体的趋势是引导中国经济发展向着正确的方向前进。在这一进程中，中国共产党人将马克思主义经济理论的原则与中国经济发展的具体实践结合起来，吸收其他经济理论的科学成分，不断充实发展着具有中国特色社会主义市场经济理论体系。

一、毛泽东经济伦理思想

毛泽东虽然没有专门论述经济伦理思想，但其在领导中国革命和社会主义建设过程中，从中国具体国情出发，在继承马克思恩格斯、列宁等人的经

---

① 马克思，恩格斯：《马克思恩格斯全集》第 25 卷，人民出版社，1974 年版，第 716 页。
② 马克思，恩格斯：《马克思恩格斯全集》第 25 卷，人民出版社，1974 年版，第 716 页。
③ 马克思，恩格斯：《马克思恩格斯全集》第 1 卷，人民出版社，1995 年版，第 294 页。

济伦理思想，对社会主义经济建设尤其是如何合理分配社会财富却有着科学的理解，这对于如何指导中国特色社会主义经济建设具有重大作用。

（一）"统筹兼顾"的分配思想

经济伦理的重要内容是经济发展成果如何分配。毛泽东指出，在社会主义经济建设中最重要一环就是如何处理好公私关系。早在1942年，毛泽东就提出："在公私关系上，就是'公私兼顾'。"① 到了1947年，毛泽东又提出新民主主义经济"发展生产、繁荣经济、公私兼顾、劳资两利"的总目标。1956年社会主义三大改造完成之后，毛泽东在《论十大关系》中再次提道："国家和工厂、合作社的关系，工厂、合作社和生产者个人的关系，这两种关系都要处理好。为此，就不能只顾一头，必须兼顾国家、集体和个人三个方面，也就是我们过去常说的'军民兼顾''公私兼顾'。"②

1957年新中国第一个五年计划实施完成后，我国各领域建设欣欣向荣，但也遇到了诸多困难。对此，毛泽东从辩证角度来看待，"我们的方针是统筹兼顾、适当安排。我论粮食问题，灾荒问题，就业问题，教育问题，知识分子问题，各种爱国力量的统一战线问题，少数民族问题，以及其他各项问题，都要从全体人民的统筹兼顾这观点出发，就当时当地的实际可能条件，同各方面的人协商做出各种适当的安排。"③ 毛泽东进一步强调，这里所说的统筹兼顾，是指对于六亿人口的统筹兼顾。我们作计划、办事、想问题，都要从社会发展成果的分配，毛泽东认为国家利益、集体利益和个人利益之间的矛盾是人民内部的矛盾，他指出："在分配问题上，我必须兼顾国家利益、集体利益和个人利益。对于国家的税收、合作社的积累、农民的个人收入这三方面的关系，必须处理适当，经常注意调节其中的矛盾。"

毛泽东经济发展思想的重要表现就是统筹兼顾的分配思想，其实质是利

① 《毛泽东著作专题摘编》，北京：中央文献出版社，2003年版，第678页。
② 毛泽东：《论十大关系》（1956年4月25日），《毛泽东文集》第7卷第28页。
③ 毛泽东：《关于正确处理人民内部矛盾的问题》（1957年2月27日），《毛泽东文集》第7卷第228页。

益分配平衡。他认为,"搞社会主义建设,很重要的一个问题是综合平衡。"① 对此,他在 1959 年读苏联《政治经济学教科书》的谈话中:"公和私是对立统一,不能有公无私,也不能有私无公。"②

(二)一切从人民利益出发的经济伦理思想

毛泽东一直坚持把人民群众利益放在第一位.他说,"我们共产党人区别于其他任何政党的又一个显著的标志,就是和最广大人民群众取得最密切的联系。全心全意地为人民服务,一刻也不脱离群众;一切从人民的利益出发,而不是从个人或小集团的利益出发;向人民负责和向党的领导机关负责的一致性;这些就是我们的出发点。"③ 正是在这一基础上,毛泽东同志将全心全意为人民服务确定为我们党的根本宗旨。1959 年,毛泽东同志又提出:"一定要每日每时关心群众利益,时刻想到自己的政策措施一定要适合当前群众的觉悟水平和当前群众的迫切要求。"④

(三)判断政策好坏的标准是是否对解放生产力有利

毛泽东同志不止一次提出:"社会主义革命的目的是为了解放生产力。"⑤ 他认为革命并不是最终的目的,"革命是为建设扫清道路。革命把生产关系和上层建筑加以改变,把经济制度加以改变,把政府、意识形态、法律、政治、文化、艺术这些上层建筑加以改变,但目的不在于建立一个新的政府、一个新的生产关系,而在于发展生产。"⑥ 毛泽东进一步阐述了生产发展与人民生活之间的关系,他说:"人们生活的需要,是不断增长的。需要刺激生产的不

---

① 毛泽东:《经济建设是科学,要老老实实学习》(1956 年 6 月 11 日),《毛泽东文集》第 8 卷第 73 页。
② 《毛泽东著作专题摘编》,中央文献出版社,2003 年,第 1497 页。
③ 毛泽东:《论联合政府》(1945 年 4 月 24 日)《毛泽东选集》第 2 版第 3 卷,第 1094 - 1095 页。
④ 毛泽东:《党内通信》(1959 年 3 月 17 日),《毛泽东文集》第 8 卷,第 33 页。
⑤ 毛泽东:《社会主义革命的目的是解放生产力》(1956 年 1 月 25 日),《毛泽东文集》第 7 卷,第 128 页。
⑥ 毛泽东:《同工商界人士的谈话》(1956 年 1 月 25 日),《毛泽东文集》第 7 卷,第 182 页。

断发展，生产也不断地创造新的需要。"① 因此，"社会主义经济法则是发展生产，保障需要，这是主要的、基本的，是起领导作用的经济法则。"② 毛泽东提出的生产力标准在中国共产党历史第一次提出，它是辩证唯物主义认识论中关于检验真理的实践标准在社会历史领域里的具体化。它不仅是党的十一届三中全会后逐步形成的、完整的生产力标准思想的理论先导，而且在实际上指明了中国共产党建设的方向，具有深远的理论和实践意义。

二、邓小平经济伦理思想

20世纪70年代，西方资本主义遭遇了严重的经济危机，战后美苏两极对抗的冷战格局出现重大变化，两大阵营的力量对比更趋平衡。虽然局部战争仍有发生，但是短时间内爆发世界大战的可能性越来越小。新科技革命推动下的经济社会快速发展使各国人民更加珍惜发展的机遇，求发展的愿望更加强烈。求和平、谋发展已经逐渐成为世界各国人民的普遍愿望。邓小平敏锐地把握了国际形势的重大变化，对时代主题的转换做出了科学判断。他明确地指出："现在世界上真正大的问题，带全球性战略问题，一个是和平问题，一个是经济问题或者说是发展问题。和平问题是东西问题，发展问题是南北问题。概括起来，就是东西南北四个字。南北问题是核心问题。"③

邓小平指出，中国当前的主要任务是发展社会生产力，"贫穷不是社会主义，社会主义要消灭贫穷。不发展生产力，不提高人民的生活水平，不能说是符合社会主义要求的。"④ 邓小平经济伦理思想的主题是发展，主要包括经济发展的合理性和伦理目标、关于经济发展的道德坐标以及经济发展的道德支撑点等内容。邓小平理论是在和平与发展成为时代主题的历史条件下，在总结我国社会主义胜利和挫折的历史经验并借鉴其他社会主义国家兴衰成败

---

① 毛泽东：《读苏联〈政治经济学教科书〉的谈话（节选）》（1959年12月–1960年2月），《毛泽东文集》第8卷，第137页。

② 毛泽东：《在中央政治局扩大会议上的讲话》（1953年7月29日），《毛泽东文集》第6卷，第289页。

③ 《邓小平文选》第3卷，人民出版社，1993年版，第105页。

④ 邓小平：《政治上发展民主，经济上实行改革》（1985年4月15日），《邓小平文选》第3卷，第116页。

历史经验的基础上，在我国改革开放和现代化建设的实践中，逐步形成和发展起来的。

(一) 经济的伦理目标：共同富裕

全体人民通过辛苦劳动与互帮互助最终达到丰衣足食的共同富裕。显然在社会主义社会，共同富裕是经济伦理的重要目标之一。其内容包含以下几层含义：

第一，实现共同富裕首要目标是要实现富裕。社会主义经济道德以集体主义为原则，以追求共同富裕为目标，践行为人民服务准则。邓小平认为："社会主义的优越性归根到底要体现在它的生产力比资本主义发展得更快一些、更高一些，并且在发展生产力的基础上不断改善人民的物质文化生活。"①第二，共同富裕的重要特征之一是共同性。邓小平所讲的共同富裕不是同时富裕而是要区分好先富和后富的关系。"我的一贯主张是，让一部分人、一部分地区先富裕起来，大原则是共同富裕。一部分地区发展快一点，带动大部分地区，这是加速发展、达到共同富裕的捷径。"② 这是因为，我国存在城乡差距。"要考虑落后地区和发达地区的差距问题。不同地区总会有一定差距。这种差距太小不行，太大也不行。如果仅仅是少数人富有，那就会落到资本主义去了。"③ 第三，共同富裕既包括物质层面的富裕，也包括精神方面的富裕，二者相辅相成。"我们要建设的社会主义国家，不但要有高度的物质文明，而且要有高度的精神文明"，"所谓精神文明，不但是指教育、科学、文化，而且是指共产主义是思想、理想、信念、道德、纪律、革命的立场和原则，人与人的同志式关系，等等。"④

---

① 邓小平：《建设有中国特色社会主义》（1984 年 6 月 30 日），《邓小平文选》第 3 卷，第 63 页。
② 邓小平：《视察天津时的谈话》（1986 年 8 月 19 日 – 21 日），《邓小平文选》第 3 卷，第 166 页。
③ 邓小平阅《参考消息》两篇文章后的意见（1992 年 12 月 18 日），《邓小平年谱》（1975 – 1997）下，第 1356 – 1357 页。
④ 邓小平：《贯彻调整方针，保证安定团结》（1980 年 12 月 25 日），《邓小平文选》第 2 卷，第 367 页。

（二）经济发展的道德坐标：三个有利于

1992 年邓小平在针对国内关于改革开放的争论，他在南方视察时指出："改革开放判断标准，应该主要看是否有利于发展社会主义社会的生产力，是否有利于增强社会主义国家的综合国力，是否有利于提高人民的生活水平。"①这就是著名的判断社会主义得失的"三个有利于"标准。其中蕴含着判断经济发展的价值坐标。在"三个有利于"中"生产力"是基础，"综合国力"则集中体现了生产力标准，而"人民生活水平"是生产力和综合国力发展的目的，三者从各个层面反映了生产力标准。"三个有利于"标准是以人民利益为中心，把政治标准和生产力标准统一了起来，这是马克思主义科学全面的论断，是对马克思主义生产力标准的与时俱进。

（三）经济发展的道德支撑点：国家、集体和个人利益兼顾

个人利益内含着物质利益与精神利益的总和。集体利益体现了全体社会成员的共同利益。其与所有制结构直接相关。不同的所有制关系决定了不同性质的集体利益关系。在我国，社会主义集体利益就是指社会主义国家与人民的共同利益。具体包括公有和集体所有的生产资料和资金、教育以及文化娱乐设施等。公有的和集体的利益都要尽可能地加以满足。这是符合马克思主义物质利益原则。

马克思主张："人们奋斗所争取的一切，都同他们的利益有关"，"每一社会的经济关系首先表现为利益关系"。邓小平首先承认和维护了个人的合法利益。邓小平认为，要勇于承认和鼓励个人在不侵犯国家利益、集体利益和他人利益的前提下，追求自身的经济利益，并将对这种利益追求纳入解放和发展生产力的动力结构中。需要指出的是，"在社会主义制度下，个人利益要服从集体利益，局部利益要服从整体利益，暂时利益要服从长远利益，因为在社会主义制度下，我们必须按照统筹兼顾的原则来调节各种利益的相互

---

① 邓小平：《在武昌、深圳、上海等地的谈话要点》，《邓小平文选》第 3 卷，第 372 页。

关系。"①

在继承毛泽东经济伦理思想的基础上邓小平经济伦理思想是深刻地把握了时代特征与国内外形势的产物。它科学的掌握了社会主义市场经济伦理的内在逻辑，是合规律性与合目的性的统一；另一方面，邓小平经济伦理思想紧紧抓住了我国生产力发展水平不高的基本国情，以发展的视角回答和解决了社会主义伦理问题，为新时期有中国特色社会主义现代化建设提供了锐利的思想武器。

三、江泽民经济伦理思想

20 世纪 80 年代末 90 年代初，国内发生严重政治风波，国际上东欧剧变、苏联解体，世界社会主义出现严重挫折，我国社会主义事业的发展面临空前巨大的困难和压力。以江泽民为主要代表的中国共产党人，科学地判断形势，在全面把握大局，基础上进行了艰辛探索，从容应对困难和风险，全面推进社会主义现代化建设，开创了中国特色社会主义事业新局面。

"三个代表"重要思想是在冷战结束后国际局势科学判断的基础上形成的。世界多极化与经济全球化的趋势在曲折中发展，和平与发展仍然是时代主题。我国所处国际环境已经发生并还在经历着前所未有的巨大变化，这是"三个代表"重要思想产生的最重要时代背景。在政治上，20 世纪 80 年代末 90 年代初，发生了东欧剧变、苏联解体等重大事件，国际共产主义运动遭受了重大挫折。苏联解体以后，美国作为唯一的超级大国，极力引导世界向单极化方面发展，谋求建立以其为领导的世界秩序。在这种形势下，中国作为世界上最大的社会主义国家，实际上处于两种社会制度对立和斗争的最前沿。中国共产党面临长期的国际压力，渗透与反渗透、遏制与反遏制、分裂与反分裂、颠覆与反颠覆的斗争将长期存在，并且异常尖锐、复杂，霸权主义与强权政治依然存在，世界仍不安宁。但和平与发展仍然是时代的主题，世界多极化仍然在曲折中获得了历史的发展，这也为我国的社会主义建设带来了

① 邓小平：《邓小平文选》第 2 卷，人民出版社，1994 年版，第 175 页。

一个难得的相对稳定的和平的外部环境。特别是使全球经济日益融为一体的经济全球化浪潮正在蓬勃发展，它是当今世界的生产力、世界市场和科学技术等共同作用的结果，它是历史发展不可阻挡的大趋势，包括我国在内的发展中国家积极参与经济全球化是实现现代化的必由之路。

"三个代表"重要思想是在科学判断党的历史方位和总结历史经验的基础上提出来的。中国共产党历经革命、建设与改革，已经从领导人民为夺取全国政权而奋斗的党，成为领导人民掌握全国政权并长期执政的党；已经从受到外部封锁和实行计划经济条件下领导国家建设的党，成为对外开放和发展社会主义市场经济条件下领导国家建设的党。党所处的地位和环境、党所肩负的历史任务、党的自身状况都发生了新的重大变化。总结中国共产党的历史，可以得出一个重要结论：中国共产党所以赢得人民的拥护，是因为作为中国工人阶级的先锋队和中国人民、中华民族的先锋队，在革命、建设、改革的各个历史时期，总是代表中国先进生产力的发展要求，代表中国先进文化的前进方向，代表中国最广大人民的根本利益，并通过制定正确的路线方针政策，为实现国家和人民的根本利益而不懈奋斗。

"三个代表"重要思想是在建设中国特色社会主义伟大实践的基础上形成的。党的十三届四中全会以来，国际局势风云变幻，我国改革开放和现代化建设的进程也波澜壮阔。党从容应对一系列关系国家主权与安全的国际突发事件。我国已经实现了现代化建设"三步走"战略前两步目标，进入了全面建设小康社会、加快推进社会主义现代化建设新的发展阶段。伴随着改革开放和发展社会主义市场经济的进程，我国社会生活发生了广泛而深刻的变化，社会经济成分、组织形式、利益分配和就业方式等的多样化进一步发展，国家的政治经济文化和社会生活的各个方面带来深刻影响。在这样的情况下，党如何正确处理社会主义现代化建设中的若干重大关系，如何完善社会主义市场经济体制，如何推进政治体制改革，如何解决经济发展与资源、环境的矛盾，保持国民经济的可持续发展，这些都是摆在中国共产党面前的必须研究解决的紧迫而重大问题。"三个代表"重要思想就是在应对中国社会经济发展中出现的各种实践问题过程中形成和发展起来的。

（一）建设与市场经济相适应的社会主义道德体系

2001 年，江泽民在中央思想政治工作会议上提出，要将社会主义市场经济和之相适应的道德联系起来，即社会主义市场经济既是法制经济更是道德经济。社会主义市场经济必须要有社会主义道德来为其保驾护航。对此，江泽民在党的十六大报告中指出，要"认真贯彻公民道德建设实施纲要，弘扬爱国主义精神，以为人民服务为核心，以集体主义为原则、以诚实守信为重点，加强社会公德、职业道德和家庭美德教育，特别要加强青少年的思想道德建设，引导人们在遵守基本行为准则的基础上，追求更高的思想道德目标。"在这里，他强调了集体主义的利益分配原则和诚实守信的市场经济道德规范。

坚持集体主义利益分配准则是处理好利益分配矛盾的重要方面。集体主义是社会主义市场经济发展的客观要求。坚持集体主义原则，就要正确处理好国家集体和个人三者利益的关系，重视个人的正当利益和维护个人的尊严和价值，并使每个人的个性能够充分发展，这是集体主义的一个重要方面。当个人利益与国家利益集体利益发生矛盾时，个人要以国家、集体利益为出发点和落脚点，使个人利益服从国家利益和集体利益，在必要的情况下，个人应为集体利益而放弃个人利益，甚至为集体利益而献身。就社会主义市场经济本身来说，虽然它一般具有商品经济的逐利性特点，但由于公有制基础上各经济主体根本利益的一致，使得一切群体与个人的逐利行为都必须服从于社会主义的生产目的，服从于社会主义市场经济共同富裕的最终目标，这就决定了商品生产者的经济活动既要追求自身利益和经济效益，又不能把追求自身利益与经济效益当作唯一的目的，要求经济主体把国家人民利益放在首位的基础上兼顾自身利益，培育社会主义义利观。社会主义义利观是一种主张把国家和人民利益放在首位而又充分尊重公民个人合法利益的义利统一的伦理价值观，它要求处理好竞争与协作、自主与监督、先富与共富、效率与公平的关系，这种义利观本质上是一种集体主义的义利观，"把个人利益与集体利益、局部利益与整体利益、当前利益与长远利益正确地统一和结合起来。"① 此外，诚实守信也是社会主义市场经济可持续发展的重要保障。信用经济是市场经济应有之义。"市场信用体系是衡量一个社会是否文明进步的重要标志，没有信用，就没有秩序，市场经济就不可能健康发展。"②

(二)"三个代表"重要思想的经济伦理内涵

始终代表中国先进生产力的发展要求强调了生产力作用和地位，突出了物质利益的重要地位以及物质文明和精神文明的相互作用。"三个代表"重要思想将发展生产力放在第一位，正是基于人们物质利益需要，将人的生命存在的前提性与人的价值的主导性提高到一个新的高度，充分体现了以人为本的核心价值。原因在于，推动生产力中发展最活跃的因素是人才，这是社会财富的创造者与社会发展的最终决定力量。

始终代表先进文化的前进方向是社会主义经济伦理的要求。同社会主义先进生产力相适应的是社会主义先进文化，社会主义先进文化为社会主义先进生产力提供了精神动力与智力支撑，社会主义经济伦理是其中重要组成部分。这是因为，生产力的发展有赖于先进文化的指引，否则就会陷入发展为了谁的伦理困境，这也与社会主义的本质要义相悖。

始终代表最广大人民群众的根本利益是社会主义经济伦理发展的终极目标和根本价值取向。江泽民在庆祝中国共产党成立八十周年的讲话中提到，"最大多数人的利益是最紧要的最具有决定性的因素"。

(三) 公平与效率的伦理思想

党的十一届三中全会后，我国拉开了改革开放大幕，国民经济持续增长，国民收入水平有了大幅度的提高。与此同时，阶层之间收入差距也有所扩大，这严重影响了人们工作积极性，形成了不良的价值取向。对此，在党的十四届三中全会通过的《决定》中明确写到"个人收入分配要坚持按劳分配为主

---

① 江泽民：《在中央思想政治工作会议上的讲话》，《江泽民文选》第3卷，人民出版社，2006年版，第92页。
② 江泽民：《当前经济工作需要把握的几个问题》(2000年11月28日)，《论"三个代表"》，中央文献出版社，2001年，第95页。

体、多种分配方式并存的制度，体现效率优先、兼顾公平的原则。"随后党的十五大报告又指出，现阶段要"坚持按劳分配为主体、多种分配方式并存的制度。把按劳分配和按生产要素分配结合起来，坚持效率优先、兼顾公平，有利于优化资源配置，促进经济发展，保持社会稳定。"① 这在我国理论界是重大突破，体现了对公平与效率关系的研讨。

四、胡锦涛经济伦理思想

科学发展观是我们党坚持以马克思列宁主义、毛泽东思想、邓小平理论和"三个代表"重要思想为指导，在准确把握世界发展趋势、认真总结我国发展经验、深入分析我国发展阶段性特征的基础上提出来的。

科学发展观是在深刻把握我国基本国情和新的阶段性特征的基础上形成和发展的。经过新中国成立以来特别是改革开放以来的不懈努力，我国经济社会发展取得了举世瞩目的成就，但仍处于并将长期处于社会主义初级阶段的基本国情没有变。进入新世纪新阶段，我国进入发展关键期、改革攻坚期和矛盾凸显期，经济社会发展呈现一系列新的阶段性特征，主要是：第一，经济实力显著增强，同时生产力水平总体上还不高，自主创新能力还不强，长期形成的结构性矛盾和粗放型增长方式尚未根本改变；第二，社会主义市场经济体制初步建立，同时影响发展的体制机制障碍依然存在，改革攻坚面临深层次矛盾和问题；第三，人民生活总体上达到小康水平，同时收入分配差距拉大趋势还未根本氛围，城乡贫困人口和低收入人口还有相当数量，统筹兼顾各方面利益难度加大；第四，协调发展取得显著成绩，同时农业基础薄弱、农村发展滞后的局面尚未改变，缩小城乡、区域发展差距和促进经济社会协调发展任务艰巨；第五，社会主义民主政治不断发展、依法治国基本方略扎实贯彻，同时民主法制建设与扩大人民民主和经济社会发展的要求还不完全适应，政治体制改革需要继续深化；第六，社会主义文化更加繁荣，同时人民精神文化需求日趋旺盛，人们思想活动的独立性、选择性、多变性、

---

① 《十五大以来重要文献选编》（上），人民出版社，2000年版，第25页。

差异性明显增强，对发展社会主义先进文化提出了更高要求；第七，社会活力显著增强，同时社会结构、社会组织、社会利益格局发生深刻变化，社会建设和管理面临诸多新课题；第八，对外开放日益扩大，同时面临的国际竞争日趋激烈，发达国家在经济科技上占优势的压力长期存在，可以预见和难以预见的风险增多，统筹国内发展和对外开放要求更高。这些阶段性特征是社会主义初级阶段基本国情在新世纪新阶段的具体表现，反映了我国经济社会发展面临的新形势、新矛盾和新问题。解决好这些突出矛盾和问题，保持我国经济社会发展良好势头，是对中国的重大考验。社会主义初级阶段基本国情和新的阶段性特征，这是科学发展观形成的现实依据。

科学发展观是以胡锦涛同志为总书记的党的第四代领导集体对党的第三代领导集体关于发展的重要思想的继承和发展，是同马克思列宁主义、毛泽东思想、邓小平理论和"三个代表"重要思想既一脉相承又与时俱进的科学理论，是指导我国经济社会发展的重要方针，是中国特色社会主义事业必须贯彻的重大战略思想。科学发展观经济伦理思想把发展作为第一要义，即在经济建设中强调又好又快发展。具体来讲：

（一）包容性增长的经济伦理内涵

包容式增长，亦称共享式增长，其最基本的伦理含义是倡导机会平等的增长，公平合理地分享经济增长。"实现包容性增长，根本目的是让经济全球化和经济发展成果惠及所有国家和地区、惠及所有人群，在可持续发展中实现经济社会协调发展。我们应该坚持发展经济，着力转变经济发展方式，提高经济发展质量，增加社会财富，不断为全体人民逐步过上富裕生活创造物质基础；坚持社会公平正义，着力促进人人平等获得发展机会，不断消除人民参与经济发展、分享经济发展方面的障碍；坚持以人为本，着力保障和改善民生，努力做到发展为了人民、发展依靠人民、发展成果由人民共享。"

（二）以人为本的伦理价值取向

科学发展观的核心是以人为本。所谓以人为本，"就是坚持全心全意为人民服务，立党为公，执政为民，始终把最广大人民的根本利益作为党和国家工作的根本出发点和落脚点，坚持尊重社会发展规律与尊重人民历史主体地位的一致性，坚持为崇高理想奋斗与为最广大人民谋利益的一致性，坚持发展为了人民、发展依靠人民、发展成果由人民共享。以人为本，体现了马克思主义历史唯物论的基本原理，体现了我们党全心全意为人民服务的根本宗旨和我们推动经济社会发展的根本目的。"① 中国共产党是与人民群众紧密联系的政党，在任何情况下全心全意为人民服务的宗旨不能放弃，坚信人民群众是真正英雄的历史唯物主义观点不能放弃。

科学发展观的本质特征反映了"以人为本"伦理价值取向，即人是自然界的产物，人在经济社会发展中处于主导地位，同时人又将自然界对象化而成为发展的主题，这种双重身份决定了人既不可能完全摆脱自然界的束缚，又不甘于这种约束而不断地努力以便超越自然界。倡导"以人为本"的伦理价值取向，它不仅具有"让发展的成果惠及全体人民"的现实社会意义，更含有"人的全面发展是可持续发展的核心要素"的历史文化价值。"以人为本"的伦理价值取向揭示了在人与人之间和人与自然之间人类所要承担的责任与义务。只有人类在面对自然和社会时都能保持高度责任感才能推动经济社会和谐发展，最终实现全面自由发展。

（三）以和谐为主导的经济伦理

科学发展观也蕴含着和谐发展的价值。所谓和谐发展，是指社会生态系统的竞争、共生和自生机制的完善结合，经济高效、环境合理、社会文明、行为合拍、系统健康地发展。和谐发展强调系统物质、能量、信息的高度综合和合理竞争，共生和自生能力的结合，生产、消费与还原功能的协调，社会、经济、环境的耦合，时、空、量、构、序的统筹，以及哲学与工程学的完美结合，实现社会关系和生态关系的协调。胡锦涛指出，我们所要建设的社会主义和谐社会，应该是民主法治、公平正义、诚信友爱、充满活力、安定有序、人与自然和谐相处的社会。

---

① 胡锦涛：《在新进中央委员会的委员、候补委员学习贯彻党的十七大精神研讨班上的讲话》，2007年12月17日。

五、习近平经济伦理思想

党的十八大以来，以习近平同志为核心的党中央以巨大的政治勇气和强烈的责任担当，提出了一系列新理念新思想新战略，出台了一系列重大方针政策，推出了一系列重大举措，推进了一系列重大工作，解决了许多长期想解决而没有解决的难题，推动党和国家事业取得了全方位、开创性的历史性成就，发生了深层次的和根本性的历史性变革。这主要表现在以下几方面：第一，经济建设取得重大成就。经济保持中高速增长，综合国力和国际影响力显著提升，经济总量稳居世界第二位，经济结构不断优化，推动经济迈向更高发展水平。第二，全面深化改革取得重大突破。第三，民主法治建设迈出重大步伐。中国特色社会主义法治体系日益完善，全社会法治观念明显增强。第四，思想文化得重大进展。第五，人民生活不断改善。第六，生态文明建设成效显著。

（一）习近平新时代中国特色社会主义经济思想与马克思主义经济伦理

随着党的十九大及中央经济工作会议胜利闭幕，在我国进入经济新常态的大背景下，全国各界逐渐形成了新的经济发展理念，即积极推进供给侧结构改革，努力构筑现代经济体系，保持我国经济健康可持续发展的大好局面。围绕新时代中国特色社会主义经济的主要特征，习近平同志发表了系列重要讲话，这些讲话向世人宣布了我国经济发展的历史定位及如何推进等问题，这对于更好地贯彻新发展理念，加快供给侧改革力度，具有重要的指导作用。与此同时，这也彰显了三富的马克思主义经济伦理思想。

马克思深刻地分析了资产阶级的经济与道德情况，辩证地阐述了经济和伦理的关系，奠定了马克思主义经济伦理思想的理论基础。马克思恩格斯自从与理性主义和人本主义哲学彻底决裂后，他们便与空洞的道德说教说再见而转向对社会现实的关注。在研究伦理问题时，他们以"现实的人"为出发点，通过联系现实人的经济需要来看待伦理问题，这表明马克思主义伦理学的客观实在性。原因在于，在经济学的长期研究中，马克思揭示了物物交换背后的人与人之间的关系，这说明马克思主义经济学中包含着人文关怀思想。如，"异化劳动"则是马克思主义经济学的重要概念，其背后的经济伦理意蕴是指，现实的人的劳动展示了人的力量，体现着人的自由和自觉。然而，资本主义私有制使这一切发生了异化。劳动创造并奴役着人，人与人之间的关联变成了赤裸裸的利益关系。

"利益霸占了新创造出来的各种工业力量并利用他们来达到自己的目的；由于私有制的作用，这些按照法理应当属于全人类的力量便成为少数富有的资本家的垄断物，成为他们奴役群众的工具。"① 在资本家异化利益观"指导"下，"每个人为另一人服务，目的是为自己服务；每一个人都把另一个人当作自己的手段互相利用。"这是因为，利益双方都清楚"共同利益就是自私利益的交换。一般利益就是各种自私利益的一般性。"② 这就是说，私人利益大于共同利益而存在，共同利益是各私人利益博弈均衡的结果。在利益的驱使下，资本主义社会将产生利己主义，资本主义道德必然会发生异化。只有推翻资本主义制度，经济伦理才能回归其本来面貌，才能在经济生活中发挥更加有益的作用。

作为资本主义经济制度的替代物，社会主义经济建设重要目的之一在于不断满足人们物质增长的需要，其马克思主义经济伦理内涵与资本主义经济价值理念不同在于，"社会主义需要的不是好逸恶劳，而是所有的人都诚实地劳动，不是为别人劳动，不是为富豪和剥削者劳动，而是为自己，为社会劳动。"③ 因此，人民群众的根本利益就成为社会主义市场经济的价值取向。实现此目标，就需要通过协调不同利益诉求来实现整体利益的统一。对此，"在社会主义制度下，个人利益要服从集体利益，局部利益要服从整体利益，暂时利益要服从长远利益。"④ 习近平总书记继承发展了马克思主义经济伦理思想核心意蕴，提出了符合新时代中国特色社会主义理论与实践的新论断，"新

---

① 《马克思恩格斯选集》第3卷，人民出版社，2002年版，第544页。
② 《马克思恩格斯全集》第30卷，人民出版社，1995年版，第199页。
③ 《斯大林全集》第13卷，人民出版社，1956年版，第223页。
④ 《邓小平文选》第2卷，人民出版社，1994年版，第175-176页。

时代我国社会主要矛盾是人民日益增长的美好生活需要和不平衡不充分的发展之间的矛盾，必须坚持以人民为中心的发展思想，不断促进人的全面发展、全体人民共同富裕。"① 此番论述一方面彰显了马克思主义经济伦理中人民利益至上的核心理念，另一方面则成为指导中国特色社会主义经济建设的伦理准则。

（二）马克思主义政治经济学与习近平新时代中国特色社会主义经济思想

新中国成立初，毛泽东首先对社会主义阶段进行了论述，"社会主义这个阶段，又可能分为两个阶段，第一个阶段是不发达的社会主义，第二个阶段是比较发达的社会主义。后一阶段可能比前一阶段需要更长的时间。"② 这一论述蕴含的意味在于要将解放和发展生产力作为当前及今后工作的主要任务而长期坚持下去。"只有思想解放了，我们才能正确地以马列主义、毛泽东思想为指导，解决过去遗留的问题，解决新出现的一系列问题，正确地改革同生产力迅速发展不相适应的生产关系和上层建筑，根据我国的实际情况，确定实现四个现代化的具体道路、方针、方法和措施。"③ 即坚持中国特色社会主义，要把经济建设当作中心。离开了经济建设这个中心，就有丧失物质基础的危险。④ 就是要通过改革使生产力与生产关系相互契合。中国共产党是领导改革的核心力量，是实现社会主义制度自我革新与发展的领导与推动力量，两者的完美结合就是具有中国特色的马克思主义政治经济学要旨所在。

江泽民和胡锦涛同志面对世情、党情、国情发生的一系列新变化分别从社会主义市场经济体制和科学发展层面给予了明确的指示。江泽民指出，"我们要建立的社会主义市场经济体制，就是要使市场在社会主义国家宏观调控

---

① 习近平：《决胜全面建成小康社会，夺取新时代中国特色社会主义伟大胜利》，人民出版社，2017 第 19 页。

② 毛泽东：《读苏联〈政治经济学教科书〉的谈话（节选）》1959 年 12 月 – 1960 年 2 月，《毛泽东文集》第 8 卷，第 116 页。

③ 邓小平：《解放思想，实事求是，团结一致向前看》1978 年 12 月 13 日，《邓小平文选》第 2 卷，第 141 页。

④ 邓小平：《目前的形势和任务》1980 年 1 月 16 日，《邓小平文选》第 2 卷，第 250 页。

下对资源配置起基础性作用，使经济活动遵循价值规律的要求，适应供求关系的变化；通过价格杠杆和竞争机制的功能，把资源配置到效益较好的环节中去，并给企业以压力和动力，实现优胜劣汰；运用市场对各种经济信号反应比较灵敏的优点，促进生产和需求的及时协调。同时也要看到市场有其自身的弱点和消极方面，必须加强和改善国家对经济的宏观调控。"①，"树立和落实科学发展观，必须着力提高经济增长的质量和效益，努力实现速度和结构、质量、效益相统一，经济发展和人口、资源、环境相协调，不断保护和增强发展的可持续性。"② 市场作用与宏观调控的结合是社会主义市场的本质属性；另一方面，可持续的经济发展理念可更好地平衡效率与公正的关系，这些论断都丰富与发展了马克思主义政治经济学说。

习近平新时代中国特色社会主义经济思想是马克思主义政治经济学与最新理论实践结合的成果，该理论的重要特点就是高度重视经济的创新发展，创新当代马克思主义政治经济学，如2015年他提出"五大发展理念"等符合时代主题写就了中国共产党人理论思考与实践行动的与时俱进性，是对历史的传承与超越之作，是马克思主义经济思想和伦理内涵的扩展与延伸。

（三）"供给侧改革"彰显了习近平对新时代经济发展的价值判断

当前，我国已进入中等收入阶段，经济增长也与已往大为不同，呈现出以下几个特点：一是从高速增长转为中高速增长。二是经济结构不断优化升级，第三产业、消费需求逐步成为主体，城乡区域差距逐步缩小，居民收入占比上升，发展成果惠及更广大民众。三是从要素驱动、投资驱动转向创新驱动。③ 这是一个经济结构升级换代的时期，需要我们变革惯性思维模式和政策工具以应对此间各种风险挑战。

2015年，习近平总书记针对我国当前进入经济新常态的变化，提出"供

---

① 江泽民：《加快改革开放和现代化建设步伐，夺取有中国特色社会主义事业的更大胜利》（1992年10月12日），《江泽民文选》第1卷，第226-227页。
② 胡锦涛：《在中央人口资源环境工作座谈会上的讲话》2004年3月10日，《十六大以来重要文献选编》（上），第851-852页。
③ 习近平：《谋求持久发展，共筑亚太梦想》2014年11月9日，《人民日报》2014年11月10日。

给侧结构性改革"的对策，"供给侧结构性改革，重点是解放和发展社会生产力，用改革的办法推进结构调整，减少无效和低端供给，扩大有效和中高端供给，增强供给结构对需求变化的适应性和灵活性，提高全要素生产率。从政治经济学角度看，供给侧结构性改革的根本，是使我国供给能力更好满足广大人民日益增长、不断升级和个性化的物质文化和生态环境需要，从而实现社会主义生产目的"①可见，推进供给侧改革，既是对国际国内经济形势发生深刻变化的必然应答，也是对未来我国经济发展的提前布局。"提出供给侧结构性改革，是我们综合研判世界经济发展趋势和我国经济发展新常态作出的重大决策。从全球看，世界经济复苏乏力，美国、欧洲日本等主要经济体推出多轮量化宽松货币政策，但世界经济尚未从国际金融危机阴影中走出。当前我国结构性问题最突出，矛盾的主要方面在供给侧。所以，供给侧结构性改革是稳定经济增长的治本良药。"②此番表述再次印证了实施供给侧改革的重要的马克思主义经济伦理意义。

在十九大报告中，"人民中心"思想多次被提及，而供给侧结构性改革作为当前经济体制改革的重要组成部分，其经济价值形态表现为效率与公平兼顾，更加注重公平。无论哪种经济价值形态，其主线都是"人民中心"思想。供给侧结构性改革就是市场化与市场需求准则的改革，目的是供给质量的提高，人民经济等方面权益的提高是其最终目的。另一方面，此次经济结构与产业结构的深刻调整也是对原有经济利益格局的变迁。道德经济是社会主义市场经济的重要特征，其"共同富裕"价值目标不能因少数人利益而牺牲多数人利益，这是习近平新时代中国特色社会主义经济思想主旨所在，必然使供给侧结构性改革承担着公平分配的历史任务。因此，无论供给侧结构性改革起始、过程、结束都体现着效率与公平的统一，体现着历史所赋予的"不变"使命。

① 习近平：《在省部级主要领导干部学习贯彻党的十八届五中全会精神专题研讨班上的讲话》2016年1月份8日，人民出版社单行本，第29—30页。
② 中共中央文献研究室：《习近平关于社会主义经济建设论述摘编》，中央文献出版社，2017版，第104—105页。

（四）明确"政府与市场关系"是保障社会主义市场经济运行
　　　平稳的关键

　　社会主义市场经济经历了四十年的历程已日臻完善，但以往隐性问题也随着改革进入深水区而逐渐显现，"主要是市场秩序不规范，以不正当手段谋取经济利益的现象广泛存在；生产要素市场发展滞后，要素闲置和大量有效需求得不到满足并存；市场规则不统一，部门保护主义和地方保护主义大量存在；市场竞争不充分，阻碍优胜劣汰和结构调整，等等。"① 这些经济体制改革过程中遇到的问题很大程度上可以归结于如何正确认识和处理政府与市场的关系。实践证明，政府与市场的力量是推动我国经济快速发展的两大推手，但两者在博弈中由于历史文化传统及惯性思维束缚导致政府对市场干预过多、过细，市场经济效率受到了很大影响。

　　中国共产党长期以来就对政府和市场的关系进行了探索，党的十四大提出了经济体制改革的目标是建立社会主义市场经济体制，市场对资源配置起基础性作用。在此基础上，此后的十五大、十六大、十七大以及十八都在此问题上的认识不断深化。党的十八届三中全会将市场对资源配置的作用提升为"决定性作用"。实践证明，社会主义市场经济不能否认"市场"在资源配置中的决定性作用，"经济发展就是要提高资源尤其是稀缺资源的配置效率，以尽可能少的资源投入生产尽可能多的产品，获得尽可能大的效益。理论和实践都证明，市场配置资源是最有效率的形式。健全社会主义市场经济体制必须遵循这条规律，着力解决市场体系不完善、政府干预过多和监管不到位问题。"② 因此，习近平提出，"坚持党的领导，发挥党总揽全局、协调各方的领导核心作用，是我国社会主义市场经济体制的一个重要特征。在全面深化改革过程中，我们要坚持发展我们的政治优势，以我们的政治优势来引领和推进改革，调动各方面积极性，推动社会主义市场经济体制不断完善、

----

① 《关于〈中共中央关于全面深化改革若干重大问题的决定〉的说明》2013 年 11 月 9 日，《十八大以来重要文献选编》（上），中央文献出版社，2014 年版，第 498 页。
② 中共中央文献研究室：《习近平关于社会主义经济建设论述摘编》中央文献出版社，2017 版，第 53 页。

社会主义市场经济更好发展。"① 党的领导是明晰场与政府关系的政治保障；另一方面，政府要"强调科学的宏观调控，有效的政府治理，是发挥社会主义市场经济体制优势的内在要求。政府的职责和作用主要是保持宏观经济稳定，加强和优化公共服务，保障公平竞争，加强市场监管，维护市场秩序，推动可持续发展，促进共同富裕，弥补市场失灵。"② 在前进的过程中，我们需要辩证统一地看待前进中出现的问题，既不能因为问题的出现而否定社会主义市场经济改革方向，也不能忽视改革中问题的存在，要将"看得见的手"和"看不见的手"相协调，做到优势互补、协同合力，达到各司其职的目标。在社会主义条件下发展市场经济，是我们党的一个伟大创举。我国经济发展获得巨大成功的一个关键因素，就是我们既发挥了市场经济的长处，又发挥了社会主义制度的优越性。我们要坚持辩证法、两点论，继续在社会主义基本制度与市场经济的结合上下功夫，把两方面优势都发挥好，既要"有效的市场"，也要"有为的政府"，努力在实践中破解这道经济学上世界性难题。③这既体现了习近平总书记对我国经济发展成绩的充分肯定，也展现了大国领袖的从容自信和殷切期望，是马克思主义经济伦理在我国与时俱进的体现。

（五）"人民主体"观贯穿习近平新时代中国特色社会主义经济思想

习近平同志高度重视人民群众的主体地位。他指出，"我们的人民热爱生活，期盼有更好的教育、更稳定的工作、更满意的收入、更可靠的社会保障、更高水平的医疗卫生服务、更舒适的居住条件、更优美的环境，期盼孩子们能成长得更好、工作得更好、生活得更好。"④ 要做好经济社会协调发展工作，

---

① 习近平在十八届中央政治局第十五次集体学习时的讲话 2014 年 5 月 26 日，《人民日报》2014年 5 月 28 日。

② 中共中央文献研究室：《十八大以来重要文献选编》（上），中央文献出版社，2014 年版，第500 页。

③ 中共中央文献研究室：《习近平关于社会主义经济建设论述摘编》中央文献出版社，2017 版，第 64 页。

④ 《人民对美好生活的向往，就是我们的奋斗目标》2012 年 11 月 15 日，《十八大以来重要文献选编》上，中央文献出版社，2014 年版，第 70 页。

其实质上就是如何保持人民群众民力，就是如何将国家与人民的规划和利益统一起来。国民经济"十三五规划"给予了宏观的回答，提出发展的首要原则就是人民主体地位，进而更加强调"人的全面发展"。

如何体现"人民主体地位"？这就需要依靠无产阶级，这是因为，无产阶级的运动是绝大多数人的、为绝大多数人谋利益的独立的运动，在未来社会"生产将以所有人的富裕为目的。"① 共同富裕思想本身已经最大可能地说明以人民根本利益为归依的价值取向，后世的马列主义领导人、专家学者都将"人民主体论"继承并发扬光大。邓小平指出，"社会主义的本质是解放生产力，发展生产力，消灭剥削，消除两极分化，最终达到共同富裕。"② 习近平也指出，"要坚持以人民为中心的发展思想，把增进人民福祉、促进人的全面发展、朝着共同富裕方向稳定前进作为经济发展的出发点和落脚点。"③ 等。除此以外，"人民主体地位"的实现还需要改革不适合时代要求的体制机制，"要通过深化改革、创新驱动，提高经济发展质量和效益，生产出更多更好的物质精神产品，不断满足人民日益增长的物质文化需要。要全面调动人的积极性、主动性、创造性，为各行业各方面的劳动者、企业家、创新人才、各级干部创造发挥作用的舞台和环境。要坚持社会主义基本经济制度和分配制度，调整收入分配格局，完善以税收、社会保障、转移支付等为主要手段的再分配调节机制，维护社会公平正义，解决好收入差距问题，使发展成果更多更公平惠及全体人民。"④ "人民主体地位"的相关论述不仅显示了习近平对人民、对国家协调发展内涵的深刻理解，也体现了党和国家着眼于自然生命和人的发展两个维度的统一，贯穿习近平新时代中国特色社会主义经济思想之中。

---

① 中共中央文献研究室：《习近平关于社会主义经济建设论述摘编》中央文献出版社，2017 版，第 31 页。

② 中共中央文献研究室：《习近平关于社会主义经济建设论述摘编》中央文献出版社，2017 版，第 31 页。

③ 中共中央文献研究室：《习近平关于社会主义经济建设论述摘编》中央文献出版社，2017 版，第 31 页。

④ 中共中央文献研究室：《习近平关于社会主义经济建设论述摘编》中央文献出版社，2017 版，第 41 页。

（六）"五大发展论"是习近平新时代中国特色社会主义经济
思想的理念创新

理念创新是行动的指南，是行动方向与行动思路的着力点。"理念是行动的先导，一定的发展实践都是由一定的发展理念来引领的。"① 习近平总书记在党的十八届二中全会第一次全体会议上指出，"以经济建设为中心是兴国之要，发展仍是解决我国所有问题的关键。只有推动经济持续健康发展，才能筑牢国家繁荣富强、人民幸福安康、社会和谐稳定的物质基础。"② 这是对我国存在不平衡、不协调、不可持续风险与挑战的应然反应。"五大发展理念"每一方面都与习近平经济思想内涵进行了很好的熔铸，是马克思主义经济思想的现实体现。

"我国创新能力不强，科技发展水平总体不高，科技对经济社会发展的支撑能力不足，科技对经济增长贡献率远低于发达国家水平，新一轮科技革命带来的是更加激烈的科技竞争。如果科技创新搞不上去，发展动力就不可能实现转换，我们在全球经济竞争中就会处于下风。为此，我们必须把创新作为引领发展的第一动力，把人才作为支撑发展的第一资源，把创新摆在国家发展全局的核心位置，不断推进理论创新、制度创新、科技创新、文化创新等各方面创新，让创新贯穿党和国家一切工作，让创新在全社会蔚然成风。"③；协调发展注重的是解决发展不平衡问题。我国发展不协调是一个长期存在的问题，突出表现在区域、城乡、经济和社会、物质文明和精神文明、经济建设和国防建设等关系上。在经济发展水平落后的情况下，一段时间的主要任务是要跑得快，但跑过一定路程后，就要注意调整关系，注意发展的整体效能，否则"木桶效应"就会愈加显现，一系列社会矛盾会不断加深。为此，我们必须牢牢把握中国特色社会主义事业总体布局，正确处理发展中

---

① 《以新的发展理念引领发展，夺取全面建成小康社会决胜阶段的伟大胜利》2015年10月29日，《十八大以来重要文献选编》（中），中央文献出版社，2016年版，第824-825页。
② 中共中央文献研究室 《习近平关于社会主义经济建设论述摘编》中央文献出版社，2017版，第3页。
③ 《以新的发展理念引领发展，夺取全面建成小康社会决胜阶段的伟大胜利》2015年10月29日，《十八大以来重要文献选编》（中），中央文献出版社，2016年版，第825页。

的重大关系，不断增强发展整体性。[①]；坚持绿色发展，就是协调经济社会发展与绿色发展，维护好生态环境，建设美丽中国。"绿色发展注重的是解决人与自然和谐问题。绿色循环低碳发展，是当今时代科技革命和产业变革的方向，是最有前途的发展领域，我国在这方面的潜力相当大，可以形成很多新的经济增长点。我国资源约束趋紧、环境污染严重、生态系统退化的问题十分严峻，人民群众对清新空气、干净饮水、安全食品、优美环境的要求越来越强烈。为此，我们必须坚持节约资源和保护环境的基本国策，坚定走生产发展、生活富裕、生态良好的文明发展道路，加快建设资源节约型、环境友好型社会，推进美丽中国建设，为全球生态安全做出新贡献。"[②]；深入践行开放理念，就是需要合作共赢前提下，不断提高开放水平，与世界各国展开深入合作，积极参与全球治理，力争引领全球经济发展。"开放发展注重的是解决发展内外联动问题。国际经济合作和竞争局面正在发生深刻变化，全球经济治理体系和规则正在面临重大调整，引进来、走出去在深度、广度、节奏上都是过去所不可比拟的，应对外部经济风险、维护国家经济安全的压力也是过去所不能比拟的。我国对外开放水平总体上还不够高，用好国际国内两个市场、两个资源的能力还不够强，应对国际经贸摩擦、争取国际经济话语权的能力还比较弱，运用国际经贸规则的本领也不够强，需要加快弥补。为此，我们必须坚持对外开放的基本国策，奉行互利共赢的开放战略，深化人文交流，完善对外开放区域布局、对外贸易布局、投资布局，形成对外开放新体制，发展更高层次的开放型经济，以扩大开放带动创新、推动改革、促进发展。"[③]；拓展共享层面，以人民利益为出发点和落脚点，让人民群众在社会福祉增进中体会到深深的获得感。共享发展注重的是解决社会公平正义问题。让广大人民群众共享改革发展成果，是社会主义的本质要求，是社会主义制度优越性的集中体现，是我们党坚持全心全意为人民服务根本宗旨的重

---

① 《以新的发展理念引领发展，夺取全面建成小康社会决胜阶段的伟大胜利》2015 年 10 月 29 日，《十八大以来重要文献选编》（中），中央文献出版社，2016 年版，第 825 - 826 页。

② 《以新的发展理念引领发展，夺取全面建成小康社会决胜阶段的伟大胜利》2015 年 10 月 29 日，《十八大以来重要文献选编》（中），中央文献出版社，2016 年版，第 826 页。

③ 《以新的发展理念引领发展，夺取全面建成小康社会决胜阶段的伟大胜利》2015 年 10 月 29 日，《十八大以来重要文献选编》（中），中央文献出版社，2016 年版，第 826 - 827 页。

要体现。我国经济发展的"蛋糕"不断做大，但分配不公问题比较突出，收入差距、城乡区域公共服务水平差距较大。为此，我们必须坚持发展为了人民、发展依靠人民、发展成果由人民共享，作出更有效的制度安排，使全体人民朝着共同富裕方面前进。①

"五大发展论"超越了以往经济增长动力思想，将创新置于核心位置，高度注重增长质量问题，提出要在经济质量中推动绿色发展，并以此为契机倡导社会方面协调共享发展，构建社会和谐乃至世界和谐的崭新局面；"五大发展论"突破了以往固有的思想藩篱，构建了全面建成小康社会的路径，这一清晰的宏观框架体现着严谨的逻辑思路，不仅会有助于我国更好地解决前进中的道路问题，也会对世界上其他发展中国家理念构建和实践指导具有重要意义。

（七）"一带一路"倡议是习近平新时代经济思想的鲜明特点

当前全球主要国家经济都面临转型升级的历史任务，而区域合作共赢是激发潜力的重要手段。更好更深层次的研究"一带一路"具有重要的马克思主义经济伦理意义。

首先，古代丝绸之路是一条贸易之路，更是一条友谊之路。中华民族同其他民族的友好交往中，逐步形成了以和平合作、开放包容、互学互鉴、互利共赢为特征的丝绸之路精神。"一带一路"倡议，就是要继承和发扬丝绸之路精神，把我国发展同沿线国家发展结合起来，赋予古代丝绸之路以全新的时代内涵。② 这为区域内政策、基础设施、贸易、货币、民心的自由畅通提供基础保障。其次，"一带一路"建设可加大我国对外开放力度，提升基础设施建设水平。"一带一路"建设是推进我国新一轮对外开放的重要抓手，要以此带动我国东中西部梯次联动并进。③ 在东中西部梯次并进中，中西部的发展备

① 《以新的发展理念引领发展，夺取全面建成小康社会决胜阶段的伟大胜利》2015 年 10 月 29 日，《十八大以来重要文献选编》（中），中央文献出版社，2016 年版，第 827 页。

② 中共中央文献研究室：《习近平关于社会主义经济建设论述摘编》中央文献出版社，2017 版，第 270 页。

③ 中共中央文献研究室：《习近平关于社会主义经济建设论述摘编》中央文献出版社，2017 版，第 280 页。

受关注。"一带一路"建设为中西部的优势产能提供了对外开放的良好契机，开辟出新路径。习近平总书记对此给予了明确的指示，"产能合作要注重把握节奏、以我为主，注重规避贸易壁垒，把我国企业的技术、资金、管理和所在国或整个区域的市场需求、劳动力、资源等要素结合起来。我们不仅要着眼于项目，更要依托成体系项目群、产业链、经济区，在贸易、投资、技术、标准等制度建设上推进我国同沿线各国形成利益共享、风险共担、理念相通的共同体。"① 最后，我国油气和矿产资源长期以来对外依赖度较高，单一的海路通道具有较高风险。"一带一路"可以有效增加陆路进入我国的资源供给，提高能源及经济安全性。与此同时，亚投行及丝路基金等金融安排的确立也将对全球经济治理形成有益的补充。穿越非洲、环连亚欧的广阔"朋友圈"，所有感兴趣的国家都可以添加进入的"朋友圈"，是共赢的，各国共同参与，遵循共商共建共享原则，实现共同发展繁荣。② 大格局的开放式构建原则将中国与世界大多数国家联结愈发紧密，在突破少数国家对我国围堵的同时实现包容、均衡、普惠的区域合作架构。

"一带一路"建设需要我们在内政外交各层面创新理念和工作方法，习近平总书记也给予了论述。在国内，"地方要立足实际，以内外联动大视野创造性开展工作，加强相邻省份之间的协作，形成发展和对外合作的集群优势。"③要在符合国家总体目标的全局下通过倒逼转变经济发展方式提高对外开放水平，拓展改革发展的新空间。在国外，"中国将同伙伴国家一道，继续完善基础设施网络，共同确定一批能够提升区域整体合作水平的互联互通项目，研究开展大通关合作；全面推进国际产能合作，继续向各国提供优质和环境友好的产能和先进技术装备，帮助有关伙伴国家优化产业布局、提高工业化水平；加强金融创新和合作，扩大同伙伴国家本币结算规模和范围，促进沿线

---

① 中共中央文献研究室：《习近平关于社会主义经济建设论述摘编》中央文献出版社，2017版，第281页。

② 《习近平在英国伦敦金融城举行的中英工商峰会上的致辞》（2015年10月21日），《人民日报》，2015年10月22日。

③ 中共中央文献研究室：《习近平关于社会主义经济建设论述摘编》中央文献出版社，2017版，第280页。

国家离岸人民币业务发展，创新金融产品。"[1] 最后需要强调的是，要坚持内外统筹，习近平在推进一带一路建设工作座谈会上讲到，"一带一路"建设重点在国外，但根基在国内。开展合作要统筹国际国内两个市场、两种资源，特别是要重视发挥国内经济的支撑辐射和引领带动作用。[2] 只有实现国内外的双向融合才能将内外利益更好的整合到一起。

总之，推进"一带一路"建设展现了中国作为一个负责大国的胸襟和气度，彰显了习近平经济思想大空间、大视野的特点，拓展了传统经济学理论和区域发展观，即"一带一路"囊括了亚欧非陆路和海路大闭环，其大视野从根本上突破以往本位性的区域发展思路，构建了一个纵贯东西，延伸至海外的经济发展新格局。可以说，我国今后经济发展的方向在于"一带一路"倡议规则与国内区域经济协调战略相联系，双方在互动中相互借鉴，在创新中提升内涵水平，享受改革开放带来的持久制度红利。

（八）结语：习近平新时代中国特色社会主义经济思想显示出"空间张力"

中国梦的"叙事格局"与实现"两个一百年"，要求我国从经济大国向经济强国身份的转变。经济强国的重要特征就是既注重经济总量，又更加重视经济质量和效益，要在经济创新以及经济文化等方面掌握话语权，进而逐步参与全球经济治理规则的制定。

21 世纪以来，我国经济面对日益复杂多变的国内外形势，原有的经济思想显得愈发不相适应，空间回旋余地变得越来越小。习近平总书记要求各级党委和政府都要主动学习马克思主义政治经济学，更好地认识到社会主义市场经济发展规律，切实提高党和政府领导和推动经济社会发展的水平。习近平新时代中国特色社会主义经济思想蕴含了马克思主义经济伦理价值观，其思想的深邃性与实践指导意义具有很强的"空间张力"。

第七章 马克思主义经济伦理思想

---

① 《携手共创丝绸之路新辉煌》2016 年 6 月 22 日，《人民日报》2016 年 6 月 23 日。

② 中共中央文献研究室：《习近平关于社会主义经济建设论述摘编》中央文献出版社，2017 版，第 279 页。

第八章　市场社会主义的经济伦理价值内涵

第一节　市场社会主义的马克思主义经济伦理和西方经济伦理价值意义

一、市场社会主义含义的演进路径及现代解读

市场社会主义含义的演变实际上是在坚持社会主义的核心价值的基础上沿着两条路径展开的，一是计划和市场的关系问题，即公有制与市场经济相兼容的问题，这两个问题相互联系，是市场社会主义理论这一主体的两个方面。计划与市场的关系问题沿着计划模拟市场：含有市场成分的计划经济—计划与市场并存。市场在资源配置中起基础作用的路径演进，到 20 世纪 80 年代中后期，市场社会主义理论完成了从计划经济向市场经济的根本性转变；而公有制则沿着国家所有制——社会所有制——混合所有制的路径演进，当代市场社会主义者认为公有制是实现社会主义目的的手段，而不是目的本身。

（一）社会主义的价值和目标

社会主义理论和实践的发展缘起于资产阶级通过占有生产资料剥削工人阶级，两极分化从而使社会矛盾急剧激化。资本主义一开始就已经产生了大众贫困，在工业化之前的现代化早期阶段，整个欧洲陷入了但丁笔下的地狱

一般的贫困境地，其深度和广度均史无前例。"马克思关于向社会主义过渡的见解乃根基于工人阶级的物质利益之中，他看到，由于资本主义危机不断，工人阶级所受剥削日益严重。"[1] 正是基于这种历史，马克思开始了对资本主义制度的深入研究，并由自由主义者转向了共产主义者。可以说，社会主义思想之所以赢得千千万万人的信仰和追求，直至今日它仍是许许多多不同社会运动与意识形态令人振奋的旗号，原因就是因为它承诺将带给人们一个摆脱物质束缚和政治压迫和人人平等自由的新社会。

市场社会主义者"仍然坚持某些核心的社会主义理念"，[2] 尝试把市场社会主义描述成为实现社会主义目标的最佳方案，试图阐明市场社会主义是一种能够提供最优经济效率与高度民主的社会制度，并在此制度中实现某些既有的、为人珍爱的社会主义价值目标，诸如平等、公平、自由、自主、社会公正、充分就业等，威斯考普弗认为社会主义有四个目标：分配更加平等、民主程度更高、社会更加和谐、更大的社会理性。[3] 罗默强调社会主义的本质和目标就在于机会平等，认为社会主义应该在"自我实现和福利、政治影响、社会地位"三方面获得平等的机会。[4] 布鲁斯和拉斯基将社会主义从以公有制为基础的完整的经济制度修正为以追求公正与社会福利为目标的价值观与经济政策。

（二）计划与市场

社会主义国家的实践表明，计划经济是一种低效率的制度安排，它严重压抑了个人的自由选择与体制内创新的动力。计划经济体制虽然在短期内促进了国家工业化发展，但却是以严重的经济结构扭曲与资源消耗为代价的。从长期来看，计划经济既不是有效的资源配置机制，更不是可持续的经济发

---

① ［英］索尔·埃斯特林、尤里安·勒·格兰德：《市场社会主义》，经济日报出版社，193 年，第 28 – 29 页。

② Miller, market, state and community: theoretical foundations of market socialism", oxford: clarendon, 1989, p. 9.

③ Pranb and romer, market socialism: the current debate, oxford: oxford university press, 1993, pp. 120 – 145.

④ Reomer, a future for socialism, cambridge: harvard university press, 19494, pp. 11 – 17.

展模式。因此，从 20 世纪 30 年代的"兰格模式"开始，各社会主义国家就对计划和市场的关系进行了探讨，试图引入市场机制提高来经济效率，东欧剧变后各国开始了向市场经济的全面过渡。

"市场社会主义者首要的、最基本的、也是最为消极的前提是，在一个尊重多样化和经济效率的发达社会里，没有其他选择能够代替市场。"① 市场最突出的特点可是它能够使经济效率的最优化。索尔·埃斯特林、勒·格兰德和温特认为，市场提供了一种协调分权化经济决策的最有效方法，它们是处理信息的最佳工具，同时也提供了根据处理结果办事的激励机制，它们鼓励生产工艺和商品本身的发明创新，以及使经济权力分散。市场能够激励人们按照社会的要求行事，这并不需要中央指导。罗默毫不含糊地说，"在正常条件下（包括企业的竞争环境）实现利润最大化会带来有效率的资源配置。在企业不以追求利润的先例。"② 因此，市场和社会主义不应成为相互对立的两极，而在最大化为目标的情况下应把两极统一起来，一个庞大的经济可以成功运行，就要使市场成为一种手段，社会主义者将运用市场这个手段去实现社会主义的目的及价值目标。

(三) 市场社会主义中的所有制

马克思、恩格斯设想的公有制形式是单一的社会所有制形式，即全部生产资料归整个社会全体劳动者共同占有，全体劳动者变成为生产资料的所有者和主人从而消除了劳动者和生产资料的分离状态。但在社会主义的实践中，社会主义国家在建立初期无一例外地照搬苏模式实行国家所有制。公有制是一种低效率的制度安排，由于价格扭曲、产权不清、外部经济与不经济、政企不分等现象的存在，同时也由于公有制企业里个体利益和集体利益、国家利益的背离，公有制企业的所有权制度未能提供很好的激励机制，公有制企业效率低下就成为必然的结论。正因为如此，当代市场社会主义理论家纷纷

---

① 索尔. 埃斯特林，尤里安. 勒. 格兰德：《市场社会主义》，经济日报出版社，1993 年，第 107 页。

② 索尔. 埃斯特林，尤里安. 勒. 格兰德：《市场社会主义》，经济日报出版社，1993 年，第 110 页．

抛弃了公有制这一社会主义的要义。

布鲁斯对国有制提出了尖锐的批评，"生产资料（除极少数例外）直接集中在国家手中，国家在社会经济生活的各个领域中处于垄断者地位，它无情地控制着社会的每个成员，无论是生产者还是消费者。"[1] 20 世纪 80 年代他指出，社会主义所有制应该是社会所有制，东欧剧变后，他又指出，只有建立混合的所有制结构和足够数量的非国有经济，才能产生具有竞争性的市场关系，形成真正的资本市场。捷克斯洛伐克的奥塔·锡克既反对私有制，也反对国有制，又提出了资本中立理论。匈牙利经济学家里斯卡提出了"个人所有制"，并试图实现公有制和市场经济的兼容。南斯拉夫的自治社会主义理论认为，国有制只是公有制的低级形式，国家所有制应当向社会所有制过渡，而自治则是社会所有制的本质特征。

随着社会主义的发展，人们在探索社会主义所有制的各种实现形式，如美国芝加哥大学教授施韦卡特提出企业的财产归全社会所有，国家和工人都不该拥有企业；美国经济学家罗默提出的证券所有制认为，要将全国所有国有企业的资产以证券形式平等地分配给所有成年居民；米勒提出把国有企业或私人企业变为一些竞争性的控股公司，由它们出资建立合作社，而且生产一旦开始，合作社就完全实行自治，工人民主地控制企业而不拥有企业。法共理论家博卡提出，在未来社会主义经济中，所有制结构是社会所有制同集体所有制和私人所相结合的混合所有制，企业实行资本效益标准和社会效益标准相结合的管理制度，以保证效率与公平两者兼顾。

市场社会主义含义的演变实际上是在坚持社会主义的核心价值的基础上沿着两条路径演进的，一是计划和市场的关系问题；一是公有制与市场经济兼容 的问题。这两个问题相互联系，是市场社会主义理论这一主体的两个方面，计划与市场的关系问题沿着计划模拟市场——含有市场成分的计划经济——计划与市场并存——市场在资源配置中起基础作用的路径演进，到 20 世纪 80 年代中后期，市场社会主义理论完成了从计划经济向市场经济的根本性转变；而公有制则沿着国家所有制——社会所有制——混合所有制的路径演

① ［波］弗·布鲁斯：《社会主义所有制与政治改革》，华夏出版社，1989 年，第 58 页。

进，当代市场社会主义者认为公有制是实现社会主义目的的手段，而不是目的本身。因为有了值得人们特别是市场社会主义者珍视的社会主义价值和经济目标，市场社会主义者才没有抛弃社会主义的内核；而要变革传统的社会主义，是因为给计划经济与市场经济带来巨大差异的经济效率。有了这个基础，我们就可以对各种市场社会主义的定义做出评判，进而提出我们的界定。

罗默和巴德汉、布鲁斯、斯蒂格利浅、格雷龙里和斯图尔特以及英国《不列顺百科全书》在给市场社会主义的定义中均认为，市场社会主义以公有制（国有制和社会所有制）为主要学术特征的事实已不能涵盖当代市场社会主义的内涵与外延。在众多市场社会主义的含义中，布鲁斯在《新帕尔格雷夫经济学大辞典》中的定义被公认为是最具广泛影响的、最权威，然而在仔细考察市场社会主义的发展历程和其产生的各类模式，却发现这种定义与具体实际情况并不相符。早期形态的市场社会主义，无论是布鲁斯或锡克模式和兰格模式，乃至于科尔奈模式，都是在传统的计划经济的框架内在公有制内运用市场，使得计划模拟市场或市场和计划并存，而当代的市场社会主义模式从其产生的时代背景到基本特征均与前期形态有了很大不差异。当代市场社会主义者强调市场所发挥的主导作用，指出只有在市场不能奏效的领域才运用政府干预，在所有制问题上少有人主张国有经济，而是采取劳动合作组织形式"雇用资本"，或强调构建混合所有制，突出了分配平等要求或福利共享。因此，布鲁斯在定义中使用笼统的公有制与市场概念，显然无法具体和准确地界定不同时期产生的市场社会主义的基本特征，而斯落格利茨认为在市场社会主义中政府应占有生产资料，这回归了传统社会主义体制。罗默和巴德汉认为市场社会主义是社会主义与资本主义的混合物，强调的是资本主义与社会主义的融合趋势。而作为区别于其他事物的市场社会主义，其特征并不十分明显。拉丁文的定义仅是强调了市场社会主义的优越性，并算不上严格的学术规范的定义，匈牙利的经济学教科书和认为，在市场社会主义中，日常的经济管理主要由市场机制发挥作用，资源配置由中央计划体系来决定，这一定义显然是对过去匈牙利和南斯拉夫实践所做的概括与描述，而这并不符合当代市场社会主义的实践。在现代市场社会主义模式中，社会主义不再是对生产方式管理的程度和国家所有制，国有制和对生产控制的这种理念已被抛弃。新的理念是以市场经济为基础的有限的产权操作、国家计划及相应制度设计，而这一切努力都是为了取得比资本主义社会更大的工人自治以及更平等的分配，同时减少对财富生产的阻碍。换言之，今天的社会主义拥抱了被马克思称为庸俗社会主义的分配论，同时他们认识到了干预主义的经济成本与效率。[①]

纵观各种市场社会主义的种种定义与模式，虽然学界对市场社会主义的界定各不相同，但至少以下几点是具有很强的共性：把市场视为实现社会主义、实现公平分配的手段，目的是实现竞争公平、效率最优以及最公平的分配，最终实现社会主义防止权力过分集中，阻止政府向官僚主义化演变，促进民主化发展进程，进而实现劳动者自治，防止劳动异化的出现。因此，市场社会主义的核心就是将市场机制与社会主义结合起来，并利用市场机制来实现社会主义的目的。市场社会主义就是社会主义经济制度与市场机制相结合，运用市场机制来实现社会主义的目的。从这一概念表可以看出，市场社会主义是一个二阶概念，它表示市场社会主义是在一种能够提供最优经济效率的社会制度中充分实现社会主义的价值与目标。社会主义的价值与目标是分配平等、社会公正、自主自由、充分就业等，而市场能够使经济效率最优化。简言之，市场社会主义就是平等加效率。市场社会主义包含将社会主义与市场机制相结合的各种社会主义经济理论及其经济制度，而不论其结合的程度。从20世纪30年代兰格提出的"竞争的社会主义"经济理论到20世纪90年代以来西方国家出现的各种将社会主义经济原则与市场经济相联系的经济理论，都可以归入市场社会主义理论；前南斯拉夫和牙利等东欧国家在20世纪50－60年代进行社会主义经济改革后形成的经济体制以及20世纪90年代以来由计划经济向市场经济过渡的转型国家，都是市场社会主义经济体制。

二、市场社会主义概念、特征与马克思主义经济伦理价值

市场社会主义从经济学角度来讲，是一种在"社会主义"条件下的资源

---

① ［波］布鲁斯：《社会主义所有制与政改革》，华夏出版社，1989年，第490页。

配置的学说。历史上，西方众多的"社会主义"学者和经济学家对其都进行过深入的探讨，形成了各具特色的研究成果，这与马克思主义经济伦理具有或多或少的关联。具体可以归纳出以下定义：

第一，作为一种经济制度的市场社会主义，它混合了资本主义和现存社会主义的实践成果。在这样的一种制度中，全社会的共同利益将在全体人民中进行尽可能地平均分配，这是一种将社会主义和市场体系结合的制度保障。第二，由于消费者和政府偏好的差异性导致消费者和生产者划分标准存在差异，以此构建个体和国家所有制形式。市场社会主义定义为能够体现消费者主权的、以公有制企业为主的市场体制，即市场公有制度或市场导向社会主义。第三，市场社会主义首先是一种经济理论，其次这种经济体制的生产资料为公有性质，但在资源配置中则遵循市场规律。社会主义经济在实践中表现为一是中央通过金融等相关刺激政策取代行政命令而对所生产的产品进行实物化计划分配。第四，市场社会主义将处理好社会主义目的和市场手段的关系。市场社会主义就是社会主义目的的市场化。市场作为一种特殊的经济形式，在经济资源配置、配置经济权力以及经济协调层面将发挥基础性作用，它也是协调商品和服务生产供应的工具，是人们做出消费选择的工具。社会主义的目标是基于消除现存资本主义社会弊端而努力完成的系列目标，如消灭剥削，实现群体以及个人之间在经物质利益和精神利益方面的最大限度地平等，满足人的最基本物质和精神需要，而现实诸多社会主义学派将目的与手段混淆了。市场社会主义既设定民主、平等、团结的社会主义目标，也提出市场经济效率的重要作用，这是一个以市场为中心的包罗万象的社会主义。第五，市场社会主义专指东欧社会主义经济模式，其特征是共产党领导下的公有制主体地位，在价格层面则由社会主义计划价格决定，投资则是中央直接决定。虽然有些专家认为公有制企业并非市场社会主义所有制的唯一形式，但大多数人对国家或多或少控制企业表示赞同，如将市场社会主义看作工人参与管理经济的合作社社会主义模式。

总结上述市场社会主义概念定义可以看出，市场社会主义是将社会主义视为目的状态的程序性制度，市场作为手段可以应用于资本主义或社会主义的任何一种经济社会制度。因此，市场与社会主义具有很强的兼容性，即公有制经济关系体现在如何处理与资本主义、社会主义经济关系，探讨社会主义经济价值取向如何与市场价值取向相配合的问题。对此，马克思主义经济伦理学和西方经济伦理学从各自不同视角都给予了解读：

马克思主义经济伦理研究的核心问题包括物质利益问题、未来理想社会的经济伦理品质以及以人为本的经济伦理发展观三大问题。这些问题的研究与市场社会主义的价值目标具有很强的耦合性，从此视角进行研究具有重要的理论和实践意义。具体而言：

第一，关于市场社会主义与马克思主义经济伦理中的物质利益问题。市场社会主义在定义中蕴含着全社会共同利益在社会中最大程度平均分配的思想。马克思主义经济伦理思想指出，道德与一定经济社会条件相联系，是特殊的社会意识形态。由于其本质地反映着社会物质关系，所以社会意识形态由此所决定。与此同时，道德在调节人与人及人与社会关系时发挥着重要作用，其基础就在于对利益的理解，重点在于对个人利益的解读。马克思主义经济利益观指出，集体利益是个人利益的保障，从这个角度讲，市场社会主义的定义注重全社会共同利益，马克思主义经济利益观更加看重集体利益的重要性，二者经济伦理价值具有较大的相似性。

第二，关于市场社会主义与马克思主义经济伦理中的未来社会经济伦理品质问题。市场社会主义在定义中明确指出，未来理想社会的目标在于革除资本主义社会在经济层面的弊端，并在此基础上实现消灭剥削，争取经济主体在利益方面的平等化，达到人的基本需要的满足。马克思主义经济伦理在对未来理想社会与市场社会主义未来社会构想有相似之处，但在很大程度上超越了市场社会主义对未来理想社会的认识。马克思毕生的研究重心在于从科学的角度批判资本主义的不合理，批判资本主义社会经济伦理失范现象，由此推出未来共产主义社会的伦理特质。马克思主义认为，共产主义社会分为两个阶段，一个是生产力发展水平仍然较低的社会主义建设阶段；一个是生产力发展水平较高的共产主义阶段。在共产主义社会中，社会生产力将获得高度发展，共产主义所有制将取代私有制，旧的社会分工也将消失，国家终将消亡，各尽所能、按需分配将成为共产主义分配原则，其中蕴含着人的全面自由发展。这包括两层含义：一是人的全面发展，即人的个性和潜能等需要都能得到满足；二是人的自由发展，即人们有选择从事各种职业的自由来发展的自身的事业和兴趣爱好。只有这样才能实现物质文明与精神文明的统一，自我价值才能得以实现。由此可见，一方面，市场社会主义内涵中所追求的满足人的基本需求与马克思主义经济伦理所呈现出的发展观相吻合，马克思主义经济伦理的第一层含义就是发展观；另一方面，马克思主义中人的全面自由发展则不仅包含了市场社会主义所提到了满足人的基本生存需要，而且更加强调人的全面自由发展，这是对其思想的超越。

市场社会主义对社会主义与市场的结合研究探索了很长时间，形成了众多的、各具特色的理论模式。尤其是东欧剧变后，其流派愈发体现出多样化的趋势，但无论如何变化，市场社会主义各流派的共同特点却是十分鲜明的。本书也将分别从马克思主义经济伦理视角和西方经济伦理视角分别对其进行阐释。

第一，市场社会主义的改良主义方案。不同于其他社会主义流派，市场社会主义的政治目标有两倾向。一是在传统社会主义国家的计划经济体制内引入市场机制；一是在资本主义私有制的基础上主张国家调节思想。无论哪种目标倾向，都不能忽视市场社会主义的改良主义性质。尤其是如何在资本主义社会的基础上如何发展以民主、自由、平等的社会主义价值取向体现得更为明显。马克思主义从政治经济学角度批判了资本主义社会的基本矛盾，强调未来共产主义社会实行公有制，这在某种程度上说明市场社会主义计划经济体制内公有制的合理性。而市场社会主义的资本主义改良主义性质在马克思主义经济伦理看来则与其未来构建的理想社会根本不同，资本主义私有制基础上的国家调节只能缓解资本主义基本而非从根源上解决资本主义社会的基本矛盾以及人与人之间的"异化"关系。事实上，市场社会主义妄图使资本主义社会中的既得利益集团主动放弃既得利益，如从以私有制为主的社会变为公有制为主的社会，在不依靠任何外力的情况下注定了其乌托邦性质。

第二，市场社会主义的市场主导特征。市场社会主义强调"市场"的主导地位，认为市场与社会主义结合在一起才能实现社会主义改治经济等众多目标。马克思主义经济学也指出了市场的重要作用。社会主义经济运行需要市场发挥重要作用，传统社会主义经济运行以计划经济为主，现代经济运行规律需要发挥市场机制的积极作用，并将计划手段作为弥补市场失灵的辅助手段。如社会主义国家的宏观调控要体现在调整垄断行业的价格，对各种要素市场通过财政和货币政策来引导各参与主体按照经济规则参与相关经济活动，弥补市场失灵。

第三，市场社会主义厘清社会主义目的和手段的关系。市场社会主义分清了社会主义目的和手段的关系，主张将社会制度与资源配置形式分开。马克思主义经济伦理价值告诉世人，计划经济不等于社会主义，资本主义也有计划；市场经济不等于资本主义，社会主义也有市场。所有制不是区分社会主义与资本主义的本质特征，要寻求将公平与效率相结合的社会主义所有制形式。

第四，市场社会主义主张所有制结构多样化。市场社会主义主张公有制在所有制结构中占有优势地位，但私有制也要占有一席之地，多样化的所有制实现形式有助于保证效率与公平的经济伦理价值目标。马克思主义经济学指出，社会主义公有制既要追求公平的价值目标，也要争取以经济利益最大化为目标的市场经济效率准则。虽然社会主义不同发展时期对公平与效率的侧重点不同，但都将这两点作为研究与践行的重点。

三、市场社会主义概念、特征与西方经济伦理价值

在西方社会，经济与道德的关系问题长期以来就是研究的重点，形成了诸多观点和学派。西方经济学界和伦理学界至今仍然对二者关系有着很多不同看法。争论的焦点集中于经济运行规律与道德在其中应发挥的作用。

资本主义的不同发展阶段孕育出了不同时期市场经济中伦理关系。尤其是近代资本主义市场经济关系快速发展背景下爆发了愈发突出的经济道德领域问题。欺诈、自私、贪婪等丑恶行径严重侵蚀市场经济肌体，最终将损害人类长远利益。在此背景下，现代市场经济在取得巨大进步的同时也要求经济道德相应发生积极变化，对此，西方经济学界和伦理学界进行了深刻的阐释，对经济伦理精神做了清晰的归纳总结为以下两点：

第一，人的生存与发展是市场经济条件下的首要工作，所以必须将个人利益置于重要位置。在经济领域中，人的利己性是参与经济活动的动力来源，

而对短期经济利益的追求则是人性利己的主要表现。只有尊重个人私利才能保证最终实现经济互利。个人对自身经济利益的追求是对社会利益追逐的源动力，这也是社会整体的最高经济道德。这是因为，每个人需求的无限性与资源有限性之间的矛盾决定了只有分工合作才能满足自身的利益需要。因此，个人利益与社会利益具有一致性。相应地，符合个人经济道德的价值取向将很大程度上促进社会公共利益的发展。经济自由主义告诉世人：资产阶级个人利益的维护是社会最大多数人共同利益实现的最大保障。经济自由主义反对国家干预经济，认为资产阶级对经济利益的追求是生产力发展的决定性因素，资产阶级的利益与社会整体利益相一致，人们的幸福感也来源于此。

第二，西方经济伦理思想认为，政治经济学以人为研究对象，是满足人的物质和精神需要的学科，而心理因素是影响其研究成效的关键。西方经济伦理也将人的需要放到首位，从人的个体经济活动为研究出发点，提出人本主义经济伦理倾向。人本主义经济伦理思想首先是指要以利己为基点兼顾利他的特点并在此基础上抨击资本主义社会的弊端。在依靠手段上提出，国家积极干预经济活动十分必要。目的在于一方面，政府要通过消除大规模失业、摆脱经济萧条，保障社会财富的正常增长；另一方面则需要保证私有权利不被侵犯。具体而言：国家通过扩张性财政和货币政策，以增加公共物品供给为刺激有效需求的手段，实现充分就业，以缓解周期性经济危机的不良影响。不仅如此，还要正确看待节俭与消费之间的关系。在充分就业的条件下，消费的增加会通过储蓄率的变化影响资本积累，因而不利于个人和社会经济利益的增加，而在非充分就业的条件下，消费将有利于资本积累，因此，节俭反而会导致贫困。其经济伦理价值在于功利主义幸福观专指所有人的幸福，存在着人与人之间的公平，这就需要政府在其中发挥平衡个人利益与社会利益的作用。

西方经济伦理学发展过程中始终贯穿着实用主义思想，在个人利己主义的基础上探讨经济效率、以人为本、分配公平、政府作用及其实现手段等具体问题。作为诞生说西方社会经济土壤中的市场社会主义理论学说自然与其有着千丝万缕的联系。具体而言：

第一，关于市场社会主义与西方经济伦理学说中的个人利己主义问题。市场社会主义定义指出，市场社会主义要基于满足人的基本物质和精神需要，提出体现消费者主权的经济体制。从此可以看出，市场社会主义消费者的利益放置于重要位置，其实质是个人利益的位置问题，所折射出的经济道德就在于个人利己主义。西方经济伦理思想的核心在于要保证个人利益神圣不可侵犯。通过保证私人利益来促进分工合作的形成，进而保障社会整体经济利益的提高。因此，市场社会主义关于利益方面的定义其实质是西方经济伦理思想中关于利益学说在此社会主义流派中的反映。

第二，关于市场社会主义与西方经济伦理学说中的效率和公平问题。市场社会主义中折射出效率与公平的价值取向。如，一方面，市场社会主义提出以市场为中心，资源配置要遵循市场规律，这可以看出其理论学说追求经济效率的价值取向；另一方面，市场社会主义提出全社会的共同利益要在全体人民中尽可能平均分配，通过生产资料公有性质保证部分产品按实物计划分配，目标是实现个体及群体之间在经物质利益和精神利益方面的最大限度的平等。西方经济伦理学说中效率与公平的论述是其核心内容。经济伦理学视域中的效率包括经济价值、社会价值和道德价值等多重价值在内的社会综合性肯定效应，它不仅表现在社会生产上资源投入与产品产出的高比例，而且表现在市场分配、政府调控和道德调节在内的社会公平分配所带来的社会经济持续增长、社会秩序的良序稳定、充分就业、物价稳定、社会福利的普遍提高、个体公民生活水平的普遍提升等综合指标方面。也就是说，效率应该是社会综合效率，既包括经济效率，也包括政治效率、道德效率等多个方面。经济伦理视域中将公正界定为通过合法的社会制度安排和利益调节机制或方式，对社会经济生活中的权益与责任的公平分配和合理调节，以及与此相应的人们的正义感和正直品格。无论是产生于西方经济思想土壤中的市场社会主义思想还是西方经济伦理思想的发展过程，西方经济学家更多地强调效率与公平的对立性。他们认为经济的效率与规模之间是正相关关系，经济的规模越大，经济效率越高。要求平等就会在一定程度上牺牲效率，要提高效率，就必须牺牲一部分社会成员的利益。但市场社会主义也提出公正和效率都有价值，解决二者的矛盾冲突就需要彼此妥协，就是要通过在全体社会成员的计划分配思路体现其社会主义理论特色。

市场社会主义在其发展的历史过程中形成了众多的学派，也愈发体现出多元化的特征。但在其理论与实践日益多元化的同时，我们也应看到，各流派对市场社会主义本质特征的把握却具有很大的相似性。市场社会主义产生及发展于西方经济社会文化条件，西方经济伦理思想的核心内涵与其有着极大的耦合，二者的相关性十分明显。

第一，市场社会主义的市场主导特点体现了西方经济伦理学说中的效率观点。市场经济以价格机制为调配资源的主要方式，其最大的特点在于引导资源合理配置，提升经济效率。西方市场经济的核心就是市场主导下的各种经济模式，其理论价值的出发点甚至是落脚点也在于效率问题，二者在此问题上理论内涵具有一致性。

第二，市场社会主义的改良主义方案体现了西方经济伦理学说中的公平观点。市场社会主义的目标就是要实现一方面改良传统社会主义国家的计划经济体制；另一方面，保留私有制基础上的国家宏观调控。这说明市场社会主义具有改良主义性质。此外，它还通过厘清社会主义目的与手段的关系来明确社会制度与资源配置形式。无论是改良主义方案还是对社会主义目的与手段关系的论述都体现出如何在资本主义社会条件下关注经济社会公平正义的价值取向。

第三，市场社会主义多元化所有制结构主张体现了西方经济伦理学说中效率与公平结合的思想。市场社会主义主张公有制与私有制在所有制结构中各占据一定的位置，并强调要突出公有制的地位。其蕴含的经济价值就是在保障市场经济效率的同时尽可能明确公平正义的意义。西方经济伦理思想在效率与公平的关系问题上更加强调二者关系的对立性，从这可以看出市场社会主义具有理论先进性。

第二节　市场社会主义理论的经济伦理学解读

一、市场社会主义的所有制理论

市场社会主义是将市场与社会主义"联姻"在一起的理论体系与实践，

运用市场来实现社会主义的目的。① 根据市场和社会主义的结合情况，从 20 世纪 30 年代兰格模式诞生至今市场社会主义经历了四个发展阶段：20 世纪 30 - 50 年代计划模拟市场模式，20 世纪 50 - 80 年代计划与市场并存的分权模式，20 世纪 80 年代市场主导的市场社会主义模式，东欧剧变后的新市场社会主义模式。无论哪个发展阶段，市场社会主义都围绕公有制与市场经济兼容的主题，形成了向市场经济方向演进的各具特色的所有制理论。

（一）计划模拟市场模式中的所有制理论

20 世纪 20 - 30 年代是市场社会主义形成时期。1920 年新奥地利学派的领导者米塞斯在其《社会主义制度下的经济计算》一文中指出，社会主义消灭了私有制度，否定了市场经济，因此社会主义既不可能有经济计算，也不可能合理地配置资源。文章发表后就遭到了许多经济学家的批驳，其中最为著名的就是波兰经济学家奥斯卡.兰格。后经过泰勒、兰格和勒纳的不断修订以及系统论述，逐渐形成了第一个完整的市场社会主义模式，即计划模拟市场模式，亦称兰格 - 泰勒 - 勒纳模式，简称兰格模式。所有制理论是兰格模式的重要组成部分，其主要思想是：国家所有制占据统治地位，但允许小型工业与农业中的生产资料私有制；中央计划机构通过"试错法"模拟市场制定价格，企业与个人在此基础上进行决策。

计划模拟市场模式认为公有制能实现收入分配公平并使社会福利最大化，同时公有制经济比资本主义私有制经济更有效率。兰格系统阐述了公有制的三大功能：一是避免与私营企业联系的许多社会浪费。基于私营企业的经济制度只能很不完全地考虑牺牲了的和在生产中实现了的各种不同选择。最重要的选择如生命、安全和健康，被牺牲掉了而未算作生产成本。社会主义经济能够把一切不同选择记入经济会计，因此它会评价为生产提供的一切服务并将所牺牲了的一切选择记入成本账，这样做它会避免与私营企业联系的许多社会浪费。二是公有制的收入分配能使社会福利最大化。三是公有制经济比私有制的资本主义经济更有效率，只有废除私营企业和资本与自然资源私

① ［英］埃斯特林 格兰德：《市场社会主义》，经济日报出版社，1993 年，第 1 页。

有制，才能成功地排除经济停滞和生产要素失业的倾向。[1]

计划模拟市场模式主张社会主义要实行国家所有制，但并不主张社会主义国家废除小型工业和农业中生产资料的私有制；同时认为，社会主义经济中的私人生产者所有的生产资料不能大到在收入分配中造成很大不平等的程度。[2] 兰格探讨了从资本主义私有制向社会主义公有制转变的方法与形式，他主张社会主义国家立即从各产业和银行的社会化开始其过渡，同时以准确的方式宣布，不明确包括在社会化措施内的一工发财产和企业仍然留在私人手里，并保证它的绝对安全。美国经济学家阿马. P. 勒纳所设计的统制经济中存在国营和私营两种经济成分，国有经济以为社会谋福利为己任，而私营经济则在利润动机的推动下进行生产和经营，真正的社会主义是公私共存的统制经济。公共利益是断定任何工业应当集体化或被私人企业所有的标准。[3]

在这一模式假设中，社会主义经济中存在劳动力市场和消费品市场，由于生产资料归社会所有，因而生产资料市场不复存在，但中央计划机构可以根据"试错法"模拟市场，通过模拟市场制定和调整生产资料的价格，经过一系列的"屡错屡试"的程序，中央计划机构最终能制定出一套不仅使一种产品，而且使所有产品都相等的"均衡价格"体系。由于中央计划机构地整个经济体制动态的了解要比私人企业广泛得多，所以中央计划机构通过"试错法"实现的经济均衡比真正的市场调节要快得多。[4] 美国经济学家弗雷德. 泰勒指出，国家执行管理生产的职能，通过国家有关机构直接指挥或组织生产经营，不断调整产品产量和价格，通过"反复试验法"，社会主义必然有合理的经济计算而达到社会资源的最优配置。在模拟市场中，政府应该设置公

---

[1] oskar lange "on the economic theory of socialism：part two", the review of economic studies, vol. 4, no 2 (feb., 1937), pp. 126 - 128.

[2] oskar lange "on the economic theory of socialism：part two", the review of economic studies, vol. 4, no 2 (feb., 1937), pp. 133.

[3] oskar lange "on the economic theory of socialism：part two", the review of economic studies, vol. 4, no 2 (feb., 1937), pp. 141.

[4] oskar lange "on the economic theory of socialism：part two", the review of economic studies, vol. 4, no 2 (feb., 1937), pp. 67.

平的环境和条件，以鼓励私营经济和国有经济为提高劳动生产率而进行的竞争。

兰格模式开启市场社会主义理论研究的先河，这具有划时代的意义。它提出要坚持公有制的主体地位并允许小型工业和农业中的生产资料私有制，同时初步提出了设置公平的环境和条件以鼓励国有经济和私营经济为提高生产率而进行竞争，这是治理经典社会主义国家实行单一公有制以致效率低下的一剂良方。但是，计划模拟市场模式中的市场仅仅是模拟的，而模拟的市场并不是真正的市场，因而模拟市场不可能真正发挥市场机制所具有的功能，同时模拟市场在操作上存在一系列技术上的困难，不可能使模拟价格与市场均衡价格相等，通过"反复试验法"很难有合理的经济核算和资源配置，因而计划模拟市场模式的所有制理论需要进一步发展。

（二）分权模式中的所有制理论

苏联、东欧社会主义国家领导人和经济学家主张的分权模式是在计划经济框架内充分发挥市场机制作用的模式。而分权模式所有制理论的主要内容是：现实社会主义国家中的所有制理论是错误的，社会主义国家应该实行的所有制是社会所有制；社会所有制形式要在整个国民经济中占据统治地位的基础上，承认多种经济成分的并存和共同发展；要承认企业的独立利益，大幅度地减少国家对企业的控制，扩大企业生产经营的自主权。

分权模式赋予国有制"社会所有制的特征"，从而使社会主义国家的生产资料所有制能够符合社会所有制的两个基本标准：对所有制对象的靠必须是为了社会利益；所有制对象必须是由社会来加以处置。① 布鲁斯认为，生产社会化必然要求产生与之相适应的生产资料的社会化，生产资料的社会化形式是社会所有制。建立社会所有制的根本目的是克服劳动的异化，消除所有权与劳动者的分离和对立。社会所有制的含义就是不属于任何人而属于每个人，

---

① 布鲁斯：《社会主义所有制与政治体制》，华夏出版社，1989年，第28页。

既是集体的又是个人所有制。① 社会主义经济的基本特征之一就是对集体使用的生产资料拥有的共同决策权与共同支配权，也就是生产资料的社会所有制。具体来看，它主张国家首先把社会所有财富平均量化给每个公民，使社会公共的财产同时成为每个人的个人资产，形成社会所有制形式在整个国民经济中占据统治地位的局面，同时在以物质利益为条件的计划经济条件下，承认多种经济成分的并存与共同发展。

分权模式实行一般或日常的微观经济决策分散化操作，即由企业主要依据市场机制自主决策。中央计划指标不再完全地同企业计划紧密相连，它只注重于基础结构中最主要的部门的计划控制，而其他大部分部门的生产经营计划由企业自行做出。② 锡克认为，社会主义的公有制使社会主义经济可以按照整个社会的计划来管理，但社会主义的计划性并不表明劳动者的劳动就是直接劳动，因而社会主义市场关系必然产生。卡德尔主张在经营方式上彻底实行非国家集权化和"分散的国家集权主义的方针"，改指令性计划为自治社会计划，把社会计划建筑在符合市场经济客观规律要求基础之上，实行企业自治和劳动者自主。苏联经济学家利别尔曼建议中央不再对企业实行指令性的直接管理，而是运用经济调节手段对企业进行间接管理；把所有权从国家经营管理机构中划出去，直接交给一些较大的企业。③ 匈牙利经济学家科尔奈认为企业的财政预算约束应该是硬性的，国家分享企业利润的比例以法律形式确定。蒂博尔主张国家以信贷市场为中介，通过市场竞争将社会资产按照均衡利率承包出去，由能向社会提供最大效益的人来支配和经营，承包经营者通过银行系统向社会资本的所有者支付利息，缴纳利息后的剩余部分计入其账户，归承包者所有。

分权模式的所有制理论继承和发展了兰格模式，提出了在计划经济条件下承认各种经济成分的并存与共同发展。中央计划只侧重于基础结构中最重要部门的计划控制，企业主要依据市场机制自主决策，并且分权模式还探索

---

① 徐胜希：《卡德尔及其社会主义自治理论》，《国外社会主义研究资料》（第二辑），求实出版社，1984年，第315页。
② 布鲁斯：《社会主义经济的运行问题》，中国社会科学出版社，1984年，第142－144页。
③ 范恒山：《国外25种经济模式》，改革出版社，1993年，第223－224页。

了所有权与经营权两权分享的实现形式。但在分权模式中，由于市场是的不完全的性导致国家对企业的干预依然十分严重，企业的预算软约束问题无法得到解决，因而由分权模式过渡到市场主导模式就成为市场社会主义理论和实践发展的必然选择。

（三）市场主导模式的所有制理论

市场主导模式下的市场社会主义理论是市场与社会主义"联姻"的结果，这一阶段的市场社会主义者在各自的模式中设计了诸多所有制形式，明确提出了社会主义应当建立混合所有制结构，但要让国有制或集体所有制占主导地位，而且也不应该存在大规模的生产资料私有制，企业的运行要以市场机制为基础等。

市场主导模式的所有制理论对现实社会主义国家实行的国家所有制进行了批判，并在此基础上论述了公有制存在的必要性和与必然性。英国经济学家亚历克·诺夫认为，苏联在所有制结构上追求片面单一的公有制，特别强调了生产资料的国有制形式而绝对排斥任何规模的私有经济，致使经济活动僵化，产品结构畸形，产品质量低劣，经济效率低下。因此，社会主义不能容忍私有制肆意发展，但也不等于消灭一切私有制。市场主导模式认为，公有制是生产关系中积极自由实行平等分配的最可行的途径。[①]英国经济学家索尔·埃斯特林认为工人合作社可以消灭资方对劳方的剥削，具有民主的性质和增进效益的潜能，并且工人合作社要比资本家的企业更为平等。[②] 英国经济学家戴维·米勒认为工人合作社可以把市场效率的长处和社会主义的人道的与平等的目标结合起来。美国新制度学派代表人物约·加尔布雷斯认为，政府必须摆脱计划经济的束缚，实行公有制，以保证公共目标的实现。

在市场主导模式下的市场社会主义学者们在自身的模式中设计了各种所

---

① ［英］索尔·埃斯特林，尤利安·勒·格兰德：《市场社会主义》，经济日报出版社，1993年，第98页。

② ［英］索尔·埃斯特林，尤利安·勒·格兰德：《市场社会主义》，经济日报出版社，1993年，第18－19页。

有制形式，并明确提出了社会主义应当建立混合所有制结构，然而国有制或集体所有制占主导地位，不存在大规模的生产资料私有制。在英国，合作社有着悠久的历史传统，因此，英国经济学家米勒、埃斯特林和戴维·温特认为合作社是"最适宜的形式"，合作社的主要特征是把国有企业或私人企业变为竞争性的控股公司，由它们出资建立合作社。加尔布雷斯设想的"新社会主义"的基本特征是公有制与私有制并存，但加尔布雷斯认为并不是全面实行公有制，只是这样两类部门"才能对公有制做出让步"，第一类：公用事业部门，如保健医疗部门、教育或国防部门等第二类：那些无法由市场系统经营的部门如公路建筑、街道清洁等部门。控股公司本身可以为普通股所有、为国家所有或其他合作社所有。① 诺夫认为，可行的社会主义经济模式是一种混合经济，社会主义国家应该建立国有制、集体（社会）所有制占统治地位，之辅以一定范围的小规模私有制经济的所有制基础。

企业的运行是以市场机制为基础通过相互竞争而取得利润，市场机制是提供绝大多数服务和商品的手段，国家发挥重大作用弥补市场机制的缺陷，以保证经济服从广泛的平等的目的。在企业运行中市场机制发挥基础性作用要求多种所有制并存。诺夫认为，私人所有制体系较适于竞争和市场机制发挥作用，全部国有化是对市场经济是一种抑制，但由于无节制的市场机制到一定时候会毁灭自身并产生难以容忍的社会不平等，国家应发挥重大的作用来决定收入政策、征收赋税（以及级差地租）、敢于和约束垄断权利，并统一制定关于竞争性市场的基本规则和限度。② 加尔布雷斯认为，计划系统和市场系统在政府管理下运转，政府通过对某些部门的垄断，强化了对公共目标的服务，这就能从计划系统的控制下解放出来，加强对生产经营活动进行干预。而在美国经济学家本杰明·N. 沃德的伊利里亚模式中，生产资料的所有权和经营权是相互分离的，即国家是生产资料的所有者，然而实际使用权却掌握在企业手中。

从上述论述中可以总结出，市场主导模式下的所有制理论明确提出了市

---

① 范恒山：《国外 25 种经济模式》，改革出版社，1993 年，第 181 页。
② ［英］亚历克·诺夫：《可行的社会主义经济》，中国社会科学出版社，1988 年，第 309 页。

场社会主义是混合经济模式，国有、集体和私有企业并存，各种所有制企业的运行以市场机制为起点，从正丰富和发展了市场社会主义理论。但是市场主导模式的所有制形式限于国有、集体和私有等形式，由于国家在各种所有制运行中的作用也未能很好界定，因而随着东欧剧变的出现，市场主导模式必然发展到新市场社会主义模式。

（四）新市场社会主义的所有制理论

东欧剧变后，新市场社会主义在与新自由主义理论的争论中发展了市场社会主义理论，提出了实现社会主义与市场经济结合的新的理论模式。新市场社会主义认为，市场虽是实现社会主义目的的手段，但市场也不会自动实现社会主义的目的；为比，他们中的大多数人指出，要实现社会主义的目的，就必须通过某种形式的公有制作保障，通过公有制对实现市场社会主义价值目标具有重要的指导作用。

新市场社会主义主张公有制，反对私有制。因为公有制对实现社会主义目的有着重要的保障作用，他们在批判资本主义私有制缺陷的基础上重点论述了公有制的作用。美国哲学家戴维·施韦卡特指出，资本主义是一种以生产资料私有制和雇佣劳动为特征的市场经济，市场社会主义取消甚至在很大程度上限制了生产资料的私有制，而以某种形式的国家所有制或工人的所有制取代私人所有制。俄罗斯《真理报》政治理论部主任蛇里斯·斯拉温认为，国有和全民财产私有化给俄罗斯带来的不是自由，而是千百万劳动人民对新的生产资料私人占有者的奴隶般依附，[①] 新市场社会主义认为，公有制是公平产生的制度基础，这直接影响和制约着效率的提高和平等的产生，也直接关系到它与市场经济的兼容程度。美国经济学家弗明克·罗斯韦尔特和路易斯·帕特曼认为，公有制是私有制做不到的引导资源趋向公平分配的工具，是从人数较少的资本家手中夺取经济控制权的工具，是保证收入和经济权力更平等和公平分配的方式，为了保证人们得到他们的财产或他们劳动的权利，

① ［俄］鲍里斯·斯拉温：《社会主义理论的若干争论问题》，中央编译局世界社会主义研究所：《当代国外社会主义：理论与模式》，中央编译出版社，1988 年，第 4 页。

就必须去促进生产资料社会所有制的形式，这种形式能够在避免财产的国家所有制的同时，使扣除税前的收入更加平等地分配。美国经济学家詹姆斯·扬克认为，如果将当代资本主义国家中大规模经营的私人所有制企业转为公共所有，那么这种公有就会消除当代资本主义社会中生息资本所有权带来的收入分配的不平等现象，就会既完全保留资本主义经济效率的力量，又可以取得比当代资本主义更大的效率和公平。

在新市场社会主义者看来，苏东社会主义国家的国有制和社会所有制形式都不是公有制的最佳实现形式。对此，他们主张在公有制作为社会主义目标保障的实现前提下，设计了各自的与市场经济相兼容的新的公有制实现形式。美国经济学家约翰·罗默的"证券市场社会主义"和韦斯科普夫"民主自治的市场社会主义"模式都设想让每个成年公民从国库领取等量的证券，用以购买共同基金的股份。而证券体制意味着让每个公民在世期间都能有源源不断的收入。此外，企业为公共所有，每个企业采取联合股份公司的形式，以追求利润最大化为目标。对此，罗默主张政府将个人所有能够带来非劳动收入的投资资本转变为公有，同时取消个人对资本所得收入的获得；扬克主张把当代资本主义国家中的大型私人所有制企业转为公共所有，以消除资本主义社会中收入分配不平等现象；施韦卡特主张建立以社会占有生产资料为基础的企业自治；也有的新市场社会主义者，如阶级权力的资本主义和埃尔森的"市场社会化"方案。大多数新市场社会主义都急于公有化生产资料，并对资本职能做了各种限制，如布洛克的没有主义者主张市场社会主义的所有制是混合所有制布鲁斯和拉斯基在总结苏东社会主义国家的经验教训后指出，"在可预见的将来，市场社会主义的唯一现实情形看来是一种混合经济，其中不同形式的国有企业逐渐在平等的基础上与私人企业和合作企业进行竞争，这意味着国有企业能否适应以及怎样以最少的损失适应包括资本市场在内的真正的市场制度这一问题，仍然具有极其重要的意义"，美国经济学家杰勒德，罗兰和卡海利德·塞凯特认为：为了使利益激励的工作令人满意，就必须有私有部门一种混合经济是向市场经济过渡战略的最低要求。然而，相对应地，我们能分析出，在政治范围内，如果公有都门的比例不足的话，那么会导致重新分配的政策难以实施。"法共中央委员保尔·博卡拉建议"重要的生产资料为社会公有，公有制形式不是单一的国有制，而是包括国有、集体所有、合作所有等多种形式。

新市场社会主义认为，苏东社会主义国家改革中给予后世的经验教训是在社会主义经济中市场机制应该发挥更大的作用，"竞争的市场对于取得经济的效率和活力是必需的，""但从传统的社会主义到市场社会主义的转变绝不意味着盲目崇拜市场经济，马克思的理论特别是他对资本主义市场经济缺陷的批评是值得认真对待的。① 维护社会主义原则必须认识到国家所具有的核心作用，如果没有强大的国家，那朝着社会主义方向前进的目标是不可能实现的，另一方面，国家干预经济并不意味着由政府直接经营企业，而是在混合经济中，形成公共、私有、合作的企业将相互竞争的剧变，直接的国家调节和控制将受到严格的限制，政府主要通过宏观调控手段影响企业经营和对全社会利润的分配进行有计划的调节似的社会主义。国家通过引入市场经济、限制国有制、适应所有权和经营权分离的趋势寻找合适的公有制实现形式，解决国有企业的委托代理问题。

市场社会主义所有制理论的核心是社会主义公有制与市场机制是否兼容问题。市场社会主义是一种经济体制的理论概念（或模式），在这种经济体制中，生产资料公有或集体所有，而资源配置则遵循市场（包括产品市场、劳动力市场和资本市场）规律。"在价值判断层面，市场社会主义所有制理论关注效率和平等，关注自由和民主，它的一系列理论对于今天建设中国特色社会主义经济具有重要的借鉴意义。

市场社会主义所有制理论具有鲜明与时俱进的理论品质。第一，市场机制可以与社会主义制度结合在一起。马克思、恩格斯设想的未来的理想社会是没有市场、没有商品经济的社会，而经典社会主义的实践表明，离开市场机制，社会主义不可能获得应有的效率，也不可能在更高的程度上实现平等。经过近百年的探索和实践，市场社会主义成了当代社会主义的主流。② 针对米塞斯关于社会主义不可能合理配置资源的指责，兰格模式模拟市场来提高经

① 张宇:《市场社会主义反思》，北京出版社，1999年，第130页。
② 张宇:《市场社会主义反思》，北京出版社，1999年，第99页。

第八章 市场社会主义的经济伦理价值内涵

济的运行效率：分权模式中的中央计划只重于基础结构中最主要部门的计划控制，其他大部分部门的生产经营计划由企业自行做出；市场主导模式明确提出市场在资源配置中起的基础性作用，在社会所有制或国家所有制内部，企业则是一个具有独立利益的商品生产者，所有权与经营权可以适当分离，企业预算约束的硬化程度可以得到很大提高，价值规律和市场机制对企业行为具有明显的调节作用。市场社会主义认为市场机制应该在社会主义经济中发挥更大的作用。第二，在现实的社会主义经济中，由于生产力结构的复杂化和多元化，所有制的结构必然是混合形态，以公有制为主体、多种所有制形式共同发展是社会主义的基本经济制度，这一制度为实现公有制和市场经济的联姻奠定了理论基础。市场社会主义提出社会主义的公有制是社会所有制，从而突破了经典社会主义理论把社会主义公有制归结为生产资料的国家所有制或集体所有制的固有观念。而进入了第三阶段，市场社会主义明确提出了混合所有制，这具有重大的理论和实践意义，即社会主义所有制结构不应当是僵死、封闭、一元的，而应该是灵活、开放和多元的，多种所有制共同发展反映了生产力发展的内在要求。第三，市场社会主义坚持马克思主义公有制的主体地位，因为平等主义是"社会主义的经典原则"市场社会主义认为，资本主义经济和政治上的各种弊端，如两极分化、阶级压迫等归结于生产资料的私有制，社会主义就是要消灭私有制，建立公有制，因而，公有制和私有制也就成为社会主义与资本主义相区别的主要标志。所以，社会主义必然要坚持公有制的主体地位。但是，在社会主义发展的不同阶段，为了适应生产力水平与经济体制特征的变化，公有制实现形式也必然发生变化。针对经典社会主义国家单一的生产资料所有制形式，市场社会主义深入探讨了公有制的多种实现形式：分权模式赋予了国有制"社会所有制的特征"，市场主导模式探讨了工人合作社、控股公司等公有制实现形式，而新市场社会主义更是探讨了种类繁多的公有制实现形式，特别是公司制、股份制等现代市场经济的组织形式，这为公有制与市场经济的兼容提供了有效的途径。在市场社会主义设计的各种所有制实现形式中，他们特别强调工人对企业的民主控制，因而合作所有制、工人自治企业就成为市场社会主义所有制形态的主流。这就是说，他们试图通过这些所有制形式追寻社会主义的核心价值一一效率与福利，公平和民主的实现途径。建设社会主义市场经济不仅要求我们把握公有制的一般特征，更重要的是要着眼于现实条件与生产力发展的要求，把握好公有制的具体形式与特征，努力寻求能够最大程度促进生产力发展的公有制实现形式。

市场社会主义在世界社会主义运动与思想史上占有不可或缺的地位，它表明社会主义公有制可以与市场经济结合，从而发展了科学社会主义原理。其理论和实践表明，社会主义所有制不是只有苏联高度集中计划经济体制下的单一公有制这一种模式，而是可以根据各自不同的国情建设不同的模式。然而，市场社会主义所有制理论虽然向人们提供了各种美妙蓝图，其实现的可能性却很令人怀疑。例如，市场社会主义主张将影响平等的私有制企业收归国有或社会所有，但却没有确切的措施阐述如何实现公有。实践证明，任何一个社会倘若没有一定的强制措施，要想让既得利益集团放弃自己的利益，诸如资产所有者主动把财产收益交付社会，以保障收入分配的相对平等，甚至把资产送给社会以实行公有等，都只能是一种不切实际的空想。市场社会主义的中央计划工作者是柏拉图式哲学家的重现，是大公无私和聪明智慧的化身，这种超自然的行政机构无论过去还是将来都不可能出现；市场社会主义假定企业会遵循体制设计者制定的规则，但是企业有自己独立的利益，没有切实可行的制度保证，企业不可能遵行制度设计者的愿望将红利向全社会分配，果真如此，它就会成为一个"免费乘车者"而重回低效率的老路。总之，忽视政治制度与制度环境的基本保障，轻视由此及彼的道路，这是市场社会主义所有制理论模式的重大缺陷。

二、市场社会主义收入分配理论

传统社会主义国家的收入分配既无平等亦无效率，同时国家占有国民收入的大部分，人民不能充分分享经济发展的成果。市场社会主义认为，市场未必是不正义的，运用市场机制既可以提高经济效率，又可以在市场社会主义发展的每一个阶段实现收入分配平等。可以看出，它都是围绕平等和效率的主题，形成了向市场经济方向演进的收入分配理论。

（一）计划模拟市场模式中的收入分配理论

计划模拟市场模式收入分配理论的主要思想是：国家控制收入分配并确定积累率，个人收入由工资和社会红利组成，企业没有自己独立的利益。

计划模拟市场模式中的收入分配突出了按劳分配，强调劳动在收入分配中的作用，同时利用自主择业来选取最高工资的职业来提高效率。"劳动者贡献他们的服务给支付最高工资的产业和职业，"在强调效率的同时，计划模拟市场式运用红利的平均分配来保证平等。波兰经济学家奥斯卡，兰格认为社会红利必须平等地分配。美国经济学家阿巴·P. 勒纳认为应当尽可能公平地适当地分配收入，以使一定量的社会总收入所提供的满足成为最大量，以及应该设置公平的环境和条件，以鼓励国有经济与私营经济为提高劳动生产率而进行竞争。美国经济学家阿勃拉姆·柏格森认为如果利润是成功的标准，那么从效率观点看，经理就该得到相应的报酬，但这有损于平等。而不给经理予奖惩则很容易导致效率的损失。

兰格模式试图模仿资本主义财产制度的效率，同时努力消除两极分化和与私人财产制度相联系的宏观不稳定。兰格认为，社会主义社会需要确定消费者的收入，以便使全体人口的总福利为最大。社会总福利为最大的收入分配必须满足以下两个条件：第一，分配必须使不同消费者们提出的需求价格代表相等的需求迫切性。第二，分配必须使劳动服务在不同职业之间进行分配，使不同职业中劳动的边际产品价值的差别等于他们的职业涉及的边际反效用的差别。假设收入的边际效用曲线对所有个人是相同的，在所有消费者的收入相同时，条件一被满足。但是条件二要求收入有差别，因此为了劳动服务得到所需分配，不同职业的边际反效用的差别必须用收入的差别来补偿。社会主义的管理当局可以给不同职业规定不同的货币收入，而向所有公民支付同样的货币收入，且对从事每种职业征收一个价格。在消费选择自由和职业选择自由的社会主义经济制度中，消费者收入由两部分组成，一部分是劳动服务收入，另一部分是社会分红，它是个人在从社会所有资本和自然资源得到收入中的份额。社会红利的最优分配必须使不同产业和职业中劳动服务的边际值之差等于在那些产业和职业中工作的边际反效用之差。只要工资是收入的唯一来源，这种劳动服务的分配就会自动产生，因而付给一个人的社会分红必须完全不依赖他的职业选择。

国家在兰格模式的收入分配中占据支配地位，其作用是：第一，确定价格和工资。中央计划当局在确定价格、工资和利率的基础上决定各种商品和劳务的总供求，并根据供求状况不断调整价格和工资，直到通过反复调整使价格水平保证供给和需求的一致。① 第二，分配盈利并确定用于集体消费的数量。积累率应充分反映中央计划当局的偏好而不是消费者对收入流的时间形状的偏好。"资本积累可以集体做，在分配社会分红之前扣除一部分国民收入，或者把它交给个人储蓄，或两种方法合用。但是集体积累肯定是社会主义经济中资本形成的主导形式。"② 可以看出，企业没有自主权，生产经理的决策不是由利润最大化的目标指引，中央计划当局对他们规定某些规则，其目的在于用可能最好的方式满足消费者的偏好，这些规则决定了生产要素的组合和生产规模。

兰格模式具有划时代的重大意义，因为它开启了市场社会主义理论研究的先河，提出了劳动者收入由工资和红利两部分组成，劳动者在自主择业中应选择最高工资的职业以提高效率，这是针对经典社会主义国家长期实行平均主义导致效率低下而开出的一剂良方，它是对以按劳分配为主体，按要素分配为补充的收入分配原则进行了初步探索。但是，由中央计划机构确定工资和价格虽然在理论上可行，但在实践中却很难真正做到，而且由中央计划机构随意确定积累率和消费率，显然会导致国家在国民收入中占有的比例过大，因而兰格模式的分配理论需要进一步发展。

（二）分权模式中的收入分配理论

分权模式收入分配理论的三要特征是：中央计划机构确定积累和消费的比例并控制利润和工资，企业有自己独立的利益，个人自主择业和消费，企

---

① 范恒山：《国外 25 种经济模式》，改革出版社，1993 年，第 126 页。

② oskar lange "on the economic theory of socialism：part two"，the review of economic studies，vol. 4，no 2（feb.，1936），p61.

业汇集到中央的利润可在全社会分配，等。

分权模式中的按劳分配与企业绩效挂钩。南斯拉夫联邦议会主席爱德华·卡德尔认为，按劳分配是自治制度下基本的收入分配原则，但在较广泛的意义上按劳分配的标准应反映劳动的数量与质量。波兰经济学家弗.布鲁斯认为，在企业取得较好的效果时，无论是企业的进一步扩大还是工人的收入水平，部分基金都会丧失，工货领取者的收入亦会下降，分权模式继续坚持收入分配平等都会有所提高；相反地，在企业效益不好时，它的状况就会恶化，并违背核心价值，但承认有差别的收入分配，"捷克斯洛伐克经济改革之父"奥塔·锡克强调工资差别和市场关系的激励作用，"必须实行级差劳动报，这样才能造成对从事各种社会必要劳动的必要兴趣，才能刺激人们去从事这种劳动，也就是刺激他们去取得为此而必需的复杂经验和知识。这种个人报应当同通过市场关系实现的企业收入结合起来，以便使人人都去关心实现真正有用的社会客观必要的劳动耗费。"① 分权模式比较明确地提出了按劳分配和按要素分配相结合的分配方式，如卡德尔认为个人收入分配不仅要看活劳动的数额和生产收益等直接成果，也还要考虑其他因素，诸如利用生产资料、管理物化劳动的效果、资金积累的数额以及生产收益等。

分权模式的个人收入采取国家规定的工资加奖金的形式。匈牙利经济学家里斯卡·蒂博尔认为，国家首先将社会所有财富平均量化给每个公民，使社会公共财产同时成为每个人的个人资产，而后国家以信贷市场为中介，通过市场竞争，把社会资产按照均衡利率承包出去，由能向社会提供最大效益的人来支配与经营，最后承包经营者通过银行系统向社会资本的所有者支付利息，交纳利息后的剩余部分记入其账户归承包者所有，这样便使个人所有与社会所有公有制与市场经济结合起来；匈牙利社会主义工人党主席、匈牙利社会党主席涅尔什·雷热认为，中央计划机构运用经济调节手段对企业实行间接管理，承认企业的集体利益的客观必然性，运用有力的物质鼓励手段，使其更好更有效地工作，并通过企业集体利益来促进社

---

① ［捷］奥塔. 锡克：《社会主义的计划和市场》，中国社会科学出版社，1982 年，第 313 页。

会整体利益的实现，最后在企业领导、工会、各种知识分子团体的合作下，改善同经济活动相关的社会利益协调机制国家应该放松对工资增长的限制，扩大工资杠杆的调节作用，加强物质刺激，以最大限度地调动劳动者积极性；匈牙利经济学家亚诺什·科尔奈深刻分析了国有企业的软预算约束问题，主张硬化企业约束，国家通过法定比例分享企业利润。卡德尔认为，在"自治"的社会主义经济模式中，劳动者自行决定劳动成果的分配，但这种分配必须向社会负责。

在分权模式中，国家的作用异常强大，"由于无节制的市场机制到一定时候会毁灭自身并产生难以容忍的社会不平等，国家应发挥重大作用来决定收入政策、征收赋税、干预和约束垄断权利，并统一制定关于竞争性市场的基本规则和限度。"[①] 宏观收入分配问题由中央计划当局直接在国民收入分配领域做出决策，包括：个人收入在国民收入中所占的份额和工资领取者收入结构的基本特征；企业收入在中央基金和企业支配基金之间的分配比例；中央基金在集体消费和积累之间的分配。[②] 企业的目标是获取最佳利润，"最佳化利润是社会所要求的、但不是通过垄断和反社会的措施而取得的最大限度的利润"除对国家应履行的义务外，企业自负盈亏，对大部分收入的分配和使用有决定权。在自治的社会主义企业中，劳动者自行决定劳动成果的分配，所有企业的职工平均分享利润。

分权模式中的分配理论发展了兰格模式下的分配模式，它提出了收入分配在中央计划框架内要充分发挥市场作用，并主张克服企业的预算软约束和国家通过法定比例分享企业利润，企业追求最佳利润并自负盈亏，工人在自治企业中自主决定收入分配等。但在分权模式中，收入分配主要由国家和自治企业工人决定，市场无法在收入分配中发挥决定性作用，而随企业经营利润决定的工资水平与自治企业工人自主决定分配不可避免会导致收入差距拉大，但分权模式并未论述如何控制这种收入差距。在实践中，

---

① ［英］亚历克·诺夫：《可行的社会主义经济》，中国社会科学出版社，1988 年，第 309 页。
② ［波］弗·布鲁所：《社会主义经济运行问题》，中国社会科学出版社，1984 年，第 142～143 页。

南斯拉夫由于经济发展差异而导致地区收入分化，这成为其剧变和解体的重要原因。因而由分权模式过渡到市场主导模式就成为理论和实践发展的必然要求。

（三）市场主导模式的收入分配理论

市场主导模式收入分配理论的主要特点是存在完全的资本市场和劳动力市场，要运用市场的力量来实现收入分配的公平，公有制实现形式多样化：政府则运用宏观经济手段调控工资收入与利润分配，企业以追求最大利润为目标，个人在市场择业中实现自己的最大效用。

市场主导模式强调收入分享是按照同等程度和质量的劳动获取同等的收入，并且强调市场在形成收入中所要发挥的重要作用。美国经济学家杰罗斯拉夫·范尼克认为，工人分享企业的净收入是按照同等程度和质量的劳动获取同等的或公平的收入的原则进行的。英国经济学家戴维·米勒认为，市场分配未必是不正义的，市场会酬赏那些辛劳工作和节俭的人。收入分配取决于市场运作依据的背景制度，社会主义市场经济之下不平等程度取决于这些制度的构成方式，而后者又取决于拥护再分配的政治意志的强弱。①市场主导模式同样关注平等与效率，"市场社会主义最强大的功能是它能在社会公平和效率之间形成一个合理的要挟"。② 英国经济学家亚历克·诺夫认为收入水平差别太大会引起社会紧张，从而造成宏观经济环境的不稳定，而平均化的收入又将导致经济效率降低，因此"需要制定一项具有适合工薪级别的收入政策"，以防止收入级差对效率和企业生产的不利影响。英国经济学家彼得·阿贝尔强调起点平等和结果平等。这一模式的分配方案是：政府在全社会构建大致相等的能力，实现公平分配："工人自治"或合作社企业由处在平等基础上的全体工人进行管理，工人自己决定在企业内部如何分配。范尼克主张通过政府来建立大致均等的能力，实现公平分配：一是通过税收制度的改革来

---

① ［英］索尔·埃斯特林、尤利安·勒·格兰德：《市场社会主义》，经济日报出版社，1993 年，第 48 页。

② david miller，" socialism and the market"，political theory，vol. 5，no. 4（nov.，1977），p480.

扩大资产占有的平等；二是国家尽一切力量逐步实现起始阶段资本能力的均等化，甚至可以通过可偿互惠投资公司的形式，把某些股本赠送给所有的成年人，企业利润通过收入分成的方式使净收入的一部分掌握在劳动者个人手中，而另一部分净收入则用作集体储备资金。加尔布雷斯认为提高公司内职工报例的均等程度最直接了当和最有效的方式是明确规定平均收入与最高收入之间差额的最大幅度，同时实行累进税制。通过国家用定息政策来收购股份的办法，把那些使不均等现象持续存在的私营公司最终转变为完全国有公司。① 美国经济学家本杰明·M沃德认为，企业经理按使生产达到每个工人的平均收入为极大值的标准进行生产经营决策，而在每一个工人的工资成本和劳动时间由国家规定的情况下，处于竞争状态下的企业选择在每一个工人边际成本时的产量，就是使每一个工人达到最大限量的产量，米勒认为，工人合作社在市场竞争中取得利润。纯利润形成一个基金库，作为企业投资和收入分配的源泉，工人自己决定在合作社内收入如何分配。阿贝尔认为，在劳资合伙企业中，资本供给者与劳力供给者都拥有企业的股票都有权获得企业净收入中的红利。② 诺夫认为，为了保证企业有效管理和合理运行，必须让职工参与管理，并在企业管理中起重要作用。

相对于计划模拟市场和分权模式有，市场主导模式中的国家权力了很大削弱，但仍占据重要地位，企业的主体地位也进一步突出，工人在企业管理中也发挥了重要作用。阿贝尔认为，"市场社会主义社会将不可避免地需要一个强大的民主国家，它有能力在市场失控的时候进行干预和调节，有能力改善竞争条件和摧毁垄断，最重要的是有能力促进自由的平等。"③ 诺夫认为，国家必须从宏观上制定合理的政策对利润分配加以控制，以避免"分光、吃光"的不良现象。对此，企业要有较完整的自主权和自身独立的利益。沃德认为，由于生产资料使用权由企业掌握，企业除了支付规定的资本利息费而

---

① ［美］约翰·加尔布雷斯：《经济学和公共目标》，商务印书馆，1983 年，第 260—268 页。

② ［英］索尔·埃斯特林、尤利安·勒·格兰：《市场社会主义》，经济日报出版社，199 年，第 104 页。

③ ［英］索尔·埃斯特林、尤利安·勒·格兰德：《市场社会主义》，经济日报出版社，199 年，第 87 页。

第八章 市场社会主义的经济伦理价值内涵

对国家承担义务外，还有在生产经营上的完全自主权，即企业生产什么、生产多少的决策是建立在生产者个人物质利益基础上的，在服从于国家对于工资和利润的分配规定所加的基本限制下，有权规定付给每一级公认的合同工资，使利润份额同有关时期中所赚取的合同工资成比例。

市场主导模式的分配理论明确提出了收入分配以有效的市场机制及充分运行为基础，提出了控制收入差距和克服南斯拉夫自治企业中把企业吃光、分光趋向的方法和措施。但它在如何利用市场机制实现收入的平等和促进经济的效率方面仍然存在不足，国家和工人在收入分配中的作用也未能很好地界定。

（四）新市场社会主义的收入分配理论

东欧剧变后，新市场社会主义者在与新自由主义理论的争论中发展了市场社会主义理论，提出了实现社会主义和市场经济结合的新的理论模式。新市场社会主义在反对资本主义的分配制度时至少特别提出了三个理由：第一，资本家获得的利润收入不是自己挣得的，而是从创造利润的工人那里剥削来的。第二，在资本主义社会，因为利润分配不当，收入分配的最终结果差异悬殊令人无法接受。这违背了社会主义的分配公正原则，破坏了使社会利益真正共有所必需的条件。第三，收入只与劳动相联系，而与人的需求无关。[①]

新市场社会主义的分配理论继续强调劳动者的收入按劳分配，"（被雇佣的）劳动是收入的唯一源泉，"[②]劳动不是与土地、资本一样的生产要素，它不是新市场社会主义的分配理论继续强调劳动者收入的按劳分配。因为一方面劳动者一旦参加了企业的工作，他就获得了民主的权利：另一方面劳动也不是按照和其他生产要素同样的规则参与利润分配。新市场社会主义继承了社会主义关于实行收入平等分配的一贯传统，但相对于以前的市

---

① ［英］克里斯托弗. 皮尔森：《新市场社会主义——对社会主义命运和前途的探索》，东方出版社，1999 年，第 127 页。

② selucky, Marxism, socialism and freedom: toward a general democratic theory of labour - managed systems, London: macmillan, 1979, p. 179.

场主义理论，新市场社会主义允许有更大的收入差距，更加强调发挥市场机制的效率作用，认为实现国民收入的彻底的平等分配是不现实的，只要劳动力市场还存在，人们的教育水平和能力还存在差别，工资收入的不平等就是不可避免的。新市场社会主义认为，要实现收入的公平分配，最根本的是要实现劳动者参与企业利润的分配，而分配红利的决定性的依据的则是社会成员个人的劳动收入。

新市场社会主义条件下资本主义的收入差距将大大减小，因为已经形成的大规模财富的资本主义私人所有制这一源泉已被废除，企业内部工资收入的分配将由所有工人民主地决定，而整个社会层次上的工资差异将由国家进行干预，国家实行相应的工资政策，通过在市场之外提供非常重要的必需品和公共利益的措施作为补偿。美国经济学家詹姆斯·扬克提出了按劳动者的工资和薪金分配企业红利的分配方案。他认为，公共所有局接管资本主义社会中私人所得的生息资本投资收入和非公有小型企业所上缴的资本利用税，公有企业的利润一部分留作企业的自用资金，一部分交给公共所有局掌管。公共所有局将收入的绝大部分以社会红利的形式分配给社会成员，而分配红利的决定性的依据是社会成员个人的劳动收入。公有企业的利润将根据劳动者的工资和薪金的多少公平地分配给社会成员。美国经济学家约·罗默提出了按证券分配企业利润的分配方案。在证券市场社会主义模式中，政府预先给每一个成年居民分发一定数额的证券，公民用政府分配的证券购买企业股票，从而拥有了分享企业利润的资格。企业利润按赠券平等分配，所有的企业资金都来源于公有银行和属于银行，银行的利润则上交中央政府，用于公共品的投资。[1] 美国哲学家戴维·施韦卡特提出了通过民主方式分配企业利润的方案，主张建立以社会占有生产资料为基础的自治企业，企业由工人自己管理，工人决定生产什么、生产多少、如何生产和净收益如何分配等问题，[2] 美国经济学家托马斯韦斯科普夫提出了民主决定的分配方案，认为企业可以

① scheichart, hilltel, market socialism: the debate among socialists, new york and London: routledge, 1998, pp. 15 - 16.

② ［美］戴维·施韦卡特：《反对资本主义》，中国人民大学出版社，2002 年版，第 72 - 73 页。

采取任何方式的收入分配政策，但这些政策一定要民主地制定。为了保证资本收入的公平合理分配，韦斯科普夫建议分配给每成年公民相同数量的共同基金股票，以使每一个成年公民对所有企业生产性资本收益拥有平等的索取权利。

新市场社会主义认为，从苏东社会主义国家改革中应该得到的教训是：市场机制在社会主义经济中应该发挥更大的作用。但从传统的社会主义到市场社会主义的转变绝不意味着盲目紫拜市场经济，马克思的理论特别是他对资本主义市场经济缺陷的批评是值得认真对待的。① 维护社会主义原则必须认识到国家具有的核心作用，若没有强大的国家，朝着社会主义方向前进的目标是不可能实现的，但国家干预经济并不意味着由政府来分配资源，政府主要通过宏观调控手段分配国民收入，对全社会利润的分配进行有计划的社会调节。② 为了达到社会分配平等的目的，政府将个人所有能够带来非劳动收入的投资资本转为公有，同时取消个人对资本所得收入的获取。企业有自己独立的利益，罗默认为苏东社会主义的国家与企业之间是一种讨价还价的关系，企业存在严重的预算软约束，而对亏损企业的补贴也成为国家财政的一个沉重负担。社会主义国家通过引入市场经济、抛弃国有制、适应所有权和经营权分离的趋势寻找合适的公有制实现形式，解决国有企业的委托代理问题。

市场社会主义收入分配理论紧紧围绕着平等和效率这一核心价值，随着计划经济向市场经济的演进而逐渐深化，它具有与时俱进的理论品质，体现了一系列的理论创新。市场社会主义关注平等和效率，始终把最大多数人民的利益放在重要位置。它的一系列理论和实践对于构建中国特色社会主义分配理论具有重要的理论价值和实践意义。

市场社会主义收入分配理论具有与时俱进的理论品质。第一，市场社会主义分配理论明确提出了按劳分配和按要素分配相结合的收入分配方式。在市场社会主义中，按劳分配是在市场中实现的。市场经济条件下的个别

---

① 张宇：《市场社会主义反思》，北京出版社，1999年，第130页。
② roemer，market socialism：a blueprint，dissent，1991，p. 563.

劳动不能直接转化为社会劳动，而只能通过市场机制迂回曲折地实现。个人的收入由工资与红利两部分组成，工资在竞争市场中取得，劳动者选择最高工资的职业，这就必然使得劳动力价值存在一些差别。这对于突破经典社会主义平均主义的束缚，承认市场社会主义中的人们是有差别的平等具有重大的意义。市场社会主义的混合所有制必然要求按劳分配和按要素分配相结合，在公有制经济中实行按劳分配，但在非公有制经济中，由于生产资料是私人所有的，因而对产品的占有必然要体现所有者的利益。同时，由于资源的稀缺性和经营的排他性，资本、土地、技术等也要有偿使用，具有使用价格。按劳分配的市场化和按劳分配与按要素分配相结合不是对马克思按劳分配理论的否定，而是对马克思按劳分配理论的重大发展。第二，对平等的追求是社会主义者的核心内容，市场社会主义者始终坚持社会主义的这一核心理念。市场社会主义者明确指出，市场只是实现社会主义的一个手段，而只有平等才能保证实现社会主义的价值目标。在他们看来，强调平等胜于效率，就容易划清社会主义与资本主义的界限。因为从实现效率方面而言，当代资本主义远远超过了现实社会主义，如果只强调效率，那就似乎只是在强调资本主义的特征，而没有突出社会主义的本质特征。因此，市场社会主义在实现效率的基础上，更加突出平等，以实现超越资本主义的社会主义目标。社会主义之所以要消灭私有制和剥削，归根到底是为了消除社会的不平等现象，从而使每个人在经济、政治和社会生活方面享有同等的权利，因为平等主义是"社会主义的经典原则"① 正是因为市场社会主义强调平等的社会主义价值、目标和意义，所以他们绝大多数就从平等出发来建构自己的理论模型但大多数市场社会主义者都非常愿意接受那种源于市场不断变化的劳动价值而不可避免地产生的收入差异，"收入差异是替代奇令劳动的唯一已知的方法"② 但在市场社会主义条件下，现存的收入差距会被大大缩小。对于他们来说，问题的关键在实现

---

① berki, socialism, london: dent, 1975, p. 25.

② nove, the economics of feasible socialism revisited, 2nd edn. London: allen and unwin, 1991, p. 231.

方案或手段上，即如何才能保证既依靠市场产生较高的效率又最大可能地避免和消除资本主义制度下所产生的那种不平等现象。市场机切割是实现社会主义平等目标的体制基础，市场社会主义所要实现的平等不会影响效率，它实现了平等与效率的真正统一，在市场社会主义者看来，平等与效率并不矛盾，追求平等未必会牺牲效率，因为较少的社会收入的不平等会减少会矛盾、降低政府在分配结果上的政策冲突，政府有更多的精力去努力提高整体经济效率。第三，关于国家、企业和个人的关系，实现了从强国到富民强国的根本转变。马克思根据社会再生产的要求总结出社会主义社会产品分配原理，指出在社会总产品作"六项扣除"之后，全部产品才能在集体中的个别生产者之间进行分配。按照这一理论，国家和个人之间的分配比例是由国家决定的。为迅速扭转落后面貌，大多数经典社会主义国家的财政收入都占有极高的比例，如苏联从建国直至解体绝大多数年份财政收入占国民生产总值的比例都在65%以上，人民从经济增长中得到的实惠甚少。而南斯拉夫却在企业自治发展为社会自治后，国家经济职能削弱，企业不顺自己的盈利和发展状况增加工人工资无论是苏联还是南斯拉夫，不能正确处理国家、企业和个人的利益关系都成为它们剧变和解体的重要原因，市场社会主义总的理念是要从强国走向富民强国，国家财政收入的占比要以法律形式确定，人民要更多地分享经济发展的成果，企业有自己独立的利益。国家不再决定经济生活和收入分配的方方面面，但它仍比自由的资本主义国家要发挥更大的作用，"政府将拥有干预经济、指导投资方式和规模的权利。"① 但是这种权力不是通过命令体制来实现，而是通过控制宏观经济变量的途径来实现。企业力求实现自己的最佳利润，这种最佳利润不是通过压低工人工资、增加劳动强度和时间、垄断等反社会的方式实现的，而是在市场竞争中实现的。大多数市场社会主义者坚持企业由工人自我管理，企业利润和工人收入的分配由所有工人民主决定。

市场社会主义的理论和实践表明，社会主义收入分配不仅只有苏联高度集中的计划经济一种模式，而是可以根据各自不同的国情设定不同的模式。

---

① roemer, market socialism: a blueprint, dissent, 1991, p. 563.

然而，市场社会主义分配理论虽然向人们提供了各种美妙的蓝图，其实现的可能性却令人生疑。例如，市场社会主义中央计划工作者是柏拉图式哲学家的再现，是大公无私和聪明智慧的化身，这种超自然的行政机构无论过去还是将来都不会出现。政府官员受到不同利益集团的压力，他们追求个人利益或集团利益包括追求他们所代表的集体的利益。权力本身就会产生不可抵抗的诱惑使人们去行使权力。市场社会主义假定企业会遵守体制设计者制定的规则，但是企业有自己独立的利益，企业不可能遵行制度设计者的愿望将红利向全社会分配，果真如此，它就会成为一个"免费乘车者"而重回低效率的老路。忽视政治制度和制度环境的基本保障，轻视由此及彼的道路，这是市场社会主义分配理论模式的缺陷。任何一个社会如果没有一定的强制措施，要想让既得利益集团放弃自己的利益，诸如资产所有者主动把财产收益交归社会以保障收入分配的相对平等，甚至把资产送给社会以实行公有等，都只能是一种不切实际的幻想。

第九章 马克思主义经济伦理思想与西方经济伦理思想比较研究

第一节 马克思主义经济伦理与古典经济伦理之比较

马克思主义经济学继承了古典经济经济学重要理论成果，但仍存在本质区别。古典经济学的代表人物，亚当·斯密一方面指出经济现象有其内在的客观规律，另一方面把人类的本性归纳为利己主义，并认为符合人类自利本性的资本主义经济制度是自然秩序的必然要求。斯密的矛盾的社会观阻碍了他科学分析资本主义经济制度，无法揭示资本主义社会的基本矛盾，这种理论被认为，"符合人性的、自然的、永恒的"制度进行道德辩护的因子。斯密经济理论的矛盾性使政治经济学逐渐演变为庸俗资本主义经济学派，这种学派不可避免地带有为资本主义进行合理道德辩护的影子。而马克思主义经济学和、经济伦理对古典经济学和经济伦理进行了继承和发展：

一、马克思主义经济伦理对古典经济主体伦理的继承和发展

人是古典经济学研究的出发点，人的趋利避害特点可以用于分析经济行为，从经济伦理上看是人的利己性和社会整体利益结合。马克思继承了古典经济学主体经济伦理思想，他指出，古典经济学的理性经济人假设是虚妄的。原因是私有制是经济人的伦理前提，但私有制不是事先存在的，马克思认为，

经济伦理秩序不仅包括自利，且包括社会整体利益和谐。

二、马克思主义经济伦理对古典经济伦理基本概念的继承和发展

古典经济学提出了劳动价值学说，威廉配第第一次提出了劳动价值的基本观点，他认为，"劳动是财富之父，土地是财富之母。"① 斯密进一步推进了劳动价值论的研究。在《国富论》中，斯密抽象出一般劳动的概念，指出，劳动是财富的源泉。在此基础上明确区分了交换价值和使用价值，强调了劳动是商品的交换价值，劳动是衡量一切商品交换价值的真实尺度。马克思主义经济学不继承了古典经济学设立的资本、价值等概念，还对自由、竞争、公平、正义等作出了新的诠释。马克思指出，这些名词经济伦理含义不仅体现在抽象形式上，而且在于它所对应的生产关系上。

三、马克思对古典经济理论分配伦理的继承和发展

古典经济学通过分析资本主义社会经济关系提出符合资产阶级利益的效率和分配准则。斯密认为，一国土地和劳动的全部年产物的价值，可以分为地租、工资、利润三部分，与此相对应，地主、工人和资本家构成了资本主义社会三个主要基本阶级。斯密在这里第一次把资产阶级作为一个独立阶级提出来，在一定程度上发现了其与无产阶级的对立。李嘉图进一步揭开了工资与利润的关系，提出资产阶级的经济利益与整个社会利益的矛盾性。法国古典经济学家西斯蒙弟第一个明确提出资本主义社会的两极分化和无产阶级必然发展起来的结论。

马克思在古典经济学分配路径的基础上，一方面指出古典经济学对阶级关系分析的不彻底。根源在于其代表着资产阶级利益，他要为资本主义制度进行辩护。因此，古典经济伦理必然是为资产阶级服务的理论。

---

① 马克思:《资本论》，人民出版社，1975年版，第57页。

第九章 马克思主义经济伦理思想与西方经济伦理思想比较研究

第二节 马克思主义经济伦理与当代
西方经济伦理之比较

一、马克思主义与新古典经济伦理比较

新古典经济理论的出发点是经济理性，它分析了经济活动在一定范围内追求经济利益最大化的过程。其理论来源于斯密和李嘉图的比较优势理论。新古典经济理论认为，国际间资本的自由流动有助于实现全球资源配置效率最大化，所形成的全球经济格局是平等与合理的。所以，新古典经济学理论的任务是找到实现全球范围资源配置最大化的途径和方案，确定最优的国内和国际政策。从上述论述中可以看出，新古典经济理论两个基本特点：一是强调私人利益的重要性二是主张自由主义经济政策，主要是贸易金融自由化。

马克思主义经济伦理提出了与新古典经济伦理不同的价值取向。新古典经济理论认为资本主义经济发展表现为一种自然的历史过程，因而强调资源约束条件下的资源配置问题。这决定了其理论都是在技术层面如何使资本主义经济更好地适应时代要求，而对于经济发展趋势则很少有深刻的价值判断阐述。新古典经济理论指出，经济发展过程是一个渐进累积的过程，经济利益会通过市场自动均衡机制逐步分配到社会全体成员之处。经济的发展结果会产生所谓的纵向"涓流效应"和横向的"扩散效应"，这两种效应会自然而然地促进经济利益的普及，从而形成"帕累托最优状态"。马克思主义经济学则是将经济运行放置于社会历史的视域中进行研究，通过辩证唯物主义和历史唯物主义的科学分析对其进行了深刻揭示。简单地说，新古典经济理论侧重于对生产力的分析，而马克思主义经济理论则在分析生产力的基础上侧重对生产关系进行研究。其鲜明特色在于，经济发展是一个从量变到质变的过程，而经济发展成果会对进一步的经济发展产生重要影响，同理，经济发展的价值判断会对经济发展也产生重要影响，即经济发展的目的是实现共同

富裕，然而，经济发展不会自动实现此目标，所以需要政府对经济发展采取干预措施。

二、马克思主义与结构主义经济伦理之比较

结构主义经济发展理论属于发展经济学中的发展理论之一，与新古典主义发展理论相对。他们深受凯恩斯关于对资本主义经济的非均衡分析的影响，强调价格体系作为促进增长的均衡机制的失败，主张对就业问题的极端重视以及实行国家干预主义的政策。结构主义经济发展理论在发展经济学发展史上可以分为两个阶段，第一阶段兴起于20世纪40年代の，并流行于20世纪60－70年代，主要代表人物有保罗·罗森斯坦·罗丹（Paul Rosenstein Rodan，1902－1985）、雷格那·纳克斯（R. Nurkse）、威廉·阿瑟·刘易斯（William Arthur Lewis，1915－1991年）、纲纳·缪达尔（Karl Gunnar Myrdal，1898－1987年）、辛格（H Singer）、劳尔·普雷维什（R Prebisch）、阿尔伯特·赫希曼（AberOtto Hirschman）和利斯·钱纳里（H Chenery）等人。20世纪80年代后，出于对拉美新自由主义发展思路的质疑，发展经济学中兴起了一种被称为新结构主义的经济发展理论，这一时期的结构主义经济发展理论对经济发展的分析，既不是简单地回归传统结构主义，也不是对新自由主义的妥协，而是对传统结构主义和新自由主义的扬弃。其主要代表人物有. M. 劳、1. 阿德尔曼、S. 罗宾逊、L 泰勒、D. 雷伊和 P. 巴丹等人。为与新结构主义相区别，一般将新结构主义之前的结构主义称为传统结构主义。

（一）传统结构主义经济发展理论的基本内容

传统结构主义学派是最早研究发展中国家经济问题的前驱，他们借助于发达国家的经验，结合西方经济学的某些现成原理，对发展中国家的经济发展提出若干设想。该学派特别强调资本积累、工业化、计划化，代表性学说主要有刘易斯的二元经济理论、劳尔·普利维什的中心—外围理森斯坦·罗丹的大推动理论、纳克斯（Ragrar Nurkse）的"贫困的恶性循环论 沃尔特·加伦森（Galenson，W.）的滴漏理论、罗斯托（Walt WhitmanRostow）的起

飞理论、钱纳里（Chenery，HLB.）的结构转变理论及平衡增长论与不平衡增长论。结构主义经济学家反对单一经济学倾向，他们站在发展中国家的立场上，从发展中国家的实际出发来研究发展问题，西方庸俗经济学的偏见在他们的思想中相对较少，他们既不照凯恩斯主义，也批判新古典主义，从而形成了发展经济学最初的一个学派，其理论的合理内核具有定的理论价值和应用价值。

传统结构主义非常注重分析国民经济不同部门的非均衡发展。刘易斯在其著名的《劳动无限供给条件下的经济发展》的论文中，把发展中国家的经济分解成拥有传统部门和现代部门的二元结构经济，借助于古典经济学的观点剖析了这个二元结构经济的特征。其经济模式的特征表现为：（1）在现代部门中，非熟练劳动的实际工资是由外部因素给出的，该部门的就业与利润决定于与短期的资本的固定存量相适应的劳动需求；（2）资本积累决定于从利润中分解出来的储蓄。经济发展过程被看成是相对于传统部门的资本主义部门的扩张过程，直至传统部门的剩余劳动被吸尽为止

传统结构主义还注重不同发展水平下的经济结构的转换。钱纳里、罗宾逊（Robinson，S.）和希尔奎因（（Syrquin，H.）在《工业化和经济增长的比较研究》一书中强调经济结构转变同经济增长的密切关系。这种关系不仅表现为，不同的经济结构将有不同的收入水平，而且还表现为，经济结构的转变，特别是在非均衡条件下（要素市场分割和调整滞后等）的经济结构转变能够加速经济增长。他们把发展中国家经济结构转变定义为：随人均收入增长而发生的需求、贸易、生产和要素结构的全面变化。他们指出，结构转变影响经济增长的重要性随发展水平而变动；结构转变可以划分为不同的阶段，在各阶段，不同部门、不同要素对增长贡献的相对重要性也不同；发展中国家同发达国家的增长过程具有实质性的区别，根本原因在于两者的结构关系不同；结构转变对于经济增长的潜力和意义，对于发展中国家比对发达国家更为重要，即发展中国家的资源转移和再配置较之发达国家是更重要的增长因素，因为发展中国家要素市场非均衡现象表现得更为突出，结构变化的余地也更大；一些新兴工业国家非均衡条件下发生的结构转变以及对发达国家先进技术的利用，是它们经济增长加速的主要原因，以竞争均衡为假设

条件的新古典经济增长理论，由于缺乏经济结构及其转变的分析，在解释发展中国家经济增长的本质特征时，必须加以重大修正。

（二）新结构主义经济发展理论的基本内容

新结构主义经济发展理论的兴起，起始于发展经济学对拉美新自由主义发展思路的质疑。从 20 世纪 80 年代中期开始，新结构主义注意到新自由主义消极的一面，针对经济发展中的一些紧迫问题开始积极探索结构主义与新自由主义的结合，不断进行正统经济理论和非正统经济理论的结合，在继承传统结构主义合理内核的同时充分吸收新自由主义的营养成分，寻求市场机制与国家干预的统一，以保证短期和长期的经济稳定和发展，强调"越是依赖市场，越需要政府的积极主动作为"逐渐成为分析经济发展题的一个重要思路。在重新思考中心—外圆结构、探索新工业化道路、反思收入分配不平等、回归古典政治经济学分析视野等方面，取得了具有广泛影响的理论进展，推动了发展经济学的新发展。20 世纪 90 年代末，拉美国家（除智利）经济衰退的现实进一步促进了新结构主义经济发展理论的发展。新结构主义经济发展理论基本内容主要包括

第一，重视科学技术在经济发展中的作用。新结构主义认为，发展技术能力是提高工业系统竞争力的基础。在《第三世界国家技术能力》（1984）一书中，Fransman 系统地提出了发展技术能力以促进工业化的思想。Sunkel（1990）指出，加强生产企业、人才培训机构、科研机构合作以及鼓励公众充分参与以推动"技术进步的创造和分发"，是内生发展战略的重要组成部分。相应地，大量文献开始关注技术能力发展的研究，深入探讨了外部性、制度创新和政府作用（Milberg，1994）对发展中国家技术能力发展的积极意义。Romijn（1999）的实证分析，验证了获取技术能力以增强系统竞争力对发展中国家企业成功的重要意义，经验支持了新结构主义注重技术能力的工业化战略。

第二，主张政府进行积极的干预。与积极的工业化道路相适应，新结构主义主张一种选择性、战略性、对市场起补充作用的新型国家干预模式（Sunkel，1993）。Cypher（200）结合拉美的新工业化道路，分析了"内生发

展"进程中的两种市场失灵：（1）外向生产中的市场失灵。出口企业之间存在国际市场信息外部性（information extemal－y），使具有国际竞争优势的出口产品容易被模仿，从而降低了市场开拓所创造的短期租金。（2）内部发展中的市场失灵。市场机制在促进产业协调发展方面存在失灵现象，从而不能充分发挥上一下游产业、基础设施发展的协调外部性（coordination e－eternality），抑制了产业之间的战略互补，市场失灵需要产业政策干预，当然，新结构主义的国家干预不是直接干预生产过程，而是对市场机制的补充和引导。

第三，注重收入分配的公平性。发展中国家的收入分配不平等程度普遍高于发达国家，拉美更是全球分配不平等最高的地区之一，贫困人口数量庞大。新结构主义反对"轻分配"的经济发展战略，从市场机制、长期动态趋势以及对经济增长的影响等视角，对发展中国家，特别是拉美的收入分配不平等问题进行了反思。同时，新结构主义对市场机制在促进收入分配公平方面的作用表示怀疑，认为市场机制有时会损害最贫困阶层的利益，从而加剧收入分配的不平等程度。于是，国家应该优先关注最贫困和最易受损害的阶层，减小外部冲击对他们的影响。新结构主义质疑了库兹涅茨提出的"倒U型"假说一在这一假说中贫困的消除以及收入平等化曾经被认为是经济增长的必然结果，他们反对"倒U型"假说简单地广而化之。Deininger&Squire（1999）的实证分析经验论证了"倒U型"假说并不具备普通意义，他们的实证分析的结论认为，收入不平等和经济增长都受到各国初始发展条件以及经济政策的影响，收入不平等和经济增长之间不存在具有音速意义的相互关系。因此，新结构主义反对"先增长后分配"的发展理念，而主张"注重公平"的发展战略。而且Muph等人还在规模效应和正外部性的假设下，论证了收入不平等对工业化和经济增长的阻碍作用，肯定了通过减少贫困和降低收入不平等以推动工业化和经济增长的发展理念。Fajnzylber（1999）从系统竞争力的视角论证了经济发展与社会公正的一致性，拓展了新结构主义对经济发展的理解。Fajnzylberi认为，没有社会公正的经济竞争力最终必然被证明是短命的，没有竞争力的社会公正同样也不会长久。

第四，重视制度完善对经济发展的作用。新结构主义注意到制度完善对于宏观经济管理与微观及中观经济层面的新干预形式的结合（Rosenthal，

1996，p17）的重要作用。Fajnzylber（1994）指出，宏观经济平衡是经济发展的必要而非充分条件，实现经济发展还需要一系列体制因素和制度完备，发展了早期新结构主义追求宏观平衡的经济发展思想。理想的制度可以推动雇主与工人之间直接形成共识，国家只是作为被最终诉求的调解人（Lahera，Ottone& Rosales，1995）。新结构主义强调制度在协调社会经济关系中的重要性，政府和代理人应该注重体制改革和政策制定，以合理变革生产模式、实现社会公正。在拉美国家，由于技术进步活动较容易被模仿，从而减少了企业在对发达国家技术进行应用、改进和适用性创新中的获利，于是，打击了企业技术创新活动的积极性，抑制了整个社会的技术进步。上述现象在进口替代时期已经存在，并且在新自由主义时期更加严重。Hausmann& Rodrik（2003）分析了影响技术进步的技术市场问题，并强调完善制度以克服市场失灵是促进技术活动的有效途径。

（三）马克思主义与结构主义经济发展伦理的相同点

作为与新古典经济发展伦理相对的理论，马克思主义与结构主义经济发展伦理存在着诸多相同点。与新古典经济发展伦理认为经济发展的过程天然和谐不同，马克思主义和结构主义经济发展伦理都认为经济发展是一个不均衡的过程，这种不均衡的发展过程会导致进入请如"发展的陷阱"之类的状态，因此需要国家对经济发展进行干预。经济发展的过程，也不必然会使所有人都受益，有可能导致收入分配的两极分化，因此，马克思主义经济发展理论和结构主义经济发展理论都特别强调经济发展的公平分配问题。

马克思主义与结构主义经济发展理论的相同点更多地体现在与新结构主义经济发展理论上。作为一个开放的理论体系，马克思主义和新结构主义经济发展理论都是在不断地相互借鉴过程中成长，因此彼此都有很多具体的理论和政策主张是相互影响的。例如新结构主义对中心—外围结构的再思考，就是在借鉴西方马克思主义经济发展理论的基础上提出的，而新结构主义经济发展理论中注重收入分配的公平性和重视制度完善对经济发展的作用，更是马克思主义经济发展理论的一贯传统。新结构主义结合经济发展的实践，对新工业化的"大推进"的重新思考，考虑到现代工业的规模递增和竞争不完全性，及其提出的政策主张，与苏联及中国工业化进程中的许多政策不谋而合。新结构主义向古典政治经济学的回归，注重借鉴古典政治经济学的分析视角以观察经济发展问题，必然与作为古典政治经济学重要继承分支的马克思主义经济发展伦理具有诸多相同点。

（四）马克思主义对结构主义经济发展伦理的超越

马克思主义与结构主义经济发展伦理不仅在许多方面存在着共同点，而且在许多价值问题上的分析比结构主义深入，超越了结构主义对经济发展的价值判断。

第一，分析内容的超越。对经济发展的研究，主要包括对生产力发展的研究和生产关系发展的研究。经济发展的过程不仅是生产力提升的过程，而且也是制度变迁的过程。但结构主义研究经济发展，主要侧重于对生产力发展的研究，而缺少对生产关系发展的研究，不考虑现代化过程中的社会问题，主要就经济发展而研究经济发展，这种经济发展理论必然存在着许多缺陷，在经济发展的价值判断问题上难免会陷入跟新古典主义发展理论一样的"伦理无涉"的境地。而马克思主义经济发展理论的研究，不仅研究生产力的发展，更重要的是对生产关系发展的研究。经济发展的价值判断必然对经济发展的过程产生反作用。

第二，分析思路的超越。结构主义思路也有着它固有的缺陷，这表现在理论框架与政策导向两个方面。就理论框架而言，这一思路的总体架构过于松散，而且缺少一个理想的微观基础；就政策导向而言，该思路中有一种潜在的轻视人力资本，忽视市场机制，歧视农业和闭关自守的倾向。在后续阶段上，结构主义者已经有意识地把克服这一倾向作为弥补其理论缺陷的努力方向，但由于框架松散和微观基础不理想等原因，结构主义者要想在这方面取得实质性进展还需要付 出更多的努力。经济分析的目的则在于揭示如何通过结构转变而促进经济增长，因而在其理论分析中，进行了大量的经济结构改变因素的分析，表现出经济增长中的作用，而且这种结构的作用也影响市场机制的调节功能，因而了其突出的实证分析的特征。结构主义经济发展理论强调结构在经济发展和在很大程度上不是实现竞争的市场均衡，而是市场的非均衡。

第三，对市场认识的超越。在对"计划"与"市场"作用的认识上，结构主义经济发展理论过于强调"计划"的作用，十分强调计划化，并强调政府对市场的替代作用，过高地估计了政府的计划能力，对市场的培育重视不够。由于结构主义认为发展中国家的经济现实不同于西方发达国家，市场是不完善的，不能有效地调节经济达到均衡状态。因此，结构主义认为不能寄希望于市场，而应充分发挥国家的作用，有计划地进行资本积累，最后走上工业化的发展道路。结构主义所探讨的内容基本上没有超出资本积累、工业化和计划化这三方面的范围。正对国家计划化的过分强调的反面是对市场作用的忽视。结构主义认为发展中国家的市场是不完善的，不能寄希望于市场会引导经济从不发达走向发达，而应充分发挥国家的力量，只要国家采取集中的、周密的计划就能使发展中国家迅速走上工业化的道路。这种重计划轻市场的思想过分强调政府的作用，既忽视政府本身的缺陷性以及过分干预对经济发展所产生的负面影响，以致产生"政策引致的扭曲""市场失灵"和寻租、腐败等现象也忽视了市场本身对经济发展所具有的政府所不能替代的作用，即能有效地进行资源配置，对经济增长提供一个激励机制，并能避免国家直接干预经济所产生的低效率和腐败现象。但马克思主义经济发展理论对于市场与国家干预无论是理论认识还是政策实践，都已经有了非常科学的认识与判断。

第三节　马克思主义与西方马克思主义 经济伦理之比较

西方马克思主义经济发展理论，在西方经济学界是作为对居于主流地位的正统的经济发展理论尤其是新古典经济发展理论的批判者出现的。他们不同程度地接受和继承了马克思主义的经济理论和唯物史观，试图根据 20 世纪已经发展了的国家垄断资本主义的新现实，用马克思主义的基本观点来创造性地回答新的、马克思主义过去没有能回答的问题。西方马克思主义经济发展理论是内容丰富、涉及面广且具有较深的理论深度的理论体系。西方马克思主义经济发展理论的代表人物主要是保罗·巴兰、安德烈·C. 弗朗克、伊曼纽尔·沃勒斯坦、保罗·斯威齐、萨米尔·阿明、特奥托尼奥·多斯桑托斯、费尔南多·恩里克·卡尔多索、帕洛依克斯、阿米拉马迪等。

一、西方马克思主义经济理论的基本内容

西方马克思主义经济理论的基本理论观点概述如下:

第一是以巴兰、弗朗克、阿明、沃勒斯坦等为代表的国际资本主义体系论。这些学者认为前资本主义已经终结,把当今的世界经济制度定义为世界资本主义体系或世界资本主义制度,在这一体系或制度中形成"中心—外围"结构,巴兰和弗朗克明确指出,居于"中心"的发达资本主义国家支配居于外围的落后国家或附属国家,作为宗主国的发达国家通过多种途径占有第三世界生产的经济剩余,破坏第三世界的经济发展,占有第三世界的市场,以牺牲落后国家的发展来换取发达国家的发展。在绝大多数的第三世界国家中,并没有复制出像发达国家那样的社会演进和阶级结构。

第二是以埃曼努尔·沃勒斯坦为代表的不平等交换论。矣曼努尔打破了长期流行于西方国家的李嘉图的"比较成本说",认为在现代,资本已经不是在一国范围内流动,而是在世界范围内流动了,因此他从马克思的价值转化为生产价格的转化理论出发,认为马克思的价值转化为生产价格和剩余价值转化为平均利润就必须在世界范围内来加以审视了。他论述了国际生产价格的形成,分析了发达国家和不发达国家的生产和交换条件,从而论证了国际贸易中的不平等交换和国际剥削问题。按照埃曼努尔的分析,在世界范围内,由于落后国家资本有机构成低于发达国家的资本有机构成,世界范围的利润平均化过程,必须使大量剩余价值从不发达国家流向发达国家,构成了富国与穷国之间的不平等交换的基础。由此所得出的结论是,不平等交换使落后国家的经济剩余源源不断地流向发达国家,从而保证发达国家得以持续地发展,避免利润下降的趋势,并维持其高于落后国家的工资率。

第三是以阿米拉马迪等为代表的非资本主义发展论和托斯为代表的依附

论。非资本主义发展论强调，在现有的世界资本主义经济体系结构中，落后国家绝无成功地发展资本主义之可能，非资本主义或社会主义发展道路是其唯一正确的选择。依附国家要真正走上发展之路，必须能自主地发展，要做到自主地发展，摆脱对宗主国的依附关系，其必备条件是革命和社会主义体系的实现。

第四是以帕洛依克斯为代表的经济全球化理论。该理论强调资本主义有种固有的使其自身国际化的趋势，因而在世界范围内进行生产资料和生产关系的扩大再生产。帕洛依克斯在其《世界范围的资本扩张》《资本的国际化和社会资本循环》等著作中将资本的国际化划分为三个阶段：第一阶段是指商品资本被国际化，这引起世界市场的出现。第二阶段是货币资本循环被国际化，资本被迅速积累。第三阶段是生产资本的国际化，引起了跨国公司的产生和发展。按照帕洛依克斯的看法，资本的国际化是由于世界范围的资本主义生产方式普遍性而形成的过程的一部分。竞争是暗含于这个运动后面的力量之一。这创造了朝着世界范围的生产条件和交换条件均等化方向发展的趋势，也创造了世界范围的生产和交换的差别。第二次世界大战以后出现的生产资本国际化（表现为跨国公司的巨大发展）创造了一个新的工业资产阶级，这个阶级试图在地方经济和世界经济之间磨合联系，推动生产的国际化。

二、西方马克思主义对马克思主义经济伦理的继承

西方马克思主义经济发展理论家的政治立场各异，对传统马克思主义的态度也有很大差别，但是作为与西方非马克思主义者相对立的马克思主义者，他们在思想上具有某些共同的特征，这些特征的形成就表现在他们不同程度地对马克思主义经济发展理论的继承。

第一，西方马克思主义经济发展理论家们自视能坚持马克思的唯物史观和剩余价值理论，能坚信资本主义必然灭亡和社会主义必然胜利的历史发展趋势，能在坚守马克思经济学基本原理的前提下研究和探讨问题，能够坚持运用马克思经济学理论原理分析、研究当代资本主义和社会主义经济关系，西方马克思主义经济发展理论继承了马克思主义的批判精神，特别是继承了

马克思主义对资本主义的批判，他们试图在对当代资本主义社会经济义必须对世界做出重新解释，强调对马克思经济发展伦理的"重新研究"关系的研究中，既主张恢复马克思经济学的"传统"，更倡导"马克思主义"（restudying）和"重新塑造"（reshaping），并在这一重新研究和重新塑造中，批判它过去已经提出的旧的解释。同时在政治上，他们同西方国家的工人运动和无产阶级政党有着或多或少的联系。

第二，在分析方法上，西方马克思主义经济发展理论坚持传统马克思主张采用的阶级分析或制度分析理论。在西方马克思主义经济发展理论中，阶级分析或制度分析居于中心的地位。西方马克思主义经济发展理论分析中贯穿的阶级分析和制度分析的路线，体现在其对资本对外扩张的分析、对世界资本主义体系结构的分析、对生产方式联结的分析、对不平等国际交换的分析、对国际资本运动的分析和对非资本主义发展道路选择的分析当中。西方马克思主义坚持的这种阶级分析或制度分析，不仅凸显了其同经典的马克思主义经济理论一脉相承的传统的价值立场，也使之同其他的非马克思主义经济发展理论划清了界线。而且西方马克思主义经济发展理论较多地从生产关系变革、生产关系的状况对经济发展的影响的角度进行分析。另外，西方马克思主义经济发展理论重在揭示世界经济体系（"中心—外围"结构）的不合理性，发达的资本主义国家如何通过不平等交换、资本输出等手段剥削落后国家，等等。除了进行一些实证分析，在很大程度上具有规范分析的特征。这些都体现了其对马克思主义经济发展伦理研究方法的继承。

西方马克思主义对马克思主义经济发展伦理的发展：

（一）对一些基本概念的发展

西方马克思主义者对马克思经济发展伦理的一些基本概念的伦理内涵进行了拓展。例如分析马克思主义的著名代表约翰·罗默，拓展了马克思"剥削"的概念，认为不仅资本主义社会有剥削，而且社会主义经济发展过程中也会有剥削。他区别了三种剥削形式，即"封建剥削""资本主义剥削"和"社会主义剥削"。"封建剥削"是基于对他人的劳动力拥有一定的所有权，是对劳动者劳动的直接强制，其劳动成果的一部分常常以实物形式被领主所占有；"资本主义剥削"产生于可转让生产资料的不平等分配；"社会主义剥削"则源于个人技能的差异。罗默认为剥削蕴含着道德上的不公正，其原因在于产生剥削的条件是不道德的。"当剥削是一种不公正时，这不是因为剥削本身就是不公正的，而是因为在一个剥削的环境中所花费的劳动和所得到的收入是不公正的财产初始分配的结果。剥削性分配的不正义取决于初始分配的不公正。"① 罗默进一步定义了"社会必要剥削"，他认为，"如果一种剥削形式的消除会以这一方式——使剥削者境况更坏——改变各种激励和制度，那么这剥削形式就是社会必要的。"② 罗默认为，"社会必要剥削"是一种在人类社会历史发展中具有合理性的经济现象，但他认为，"社会必要剥削"也是不道德的，是"必要的恶行"。罗默继承和发展历史唯物主义的观点，认为任何一种剥削都会经历一个从"社会必要剥削"到"社会不必要剥削"的发展转变过程。在罗默看来，社会主义社会也仍然存在着剥削，而且社会主义社会的剥削具有特殊性，因为这种剥削产生的根源在于技能和地位差别，分别形成"技能剥削"和"地位剥削"，这两者的不道德性在程度上是不一样的。

诸如上述对经济发展不同阶段剥削的拓展研究的类似基本概念的拓展点存在很多分歧，例如他们中的诸多学者对于马克思对资本主义剥削的论述 还有很多，但由于西方马克思主义本身就是一个松散的流派，其自身许多观是否蕴含道德的维度这个问题的看法上，就存在完全不同的两种观点：伍德（Allen W. Wod）、米勒（Richard Miller）、布伦克特（George g Brenkert）等人主张马克思没有对资本主义剥削和资本主义社会进行道德批判，资本主义剥削是正义的，马克思是反对正义的；胡萨米（Ziyad I. Husami）、柯享（GA. Cohen）、埃尔斯特（J. Elster）、罗默（John E. Roemer）等人则主张马克思对资本主义剥削和资本主义社会进行了道德批判，否定了资本主义剥削和资本主义社会的正义性，马克思是赞成正义的。正是由于这种分歧的普遍存在，难以形成统一的西方马克思主义经济发展伦理思想。

① 罗默，段忠桥译：《在自由中丧失——马克思主义对经济学导论》，经济科学出版社，2003 年版，第 65 页。

② john E. Roemet, A General Theory of Exploitation and Clas, Harvard University Press 1982, pp22.

第九章 马克思主义经济伦理思想与西方经济伦理思想比较研究

（二）在经济分析中加入更多的价值批判

马克思在对资本主义进行分析时，尽量保证对资本主义经济现象和经济规律进行客观公正的探讨，正如海尔布罗纳对《资本论》的评价一样"这部书是在怒火满腔的情况下写成的，却用冷静的逻辑来进行分析。"[1] 马克思自己也曾说："我决不用玫瑰色描绘资本家和地主的面貌。不过这里涉及的人，只是经济范畴的人格化，是一定的阶级关系和利益的承担者。我的观点是把经济的社会形态的发展理解为一种自然史的过程。不管个人在主观上怎样超脱各种关系，他在社会意义上总是这些关系的产物。同其他任何观点比起来，我的观点是更不能要个人对这些关系负责的。"[2] 西方马克思主义者不满足于马克思这种既要从道德上批判资本主义又要隔离伦理学与经济学关系的做法，从而要求更激进地推进对资本主义的道德批判、力图在伦理学的价值判断的视野下把经济学和伦理学结合在一起。罗默就直言不讳地说："我的主题是探索马克思主义的经济思想同与之相关的伦理思想之间的联系。当代新古典经济学大即宣扬资本主义在道德上是中性的，而马克思主义经济学的任务，是要从道德的角度，向以生产资料私有制为基础的经济制度的正当性提出挑战。"[3] 罗默就认为，马克思的"削"概念虽然能够解释资本积累和资本主义扩张，但不能明资本主义剥削在道德上的不公正，因此，马克思对资本主义经济发展过程中的剥削现象是一种事实陈述，而不带有价值判断的意义，在罗默看来，需要对从一种价值判断的视角来批判资本主义的剥削现象，指斥资本主义剥削在道德上的不公正。所以，西方马克思主义者认为，对具体问题的事实陈述、理论分析和价值判断应当紧密结合在一起。

（三）对市场作用认识的发展

西方马克思主义经济发展理论对市场有着独特的认识，他们认为市场不

---

① 伯特·L海尔市罗纳著，基受百等：《几位著名经济思想家的生平、时代和思想》，商务印书馆，1994 年版，第 145 页。

② 马克思：《资本论》第 1 卷，人民出版社，2004 年版，第 10 页。

③ 罗默著，段春桥译：《在自由中表失——马克思主义对经济哲学导论》，经济科学出版社，2003 年版，第 2 页。

是单纯的具有经济理性的经济活动者追求最大利益的活动场所，而首先是统治阶级（资本家阶级）和被统治阶级（雇佣劳动者）以及资本家之间进行力量较量的场所。资本家实现其剩余价值的生产，把包含有剩余价值的商品实现为剩余价值的占有，工人把其劳动力作为商品出卖给资本家，都是通过市场交换进行的。在这里，虽然遵行着等价交换的原则，实行完全自由的买卖，但市场在资本主义条件下却是一条通向剥削和奴役之路。西方马克思主义的这一认识与新古典经济发展理论显然不同。并且，西方马克思主义经济发展理论强调，在落后国家和发达国家之间的国际交换领域，虽然也是自由买卖，然而，由于交换的双方的力量悬殊，结果，总是使落后国家的利益受到损害。不仅在商品交换领域如此，在其他方面，例如，在资本输入、技术输入等方面，落后国家也总要被迫接受发达国家强加给它的条件。

第四节　结论：马克思主义经济伦理核心价值

马克思主义经济理论自诞生以来已有近170年，期间经历了苏联社会主义经济建设、中国改革开放前的经济建设以及改革后中国特色社会主义市场经济建设三次大的实践，在实践中马克思主义者不断地用实践来检验马克思主义经济理论的正确性，并据以指导实践，取得了一系列的重大成就。今天我们系统研究马克思主义经济发展理论，整理其思想体系，杭理其理论脉络，其目的当然还在于借鉴马克思主义经济理论提供的政策策略思想，更好地指导我们的经济建设实践。综合看来，马克思主义经济理论提供的政策思想至少包括以下几个方面：

一、注重以最广大人民群众根本利益为核心

马克思主义主张追求和实现最广大人民群众的根本利益，这是马克思主义经济伦理最核心的价值主张。马克思主义经济伦理的这一核心价值首先是白马克思主义理论的本性决定的。马克思主义是在广大的无产阶级革命实践

中产生、发展起来的，是无产阶级的阶级立场和根本利益的科学表性。其次，这是由无产阶级的历史使命决定的。无产阶级只有解放全人类，现，是无产阶级解放条件的理论概括。鲜明的阶级性是马克思主义的根本特才能最后解放自己。第三，是否始终站在最广大人民的立场上，是唯物史观和唯心史观的重要区别，也是判断马克思主义政党的试金石。马克思主义政党的一切理论和奋斗都应致力于实现最广大人民的根本利益，既是马克思主义最鲜明的政治立场，也是马克思主义政党先进性的重要体现。

在马克思主义发展史上，历代马克思主义者都把人民群众的根本利益放在第一位。《共产党宣言》指出："共产党区别于其他政党就在于，共产党坚持无产阶级利益的根本性和整体性。"① 在建设社会主义的实践中，列宁指出："大多数人的意志永远是必须执行的，违背这种意志就等于背叛革命"，② 正是由于坚持了这个大多数人利益的思想，列宁和俄共（布）领导得到了苏俄大多数人民的支持，经受了国内战争和恢复国民经济的严峻考验片面发展重工业，使人民群众的生活资料长期匮乏，一方面在宣称所谓的经验。而在斯大林时期，为了增强国力，苏共不惜以牺牲轻工业和农业为代价进入全面展开共产主义社会建设的新时期，而另一方面人民群众不得不在温饱线上挣扎，人民群众的根本利益没有得到满足，制约了社会主义经济和社会的发展。

在马克思主义中国化的过程中，毛泽东第一次把坚持人民利益的原则上升到了马克思主义基本原则的高度，他指出："马克思列宁主义的基本原则就是要使群众认识自己的利益并且团结起来，为自己的利而斗争。"③ 面对一个积贫积弱的中国，毛泽东认为，当时人民的根本利益在政治上的取向就是建立一个没有阶级压迫、没有剥削和人民当家作主的国家，因此以毛泽东为代表的党的第一代领导集体紧紧地把握住了当时人民群众的这一根本利益要求，领导人民完成了新民主主义革命，实现了民族的独立和解放，建立了社会主义制度，实现了最广大人民群众的根本利益。作为中国共产党第二代领导集

---

① 马克思：《马克思恩格斯选集》第 1 卷，人民出版社，1995 年版，第 283 页。
② 列宁：《列宁全集》第 35 卷，人民出版社，1985 年版，第 141 页。
③ 毛泽东：（毛泽东选集）第 4 卷，人民出版社，1991 年版，第 1318 页。

体的核心，邓小平同志在实践中继承并发展了毛泽东的人民利益思想，强调重视人民利益的极端重要性。他始终把"人民拥护不拥护 人民答应不答应""人民高兴不高兴"作为制定各项方针政策的出发点。他告诫全党，我们的路线方针政策是为人民服务的，只有符合人民利益，满足人民的要求，我们的事业才能成功。邓小平指出："社会主义现代化建设是当前我们最大的政治，因为它代表着人民最大的利益，最根本的利益。"①

在改革开放和建设中国特色社会主义的新形势下，全党全国也从讲政治和加强执政党建设的角度强调为人民谋利益的重要性。"维护和发展人民群众的利益，始终是我们最大的政治"。② 我们党来自人民，扎根于人民，服务于人民、建设有中国特色社会主义全部工作的出发点和落脚点，就是全心全意为人民谋利益。③ 并认为、我们的党，应当坚定地代表最广大人民群众的根本利益。党的这些论述表明，我们党八十多年的历史是一部全心全意为人民谋利益的历史。不管历史条件、社会环境、形势任务如何变化，我们党始终坚持全心全意为人民服务的宗旨不变，这是我们党的力量源泉和胜利之本，也是我们党保持先进性的一大法宝。

不仅如此，全党一直将人民利益置于突出位置。要将社会建设与广大人民群众的切身利益紧密相连，必须摆在更加突出的位置。加强社会建设，要以解决人民最关心、最直接、最现实的利益问题为重点，使经济发展成果更多体现到改善民生上，尤其要注重优先发展教育，实施扩大就业的发展战略，深化收入分配制度改革，基本建立覆盖城乡居民的社会保障体系，建立基本医疗卫生制度，提高全民健康水平，完善社会管理，维护社会安定团结。通过这些重大举措，以求达到促进社会公平，缩小贫富差距，以及医疗卫生、教育、社会保障等领域作出重要部署，这是合乎国情、顺应民意的，是件大快人心的好事。

---

① 邓小平：《邓小平文选》第2卷，人民出版社，1994年版，第162页。
② 江泽民：《在纪念党的十一届三中全会召开二十周年大会上的讲话》，《人民日报》，1998.12.19（1）。
③ 江泽民：《在纪念党的十一届三中全会召开二十周年大会上的讲话》，《人民日报》，1998.1219（1）。

二、坚持发展的、开放的经济发展

马克思主义理论是在不断发展中的，马克思主义经济发展理论也不例外，我们坚持马克思主义，不能采取教条主义的态度，机械地生硬套。恩格斯指出："我们的理论是发展着的理论，而不是必须背得烂熟并机械地加以重复的教条"。① 马克思主义经济发展理论之所以是科学，因为其理论观点都以人类经济发展的历史事实为依据，因为它坚持理论和实践相结合。马克思主义经济发展理论的这种特性，决定了它可能而且必然要求理论随着经济的发展而不断地发展。恩格斯曾告诫说："认为人们可以到马克思的著作中去找一些不变的、现成的、永远适用的定义"是一种"误解"。②

马克思主义经济发展理论是发展的发展观，是发展的理论，并不是说其基本观点是不稳定的。马克思和恩格斯在 19 世纪中叶及其后期对经济发展的分析，是站在最先进的工人阶级的立场上，对当时资本主义经济发展及此前人类经济发展历史所做的科学归纳总结，所创立的科学理论的基本观点是人类历史经验的总结，并在后来的社会实践中被证明是正确的。马克思也再强调，他的研究对象是当时资本主义世界尤其是英国经济的发展状况，1883 年和 1895 年马克思和恩格斯分别去世后，世界经济发展出现了巨大的变化，这些变化是马克思和恩格斯所不能观察到甚至也没有预计到的，尤其是在 20 世纪 20 年代列宁领导俄国人民建立了第一个社会主义制度国家起，人们开始面对社会主义革命胜利后如何去建立社会主义制度，如何进行社会主义经济建设的问题。由于马克思主要是对于资本主义经济发展的弊端的批判，对于这些问题，他并没有提供也不可能提供现成的答案。恩格斯在为《资本论》第一卷写的书评中说："马克思关于社会变革后将怎样，他只是最一般地谈到。"③ 当然我们不可能对马克思、恩格斯有更多的苛求，因为当时现实生活还没有提出这样的问题，没有提供可以进行科学研究的实际材料。

---

① 马克思，恩格斯：《马克思恩格斯选》第 4 卷，人民出版社，1995 年版，第 681 页。
② 马克思，恩格斯：《马克思恩格斯全集》第 25 卷，人民出版社，1974 年版，第 17 页。
③ 马克思，恩格斯：《马克思恩格斯全集》第 16 卷，人民出版社，1995 年版，第 243 页。

十月革命胜利后，列宁领导俄国巩固了苏维埃政权，在战时和战后实施了一系列经济政策，创造性地发展了马克思主义经济发展理论，他提出工农业平衡发展与重点增长和优先增长的理论，强调人力资源、资本和技术等经济资源在经济发展中的作用，认为计划是方向、目标，市场是基础，提出个人利益，以及和个人利益的结合是经济发展的内在动力，并极力反对经济发展成果的平均分配。列宁提出的经济发展思想，完善和发展了马克思主义的经济发展思想，把马克思主义推进到了一个新的阶段，列宁主义阶段。继列宁之后，斯大林继续把马克思恩格斯的经济发展理论与苏联的具体发展实际相结合，在苏联的社会主义经济建设中，继承、捍卫和发展了马克思恩格斯和列宁的经济发展思想，在经济发展方式上建立了一种斯大林模式不仅使当时苏联经济建设取得了重大成就，而且对其他社会主义国家的经济发展起了重大影响作用。1949年新中国成立后，毛泽东和党的其他领导人在领导中国建行社会主义经济的过程中，结合中国的具体国情，提出了许多经济发展思想，包括：资本主义在中国的某种发展是一个不可避免的过程；价值规律是一个伟大学校；农业是整个国民经济的基础，要优先发展生产资料生产；以及要进行经济制造改革；等等。毛泽东的这些经济发展思想指导的这一时期的经济发展为中国改革开放后的经济发展奠定了广阔坚实的基础。1978年改革开放后，邓小平开创了建设有中国特色社会主义的新纪元，认为中国的经济发展速度要快，中国经济发展的规律是波浪式前进，中国经济发展的必由之路是进行经济体制改革，并为中国经济发展制定了三步走的战略，并提出，中国经济发展的伦理目标是共同富裕，判断经济发展的道德价值坐标是三个有利于标准，经济发展的道德支撑点是兼顾国家、集体和个人利益。邓小平及第二代领导人创立的邓小平理论是对马克思主义经济发展理论的又一次发展。以江泽民同志为核心的党的第三代领导集体深刻分析了改革、发展和稳定的关系，适时提出经济体制从传统的计划经济体制向社会主义市场经济体制转变，经济增长方式从粗放型向集约型转变的两个转变思想，提出要以经济效益为中心，调整包括所有制结构和产业结构在内的经济结构，在现代化建设中实施可持续发展战略，提出了"三个代表"重要思想，再一次发展了马克思主义经济发展理论。党的十六大后，党的第四代领导集体继承和发展了马克思主义关于发展的世界观和方法论，创造性地提出了科学发展观，系统地总结并完善了马克思主义关于发展的理论，不仅为指导中国经济发展做出了积极贡献，对推动全人类的发展也具有深远意义。以习近平同志为核心的党的新一代领导集体高瞻远瞩，创新性地提出了"供给侧结构性改革"，并以此为重要抓手，不仅推动社会主义经济建设，而且也提出要将经济建设成果融入政治建设、文化建设、生态文明建设以及深化改革开放的伟大事业中去，这必将对中国特色社会主义事业的不断发展起到不可或缺的作用。由此可见，马克思主义经济发展理论的每次发展，都是为处理不同阶段出现的社会经济发展的基本矛盾，根据马克思主义经济发展理论的基本原理，结合本国经济发展的具体实际所做出创新和发展。

马克思主义经济发展理论不仅应当是发展的理论，而且也应当是开放的理论。众所周知，古典政治经济学和空想社会主义思想是马克思、恩格斯经济发展理论的重要理论来源，马克思主义经典作家在创立自己的经济发展理论时，也都毫不犹豫地借鉴了人类历史上一切文明成果。当今世界经济发展理论学派林立，最典型的包括新古典主义经济发展学派、传统结构主义和新结构主义学派以及西方马克思主义学派，他们所提出的各种理论，都是对他们所考察的经济发展现象的真实反映，其中提出了许多解决经济发展问题的措施，其中不乏真知灼见，具有一定的科学成分，值得我们参考和借鉴。因此，我们所坚持的发展观必须也是开放的发展观，吸收包括其他非马克思主义经济发展理论中的科学成果，进一步地完善和发展马克思主义经济发展理论。

三、重视科技、创新和教育对经济发展的作用

马克思主义经济发展理论告诉我们，科技、创新和教育彼此之间及其与经济发展之间存在着千丝万的关系。科技是科学技术的简称。科学就是有关研究客观事物存在及其相关规律的学说，是人类在长期认识和改造世界的历史过程中所积累起来的认识世界事物的知识体系。技术则是利用"有关研究客观事物存在及其相关规律的学说"能为自己所用，为大家所用的知识，是

指人类根据生产实践经验和应用科学原理而发展成的各种工艺操作方法和技能以及物化的各种生产手段和物质装备。一般认为，高科技是一种人才密集、知识密集、技术密集、资金密集、风险密集、信息密集、产业密集、竞争性和渗透性强，对人类社会的发展进步具有重大影响的前沿科学技术，它是推动各行各业发展的关键因素之。人类社会文明的发展史，同时也是生产和科学技术的发展史。科学技术一开始就由生产决定。社会生产不断给科学技术开辟新领域，提出新的研究对象。科技是社会生产发展的产物，反过来，它又推动了社会生产的发展。也正是在这个意义上，马克思曾指出"生产力中也包括科学"，并且说："固定资本的发展表明，一般社会知识，已经在多么大的程度上变成了直接的生产力。"马克思还深刻地指出："社会劳动生产力，首先是科学的力量"；"大工业把巨大的自然力和自然科学并入生产过程，必然大大提高劳动生产率"。而在此基础上，邓小平同志根据当代科学技术发展的趋势和现状，提出了"科学技术是第一生产力"的论断。邓小平同志的这一论断，体现了马克思主义的生产力理论和科学观。"科学技术是第一生产力"，既是现代科学技术发展的重要特点，也是科学技术发展必然结果。

创新是人类特有的认识能力和实践能力，是人类主观能动性的高级表现形式，是推动民族进步和社会发展的不竭动力。经济学上，创新概念的起源为美籍经济学家熊彼特在 1912 年出版的《经济发展概论》。熊被特在其著作中提出：创新是指把一种新的生产要素和生产条件的"新结合"引入生产体系。它包括五种情况：引入一种新产品，引入一种新的生产方法，开辟一个新的市场，获得原材料或半成品的一种新的供应来源。熊彼特的创新概念包含的范围很广，如涉及技术性变化的创新及非技术性变化的组织创新。而在马克思主义经济学中，创新是劳动的一个重要的阶段性成果，是生产力发展的阶段性标志。其是社会经济发展的前置因素，形成规模性效益的源泉。创新与积累劳动形成经济发展的两大矛盾性劳动根源。创新的价值在于以新的生产方式重新配置生产要素形成新的生产力，创造新形式的劳动成果或者更大规模的生产。其在于创新成果社会化过程对于经济领域的路径选择或者创造新的路径。创新价值是从个别主体的垄断价值到社会再生产的普遍价值转化。一个民族要想走在时代前列，就一刻也不能没有理论思维，一刻也不能停止理论创新。这是因为，创新一方面直接影响着经济的发展，创新直接影响着生产力水平的提高；另一方面，创新还对科技进步起着举足轻重的作用，一个民族创新能力的大小直接影响到科学发展、技术创新和工程技术的进步水平，而这些又是推动该民族经济发展的重要因素。

无论是对于经济发展本身来讲，还是对于科技进步与创新发展来讲教育都是一个最核心的因素。教育是指着眼于他人的素质、能力，而进行的影响其精神世界或心理状态的信息传播活动。教育是一种改变人类对客观世界认识的途径，一种积极引导人类的思想、认识和改造世界的积极有效的途径，教育也是一种人类道德、科学、技术、知识储备、精神境界的传承和 提升行为，也是人类文明的传递。科技进步、经济繁荣和社会发展，从根本上说取决于提高劳动者的素质，培养大批人才。马克思提倡把智育、体育和生产劳动结合起来。提倡教育与物质生产相结合，是要通过确保人人充分了解生产过程来消灭体力劳动与脑力劳动之间、观念与实践之间的历史形成地提出了许多问题（许多半途夭折的或只是部分获得成功的试验就证明了这一 差距。这一原则在理论上的正确性虽然为人们所广泛承认，但其实际运用却点），这在科学技术迅速变革的条件下，更是如此。同时，教育的基础，还是推进传播创新向自主创新转变的关键动力。也正因此，江泽民1992年在题为加速科技进步，大力发展教育，充分发挥知识分子的作用的讲话中就提到，我们必须把教育摆在优先发展的战略地位，努力提高全民族的思想道德和科学文化水平，这是实现我国现代化的根本大计。要优化教育结构，大力加强基础教育，积极发展职业教育、成人教育和高等教育，鼓励自学成才。各级政府要增加教育投入。鼓励多渠道、多形式社会集资办学和民间办学，改变国家包办教育的做法。各级各类学校都要全面贯彻党的教育方针，全面提高教育质量。到21世纪末，基本扫除青壮年文盲，基本实现九年制义务教育。进一步改革教育体制、教学内容和教学方法，加强师资队伍的培养和建设，扩大学校办学自主权，促进教育同经济、科技的密切结合。

四、重视经济的协调、平衡与可持续

一个经济体系的良性发展，需要满足三个特征，即协调、平衡与可持续发展。

所谓协调，即"配合得当"，即尊重客观规律，强调事物间的联系，坚持对立统一，取中正立场，避免忽左忽右两个极端的状态。从语用上讲"协调"一是指事物间关系的理想状态；一是指实现这种理想状态的过程经济学中，"协调"既可以视为在各种经济力共同作用下，经济系的均状态，也可以视为经济系统在各种经济力的共同作用下，趋向均衡的过程。我国经济发展中，明确提出"协调"的概念是在20世纪70年代末80年代初，第七届全国人大第四次会议的政府工作报告将"协调（发展）"定义为"按比例（发展）"，中国共产党第十大次代表大会则把"协调"作为"科学发展观"的内核，强调"五个统筹"。可见，"协调"尽管定义不同，但基本都具有目标和过程两层含义。宁波大学商学院熊德平教授在其著作（农村金融与农村经济协调发展研究）系统分析了协调的概念，认为"协调"是指在尊重客观规律，把握系统相互关系原理的基础上，为实现系统演进的总体目标，通过建立有效的运行机制，综合运用各种手段、方法和力量，依靠科学的组织和管理，使系统间的相互关系达成理想状态的过程。其要点一是对"理想状态"的判断和把握。"理想状态"是指为实现系统总体演进目标，各子系统或各元素之间相互协作、相互配合、相互促进而形成的一种良性循环态势。因此，"协调"首先是一种"关系"，但又不仅仅是"关系关系"是"协调"的前提和基础，"协调"只是"关系"的理想状态和实现过程。其次，协调以实现总体演进目标为目的，总体演进目标是协调的前提。再次，协调对象是相互关联的系统，"协调"是系统内外联动的整体概念，孤立的事物或系统组成要素不存在协调，系统间的有机联系是协调的基础。第三，协调必须有协调主体、手段、机制与模式。协调手段有自然的和人为的以及二者在不同程度相互配合形成的不同形式。最后，协调是动态和相对的，是始终与发展相联系的具有时间、空间约束的概念。"理想状态"意义上"协调"的终极含义，决定了"过程"意义上的"协调"永无终极。"协调"的反面是"不协调"或"失调"，但在现实中"协调"存在个随着协调目标及其环境条件而变化的具有一定值域的"协调度"，越过值域为"失调"。① 在经济发展的过程中，必须运用辩证法的观点理解协调，协调是具有系统属性的事物及其构成要素间，在运动（发展）中的对立统一，是差异中的一致，是由不协调—协调→不协调—协调→不断循环往复的螺旋式上升的过程。

所谓平衡，是指物体或系统的一种状态。处于平衡状态的物体或系统，除非受到外界的影响，它本身不能有任何自发的变化。毛泽东在《关于正确处理人民内部矛盾的问题》中讲："所谓平衡，就是矛盾的暂时的相对的统一。"②平衡不是一静态的，平衡不是一潭死水，是动态的。就如同蓄水池，虽然水的总量是平衡的，但它是有进水和出水的。经济发展平衡要求经济发展的各个部分保持一个合适的比例，例如不同区域之间、城乡之间的合适比例，例如消费、投资和出口之间的合适比例。但是平衡是相对的，不平衡是绝对的。经济的发展正是由平衡到不平衡再到平衡的变化过程。

可持续发展（Sustainable development）的概念最先是在 1972 年在斯德哥尔摩举行的联合国人类环境研讨会上正式讨论。1987 年，世界环境与发展委员会出版的《我们共同的未来》中对"可持续发展"定义为："既满足当代人的需求，又不对后代人满足其自身需求的能力构成危害的发展"。江泽民同志将其概括为："所谓可持续发展，就是既要考虑当前发展的需要，又要考虑未来发展的需要，不要以牺牲后代人的利益为代价来满足当代人的利益"。爱德华·B. 巴比尔（Edivard B. Barbier）在其著作《经济、自然资源：不足和发展》中，从经济学角度将可持续发展定义为在保持自然资源的质量及其所提供服务的前提下，使经济发展的净利益增加到最大限度皮尔斯（D - Pearce）则认为："可持续发展是今天的使用不应减少未来的实际收入"，"当发展能够保持当代人的福利增加时，也不会使后代的福利减少"。1989 年"联合国环境发展会议"（UNEP）专门为"可持续发展"的定义和战略通过了《关于可持续发展的声明》，认为可持续发展的定义和战略主要包括四个方

---

① 熊德平：《农村金融与农村经济协调发展研究》，社会科学文献出版社，2009 年版，第81—86 页。
② 毛泽东：《毛泽东选集》第五卷，人民出版社，1977 年版，第 375 页。

面的含义：（1）走向国家和国际平等；（2）要有一种支援性的国际经济环境；（3）维护、合理使用并提高自然资源基础；（4）在发展计划和政策中纳入对环境的关注和考虑。总之，可持续发展就是建立在社会、经济、人口、资源、环境相互协调和共同发展的基础上的一种发展，其宗旨是既能相对满足当代人的需求，又不能对后代人的发展构成危害。可持续发展注重社会、经济、文化、资源、环境、生活等各方面协调发展要求这些方6面的各项指标组成的向量的变化呈现单调增加态势（强可持续性发展），至少其总的变化趋势不是单调减小态势（弱可持续性发展）。

当前，我们清醒地认识到，我国发展中不平衡、不协调、不可持续的问题依然突出。不平衡指的是城、乡之间的不平衡，地区之间的不平衡，经济发展和社会发展之间的不平衡。不协调指的是第二、三产业不协调。也就是农业、工业、服务行业不协调，投资和消费之间的不协调，经济增长过多，得依赖投资和外贸出口。现在几乎完全要依政府投资，而排挤民间投资，这中间完全不协调。不可持续有则表现为污染严重，没有能够很好解决碳排放量，同时也没有解决好节约能源问题，造成生态环境遭到破坏。为解决好这些问题，要求我们加强地区之间经济分工协作，加强地区内经济的综合发展，通过政府干预的手段解决区际差异过大的问题，同时加快转变经济发展方式，大力增强自主创新能力，培育发展战略性新兴产业，推动产业结构优化升级，重视节能减排，改善生态环境，缩小城乡区域差距调整收入分配结构，提高中等收入者比重，促进经济社会协调发展，才能真正实现经济发展的良性循环，实现惠及十几亿人口的更高水平的小康社会。

五、独立自主发展经济，建立平等的国际经济关系

新中国经济经过六十多年的发展，尤其是改革开放三十多年来的发展取得举世瞩目的成就，到 2010 年底，我国经济总量已跃居世界第二，成为世界上仅次于美国的第二大经济国。但是我们仍然要清醒认识到我国在世界经济体系中的地位。根据"中心—外围"理论，我国仍然处在这个世界经济体系的外围，在很多方面仍然存在对处于中心的世界发达资本主义国家的依附。

从发展起源上讲，我国属于后发展国家，我国经济发展起步晚，作为外围地区，我们一开始就落后了，根据普雷维什的观点，在这种"中心—外围"体系形成的过程中，发达资本主义国家作为"中心"首先享受到技术进步的好处，从一开始就处于有利地位。而广大的"外围"地区则被迫参与以西方发达资本主义国家为"中心"的国际分工，承担着初级产品生产和出口的任务，明显处于不利的地位。从发展的过程来看，由于技术进步及其传播机制的作用，"中心"与"外围"之间形成了不平等的国际分工，"中心"

国家以生产和出口工业品为主，而"外围"国家则以生产和出口初级产品为主。然而，初级产品的贸易条件与工业品相比存在长期恶化的趋势，这又进步加深了"中心"与"外围"之间的不平等。从发展的结果来看，我国仍然处在价值链分配的末端，生产的关键核心技术仍然掌握在西方资本主义国家手中，而由于长期的出口导向政策，使得我国的外贸依存度居高不下，市场受制于人。

经济全球化的加速发展不仅没有消除"中心"与"外围"之间的不平等，反而使二者之间的差距日益扩大。在经济全球化的过程中，"中心"国家在资金、技术、人才、管理以及贸易、投资、金融等方面都占有绝对的优势，因而成为经济全球化的最大受益者。而"外围"国家则由于在制定国际经济和易规则上的附属地位，由于在市场经济体制下的"弱者"地位，它们能够从经济全球化进程中获得的利益将是十分有限的。这就不可避免地会扩大"中心"与"外国"之间的差距。总之，在资本主义的中心—外国 体系下，"中心"与"外围"之间必然会存在严重的不平等、"外图"国家始终会处在不利的地位上，这是由这种体系的基本特征所决定的。

我国要发展经济，必须坚持独立自主的原则，尽量减少对资本主义国家经济的依附，才能减少先进资本主义国家对我国"剩余"的榨取，才能在国际经济体系中增加话语权。而要坚持独立自主地发展经济，首先必须要坚持产品的主要市场必须是国内市场，改变当前主要由出口拉动经济增长的局面；其次还要坚持关键核心技术由自己掌握，才能在国际竞争面前立于不败之地；再次要坚持关系国民经济命脉的产业和产品自己生产，自给自足。前段时间有部分学者提出认为中国已经参与世界分工体系，粮食需求可以通过国际市场得到满足，从而不需要再固守耕地红线的观点实在值得商榷。粮食生产乃国之命脉，一旦受制于人，在国际任何谈判中还有何立足之处？近两年铁矿石之争已经给我们响了警钟。因此，我们在引进外资、参与国际分工的同时，一定要坚持核心产业和产品自给自足。最后，我们还要建立完善、循环的产业结构。只有建立完善的、循环的产业结构，才能保证我国经济发展的再生循环。

第十章　蕴含着经济价值判断的
市场社会主义评析

第一节　市场社会主义的贡献

从市场社会主义的产生和发展、理论和实践中可以看出它对世界社会主义运动作出了贡献。市场社会主义所构建的模式是一种既不同于以美国为代表的"市场资本主义模式"，又不同于以苏联为代表的"计划社会主义模式"，说明了市场社会主义寻求走第三条道路的愿望。在理论上，市场社会主义批判了资本主义弊病，同时也对计划社会主义高度集中经济体制造成的"异乎寻常的低效率"进行了反思和批判。市场社会主义在注重反思和批判市场资本主义和计划社会主义的同时，也十分注重吸收市场资本主义中市场的效率和计划社会主义中社会主义的价值观，就是试图将平等、自由等价值观同市场的高效率进行有机结合。"市场"与"社会主义"的有机结合成为其理论和实践发展的核心，对于该问题不同历史时期有不同的探讨，因此探讨不同时期的"市场和社会主义"的结合问题成为一件对世界社会主义运动发展有着重要意义的大事。

第一，市场社会主义坚持了社会主义的价值取向。一方面，市场社会主义以替代资本主义为目标，它是资本主义的反对者；另一方面主张通过学习和保存资本主义的一些实质性要素来实现社会主义。例如，无论是西方马克思主义者的市场社会主义理论还是东欧社会主义者的市场社会主义理论，都主张劳动与资本的分离。这样才能使资本丧失剥削的性质避免资本主义生产方式的盲目性，不仅如此，在消除公害和发展社会公益方面也比资本主义私有企业制度更有效率，因此也更具有优越性。

第二，市场社会主义对社会主义理论的新探索。市场社会主义批判了以往社会主义理论的弊端，并且创新发展了社会主义理论，市场和社会主义相兼容的理论就是其最大的理论表现。首先，市场社会主义改变了市场和社会主义相对立的看法，认为市场和社会主义完全可以联姻在一起。其次，市场社会主义将传统的公有制转变为"社会所有制"即与市场经济体制相适应的所有制结构。再次，市场社会主义的价值社会主义特性也是区别于以往制度社会主义的本质特征。最后，市场社会主义强调市场对社会主义价值目标的效应是积极的，这对于破解计划经济体制所导致的独裁政治也是一大历史进步。

第三，市场社会主义比新自由主义、传统社会主义和民主社会主义优越。传统社会主义的特征是生产资料公有制和计划经济，这种以苏联模式为代表的社会主义实践证明了其低效率。民主社会主义仅仅在社会福利和民主方面做出了努力，但它并不能触及资本主义的根本性质。相反，市场社会主义则在经济和社会主义目标领域提出了许多新的观点。由于反对将市场经济与资本主义私有制等同起来，因而优越于新自由主义；由于他们反对把国有制和计划经济等同于社会主义的价值目标，因而优越于传统社会主义的理论观点；由于他们明确主张消灭私有制而非仅仅对私有制进行限制，因而优越于民主社会主义的理论观点。

第四，市场社会主义对市场经济的研究。首先，市场社会主义正确地揭示了市场的性质和功能即市场具有中性机制，市场是经济手段，市场和社会主义不应成为相互对立的两极，而应统一起来。其次，正确揭示了市场和计划的关系。资本主义需要计划，社会主义也需要市场。最后，辩证地分析了资本主义市场的优缺点。市场在自由和公平、经济效率方面具有优点，而垄断、信息不对称、外部性等则是市场经济的弊端。

第五，市场社会主义对马克思主义市场观的反思。马克思的市场观就是：资本主义是市场的普遍化，只有取消市场才能取消资本主义；只有"剥夺剥夺者"，消灭私有制才能实现生产资料的社会化，实现共产主义。传统马克思主义者对资本主义的批判同时也是对市场的批判。马克思把市场等同于资本主义，并且把社会主义等同于对市场的废除，资本主义加剧了经济的不平等，而且必然使不同社会阶级的人们相互竞争。市场经济也是与生俱来不稳定的。只要生产决定是由私人或没有社会协调的企业做出的，那么任何市场经济将是不稳定的。① 市场社会主义者通过对市场的论证，认为在社会主义社会中废除市场是不可行的。首先，市场社会主义批判了马克思恩格斯忽视了去解释谁将代表"社会"及其怎样"调节生产"将去实现有效性分配资源。② 即"社会"的代表者以及如何合理有效地分配资源. 其次，市场社会主义指出了组织生产的困难性或在不依赖市场的情况下有效地建构现代经济的不可能性。再次，以私有制为基础的西方民主并不是民主的唯一形式，也不是市场经济的必要前提。最后，劳动力通过自由契约的形式实现了与生产资料的结合，这是公有制的内在要求。

第六，对资本主义的批判是市场社会主义的一个重要内容，尤其是当代市场社会主义的新模式看到了新科技革命和经济全球化下资本主义不断加深的基本矛盾，并从本质上进行了批判，这样也从客观上促进了资本主义的改良。

第七，东欧剧变后，世界社会主义运动陷入了低潮，但是市场社会主义却根据新的时代特点结合市场社会主义的发展，提出了许多有建设性的社会主义模式，使社会主义看到了希望，预示了世界社会主义中短期发展的一般趋势，创新和发展了社会主义观，推动了当代世界社会主义理论的发展。

总之，市场社会主义模式尤其是当代市场社会主义模式显示了社会主义在东欧剧变后复兴的可能性，显示了市场社会主义者为探索资本主义国家实现社会主义的道路而做的有益的理论论证。

---

① 弗兰克·罗斯韦尔特：《马克思和市场社会主义. 为什么会有市场社会三义?》1994，第125页。

② 弗兰克·罗斯韦尔特：《马克思和市场社会主义. 为什么会有市场社会三义?》1994，第124页。

第二节　市场社会主义的局限性及实质

市场社会主义模式尤其是当代市场社会主义新模式突出了市场主导的经济运行机制、混合所有制结构、社会主义的价值取向以及追求效率的特色。它创新和发展了社会主义的理论和实践，成为当代世界社会主义运动的一个重要组成部分。当代市场社会主义构建的模式虽然提出了各种各样的替代、改造资本主义的模式然而在本质上却存在着局限性。马克思在批判其他非科学社会主义学说时指出："这种社会主义所理解的物质生活条件的改变，绝对不是只有通过革命的途径才能实现的资产阶级生产关系的废除，而是一些在这种生产关系的基础上实行的行政上的改良，因而丝毫不会改变资本和雇佣劳动的关系，至多只能减少资产阶级的统治费用和简化它的财政管理。"① 斯蒂格利茨认为，市场社会主义模式先天不足，只是一种神话。市场社会主义的实现没有强有力的政治力量的支持；没有足够的力量保证，从现存经济制度向他们所倡导的经济模式转变并顺利运行。

第一，相当部分的市场社会主义模式否定了公有制。罗默说："看公有制是否如社会主义运动一直认为的那样，是一种政治——经济制度中实现社会主义者需要的东西所必不可少的。我的答案是否定的。""我的观点是，社会主义者已经形成了对公有制的崇拜：公有制已被看作社会主义的必要条件，然而这种判断是建立在一种无根据的推论基础上的。""公有制与社会主义的联系是微弱的，而且我认为，从社会主义的宪法中去掉'人民'占有生产资料这个要求，人们会做得更好。"罗默认为社会主义不必要有公有制。相反，私有制使得经济更有效率。而马克思恩格斯则指出实现社会主义价值目标的前提条件就是消灭资本主义私有制。马克思恩格斯说，"共产主义的特征并不是废除一般的所有制，而是要废除资产阶级的所有制。"②

---

① 马克思，恩格斯：《马克思恩格斯选集》第 1 卷，人民出版社，1995 年版，第 302 页。
② 马克思，恩格斯：《马克思恩格斯选集》第 1 卷，人民出版社，1995 年版，第 208 页。

第二，当代市场社会主义是一种改良主义思潮。市场社会主义不仅不主张彻底推翻资本主义，反而主张保存、学习资本主义。这说明市场社会主义带有明显的资本主义改良倾向。市场社会主义的改良主义通过"从量变引起质变"的改良来改变现存资本主义制度。因此，当代市场社会主义重构的背景就是资本主义社会所面临的越来越多的问题以及世界社会主义运动所陷入的迷茫局面。西方的学者认为市场社会主义只是代替资本主义的过渡性方案，社会主义目标在改良主义的指导下无法真正实现。

第三，当代社会主义是一种"乌托邦"式社会主义。它虽从各种角度为未来社会主义设计了种种美妙的蓝图，但并没有对向社会主义过渡可操作性做出探讨。无论是从兼顾效率和公平的角度，还是从民主管理的角度，当代市场社会主义都不能以这些模式来实现社会主义。例如罗默的"证券社会主义"意欲把国有财产平均分配，这种理论模型并非有现实可操作性。施韦卡特、米勒构筑的"社会所有制""合作制"更加缺乏实行的现实基础，必然是不能兑现的空中楼阁。当代市场社会主义的社会改良性质的虚构特征，决定了它对资本主义的"改良"只能是对资本主义的修修补补，而不可能过渡到社会主义。总而言之，当代市场社会主义的理论模式都是利用市场来解决效率，表现出与民主社会主义相类似的特性。当代市场社会主义既要依赖市场又要超越市场，这样的社会主义就会失去自己独立的价值目标。因为市场只能在一定范围内运作，国家干预会起到重要作用，但是这样当代市场社会主义进行理论创新难度就加大了，客观上难以超越民主社会主义。而市场社会主义者却接受了许多民主社会主义的观点，抛开社会制度来空谈社会主义，缺乏制度性保障的社会主义幻想资产阶级自动放弃自己的利益是注定要失败的。市场社会主义放弃了向社会主义过渡过程中的国家政权问题，忽视政治制度的基本保障，轻视"由此达彼"的道路问题，缺乏政治制度环境和社会力量来向社会主义过渡，缺乏探索其实现的主体即没有实现变革的主体力量，是不可能自然地过渡到社会主义的。这种折衷主义就是市场社会主义和资本主义的趋同，它作为一种选择实现的可能性是较小的，只能是一种理论上的"乌托邦"。

第四，市场社会主义实质上并没有真正超越民主社会主义。首先，市场社会主义对资本主义社会大企业采取社会主义企业制度模式，并不反对私有制的存在。民主社会主义也主张社会化反对大生产和私有制的结合。其次，市场社会主义和民主社会主义都将追求社会主义的价值目标作为其努力的方向，并将其归纳为社会主义的本质特征，刻意淡化所有制在社会制度中的决定作用。再次，市场社会主义和民主社会主义都认同社会主义民主、自由、平等等社会主义价值目标，也对未来社会主义政治多元化形式有相似的认识。最后，市场社会主义和民主社会主义和平过渡的思想，再次体现其改良主义的性质。从以上四点可以看出，市场社会主义和民主社会主义在许多方面有相似甚至相同的地方，这说明市场社会主义并没有真正摆脱社会民主主义的影响，迟早要倒向资本主义。

第五，市场社会主义仅仅通过对现实资本主义的理论批判和缺陷修正不能实现社会主义。市场社会主义放弃暴力革命，试图通过对资本主义的某些改良不断增加"社会主义因素"来实现资本主义社会从量变到质变。这种对资本主义社会现状的批判和对未来的描绘未必会趋向社会主义。如果说抹杀了社会主义和资本主义的本质区别，通过"重塑"社会主义来适应市场，那么社会主义的性质就无法保证。罗默的"证券社会主义模式"并没有从根本上触动资本主义企业内部结构，而是原封不动地保留了资本主义企业的决策结构、劳资关系以及运营目标。其理论只是对现实资本主义做了某些修正，并没有脱离资本主义的基本框架。他们所追求的社会主义价值目标在这种情况下也只能是资本主义的。

市场社会主义所宣扬的"社会主义价值目标"在不触动资本主义制度的条件下只能是资本主义的"公平""民主""自由"。市场社会主义意味着它是市场与社会主义这两种性质不同的经济关系的矛盾统一体。任何一种市场社会主义理论必须在肯定市场机制作用的同时，寻求实现社会主义目标是超越市场关系的制度安排，这是问题的核心和难点。当代市场社会主义所要解决的是效率和公平，市场经济和社会主义经济价值目标结合的问题，要把市场经济与社会主义有机地结合起来绝非易事。追求效率可能有失公平，换取公平或许要牺牲效率，面对这两难局面，市场社会主义力求两者平衡的解决模式也远不完善，缺乏实践基础。不仅如此，市场社会主义的分配理论虽然向人们提供了各种美好的蓝图，但实现的可能性却令人生疑。中央计划官员也会受到不同利益集团的压力，追求个人利益或集团利益，损害效率和公平。企业假定会遵守体制设计者制定的规则，但是企业有自己独立的利益，企业不可能将红利向全民分配，果真如此，它就会成为一个"免费乘车者"重回低效率。因此，市场社会主义作为一种经济体制其资产阶级改良主义的性质，归根结底是一种空想社会主义。

总之，虽然市场社会主义提出了各种各样的理论模式来试图替代资本主义，但市场社会主义模式的实质就是满足市场合理配置经济资源的需要、实现帕累托最优的经济效率、实现平等、自由、民主的社会主义价值目标。市场社会主义的理论思潮源头就是自由主义和分权的社会主义传统，而不是源于马克思主义的思想传统，这就使得市场社会主义缺乏科学性，从而具有了空想社会主义的性质，注定了它不能实现的结局。市场社会主义对于未来社会模式的构建都是根据市场社会主义学者的主观臆想出来的社会主义的蓝图，而不是根据历史发展的规律而得出的结论，同时，市场社会主义的蓝图也缺乏可靠的政治力量和环境来实现其目标。市场社会主义不仅不主张彻底推翻资本主义，反而主张保存、学习资本主义，这说明市场社会主义带有明显的资本主义改良倾向。市场社会主义的改良主义是通过"从量变引起质变"来改变现存资本主义制度的。其替代资本主义的方案只是资本主义的改良形式之一，社会主义目标在改良主义的指导下无法真正实现，只能是一种理论上的"乌托邦"。

第三节　市场社会主义的启示

市场社会主义的理论和实践在东欧剧变后被认为是实现社会主义价值目标的一条可行的道路，也为未来社会主义的发展提供了方向。当代市场社会主义的出现首先是基于社会主义运动遭受挫折的局面。其次是人们对于资本主义社会不平等、无效率的一种批判而提出的替代制度。当代市场社会主义所建构的新模式，在某种程度上坚定了人们对社会主义和共产主义的信心。

正如奥尔曼所说，"仅仅展开我们对资本主义的批判显然是不够的，尽管过去这样做还可以，如今更重要的是，社会主义者必须把我们的注意力更多地投向——社会主义。"① 市场社会主义强调资本主义制度前提下的市场和社会的价值理念。这就是说，资本主义市场和社会的价值理念如何更好结合是市场社会主义研究的重点和难点，毋庸置疑，这种所谓的"社会主义"必然会倒向资本主义。

近年来，中国经济的市场化改革体现了市场经济和社会主义成功结合的范例和样板。当代市场社会主义虽然是一种改良主义的思潮，但是与我国社会主义市场经济体制有一个相同的价值目标取向－社会主义和市场经济的兼容。然而，与市场社会主义的改良性质不同，我国社会主义市场经济则代表着一种先进的生产关系，中国的社会主义市场经济体制改革是在社会主义制度的前提下，利用市场来配置经济资源以达到既发挥市场的高效率又不丧失社会主义价值目标的目的，它代表了一种先进的生产关系，而市场社会主义则仅试图通过保留资本主义的成功经验和纠正弊端的方式来实现社会主义的目的，这不适合我国已经建立的社会主义制度，也与我国在社会主义条件下利用市场为社会主义服务的目的相冲突。因此，市场社会主义所暴露出的弊端启示我们要认识到其对公平和效率的影响，社会主义和资本主义的本质区别并不会因市场和社会主义相结合而改变。

在对待社会主义的问题上，不能采取市场社会主义的做法即把公有制和社会主义割裂开来，单纯依靠市场来实现社会主义的价值目标。而在市场与社会主义的关系问题上，也不能采取重新评估社会主义以求和市场相兼容的策略。在宏观调控的问题上，我国既不能采取经济效率低下的计划社会主义经济模式，也不能采用完全依靠市场自发机制调节经济活动的自由主义经济模式。

改革开放以来随着经济体制改革的深化，我国的市场化改革越来越需要当代市场社会主义给予的理论启示。

---

① ［美］奥尔曼：《市场社会主义—社会主义者之间的争论》，新华出版社，2000 年版，第 75 页。

　　第一，关于我国探索公有制与市场经济相结合的理论思考。当代市场社会主义大多数所主张的公有制形式是在批判苏联模式和新自由主义的基础上形成的。如罗默的"证券社会主义"不仅主张生产资料社会公有而且还主张实行混合经济。布鲁斯和拉斯基认为，"在预见的将来，市场社会主义唯一现实情形看来是一种混合经济，其中，不同形式的国有企业逐渐在平等的基础上与私人企业和合作企业进行竞争。这意味着，国有企业能否适应以及怎样以最小的损失适应包括资本市场在内的真正的市场制度这一问题，仍然具有极其重要的意义。"① 这都对我国所有制改革有所启发即建立以公有制为主体，多种所有制共同发展的基本经济制度，克服传统的僵化的经济体制和模式，来实现公有制实现形式和途径的多样化，建立和市场相兼容的现代企业制度。

　　第二，对我国解决委托——代理问题和企业软预算约束现象的启示。以罗默、巴德汉、布洛克为代表的当代市场社会主义者在分析了传统社会主义企业低效率后从不同的角度论证了委托——代理问题，要"硬化"企业的软预算约束。而我国依然面临软预算约束现象，职工、企业、国家三者之间互相依赖，这严重影响了效率；而委托——代理责任不到位使得国资部门权责不明确，国有资产流失严重。当代市场社会主义模式就是要发挥民众、社团、法院等监督作用，这也是对我国的国有资产监管的主要思路。

　　第三，关于所有制权利和企业微观结构的制度安排。现代企业制度没有社会属性的区分。资本主义占有方式决定了资本所有权是企业剩余价值占有权、支配权和一切权利的基础，社会主义要废除生产资料资本主义私人占有，并不是要废除资本不是要剥夺资本所有权，而是要斩断资本所有权和企业剩余价值分配权与此有关的生产和分配的决策权之间的联系。例如，兰格模式强调国家宏观调控和企业微观经营相结合，以供求关系为纽带来组织生产。布鲁斯模式强调政企分开，国家间接调控经济，企业按利润最大化原则进行生产。罗默的理论认为必须重视市场的作用，真正建立起一种适应社会主义市场经济体制发展需要的科学的领导体制和组织管理制度。此外，企业所有

　　① 布鲁斯和拉斯基：《从马克思到市场：社会主义对经济体制的求索》，上海三联书店，人民出版社，1998 年版，第 35 页。

制结构和企业内部微观运行机制是辩证统一的关系。当代市场社会主义者则从对不同企业所有制的控制来区分管理控制权和财产收入权，这样有利于民主和效率的实现。我国的国有企业效率低下，存在着产权不明晰、权责不明确、政企业不分开、管理不科学等不合理因素。因此，要利用两权分离模式，建立现代公司的治理结构，完善我国市场经济体制的改革，实现市场和社会主义的有益结合。

第四，效率和公平的认识。效率和公平是市场社会主义的核心价值目标，效率和公平二者的平衡也是市场社会主义实现的难点，当代市场社会主义利用制度安排来试图达到二者的均衡。关于效率目标，它们通过资本市场、要素市场等市场机制来配置资源，刺激企业追求利润最大化以此来提高效率。关于公平，他们更为强调起点公平、初次分配公平。此外还通过税收等转移支付手段以国家干预的力量来实现公平。总之，"社会主义者寻求报酬、地位以及平等，以便最大限度地减少社会的不满，保证人与人之间的公正，使机会均等，它也致力于减少现存的社会分化，对社会平等的信仰是迄今为止社会主义最需要的特征。"[1] 中国的改革开放使生产力有了巨大的提高，但也部分原因导致了两极分化、分配不公，这种由于非法手段而导致的分配不公是我国所要解决的重点问题。市场社会主义的理论认为通过市场的手段来配置经济资源，可以防止行政手段下的资源配置，从而不给人为分配资源创造土壤，这样就可以有效地杜绝社会两极分化和分配不公，这对于我国所要构建的效率优先、兼顾公平的目标有着异曲同工之妙，起到了借鉴与吸收的作用。我们应当坚持效率优先，真正做到兼顾公平，让大多数群众获利，努力构建和谐社会。

第五，政治民主和经济民主对我国的启发。市场社会主义总结了苏联模式失败的教训，认为政治民主是实现市场社会主义的前提条件，也是实现经济民主的保障，公民在经济上的民主又为实现政治上的人人平等的社会主义目标奠定了基础。当前中国体制改革正在向纵深方向发展，以市场经济体制

---

① Pranab Bardhan and John Roemn. Market socialism: the current Debate. oxford: Oxford University press, 1993.

为目标的经济领域改革必然要求政治体制改革作为前提和保障。正如马克思所说"平等和自由不仅在以交换价值为基础的交换受到尊重而且交换价值的交换是一切平等和自由的、生产的、现实的基础。"① 而我国当前政治体制改革的力度和速度都严重地滞后于经济体制改革，这也使得我国经济体制改革变得愈发艰难。对此，我国应批判对待市场社会主义"政治改革先于经济改革"的思想，逐步改变社会主义市场经济的领导体制和组织管理体制，并以此来推动经济体制的改革。

第六，市场社会主义理论家大多在探讨社会主义与市场经济兼容问题时，基本都考虑到了利用国家干预市场的经济理论，他们明确强调政府干预经济的必要性，我国对此要采取正确的国家干预观，而不能盲目运用国家干预经济理论，过分推崇国家干预的经济观，把握好国家对经济干预的合理的"度"，实现市场经济的合理运行。

第七，市场社会主义也提到政治、经济、文化、教育等各方面的平等这与我国提出的四位一体的发展模式有着相似之处，应该说，我国的平等观既体现在结果上也体现在起点上，通过平等的起点使人民享有平等的机会和权利，充分调动人民群众积极性、主动性和创造性，从而促进社会主义经济效率的提高，以上说明我国吸取和发展了市场社会主义的价值目标。

第八，市场和社会主义关系的问题是市场社会主义的核心问题，市场社会主义的论证，提出计划和市场都是手段，又提出了"市场机制中性论"。这对我们更好地理解二者的关系提供了新的研究视角，取得了突破性的进展。自1992年邓小平南巡讲话后，我们认识到"计划多一点还是市场多一点，不是社会主义与资本主义的本质区别……计划和市场都是手段。"② 邓小平的社会主义本质论指明了社会主义的发展方向。

第九，公有制的多种实现形式作为市场社会主义所推崇的重要内容在我国社会主义市场经济的确立和发展过程中推动了中国特色社会所有制结构的建立和完善，形成了效率和社会主义目的并重的社会主义价值取向。

---

① 马克思，恩格斯：《马克思恩格斯全集》第46卷（上），人民出版社，1979年版，第89页。
② 邓小平：《邓小平文选》第3卷，人民出版社，1993年版，第373页。

第十，东欧剧变并没有证明资本主义制度的优越性，相反却使人们认为资本主义社会是一个不平等、不民主的社会，社会主义仍然是人们所向往的社会。当代市场社会主义的高涨表明社会主义仍然有着强大生命力，它也必将增加世界各国人民对社会主义的向往，有助于我们对社会主义的未来充满信心。正如邓小平所说"我相信，世界上赞成马克思主义的人会多起来的，因为马克思主义是科学。"①

第十一，市场社会主义所要建立的是市场经济，这种思想对我国构建社会主义市场经济起到了启发性作用，我国要坚定不移地将计划经济转变到社会主义市场体制，形成以公有制为基础的多种所有制共同发展的经济格局。

综上所述，市场社会主义与经济理论、社会价值目标分别从不同的角度论证了未来其构建的社会模式。我国的主流意识形态－科学社会主义从马克思主义的角度论证了未来社会的建构模式，虽然市场社会主义和科学社会主义在实现途径上、对于资本主义认识到等重大问题有着根本性的分歧，但其追求社会公平、正义的价值理念是相同的。因此，我国在构建社会主义和谐社会中有必要吸取包括市场社会主义流派在内的众多社会主义流派的优秀思想，完善科学社会主义的理论并将其应用到社会实践中去，为早日实现人们的理想社会目标做出应有的贡献。

---

① 邓小平：《邓小平文选》第 3 卷，人民出版社，1993 年版，第 383 页。

结　语

　　本书从市场社会主义的概念与理论实践发展、当代市场社会主义的构建模式、市场社会主义的评析三个方面剖析了市场社会主义的含义、特征、理论渊源、发展阶段和当代市场社会主义对社会主义的反思和重构。在此基础上着重对市场社会主义进行了评析，揭示出其实质及其启示。市场社会主义具有如下特征：(1) 改良或替代资本主义来实现向社会主义的过渡。(2) 强调市场主导的市场社会主义。(3) 实现社会主义目的和手段的区分。(4) 社会主义所有制的多样化。(5) 平等和效益的双重目标。(6) 突出民主、平等和自由的价值理念。(7) 空想社会主义的性质。论文以当代市场社会主义模式重建为研究的重点，从不同的角度来介绍了当代市场社会主义的新模式，包括：以追求利润最大化的经理管理型企业为基础的模式；以工人所有制或工人管理的企业为基础的模式；强调限制资本权力的"没有资本家的资本主义"模式。论文以市场社会主义尤其是当代市场社会主义对我们的启示为研究的目的。市场社会主义理论有助于我们从理论上进一步弄清市场和社会主义的关系，有助于借鉴市场社会主义的优秀成果，促进我国社会主义市场经济体制的建立和完善；有助于增强我们战胜资本主义的信心。论文基本完成了预定的研究任务，着重分析了市场社会主义的发展历史，在市场对我们的启示研究方面有着一定的创新。

　　笔者认为，无论是市场社会主义的早期模式还是当代市场社会主义的发展模式，其理论的发展都存在许多的矛盾和争议，这些矛盾和争论是市场社会主义者们从不同的角度来论述市场社会主义造成的。我们绝不能因为矛盾和争议的存在而退缩，相反，我们应该积极探索市场社会主义，应该借鉴一切有益于我国社会主义市场经济的理论成果和实践经验。本文力图全景式再现市场社会主义的发展历程，以求找出对科学社会主义的借鉴价值，也期待人们对包括市场社会主义流派在内的各社会主义流派有更加深入的探索，为建设中国特色的社会主义政治、经济和文化做出贡献！

结
语

参考文献

著作类：

[1] 徐觉哉. 社会主义流派史（修订本）. 上海人民出版社，2007.

[2] 李晓兵. 当代世界思潮. 中共中央党校出版社，2003.

[3] 俞可平. 全球化时代的“社会主义”. 中央编译出版社，1998.

[4] 蒲国良. 当代国外社会主义概论. 中国人民大学出版社，2006.

[5] 于金富. 科学社会主义经济理论的发展与创新. 社会科学文献出版社，2007.

[6] 王文臣，曹明贵. 市场社会主义与人本社会主义研究. 经济科学出版社，2004.

[7] 王军旗，白永秀，任保平，韩刚，谢凡寿. 社会主义市场经济理论与实践. 中国人民大学出版社，2006.

[8] [英] 索尔. 埃斯特林，尤里安勒. 格兰德. 市场社会主义. 经济日报出版社，1993.

[9] 刘桂斌. 社会主义与市场经济有机结合论. 人民出版社，1999.

[10] 陈锦华，江春泽. 论社会主义与市场经济兼容. 人民出版社，2005.

[11] 李惠斌，叶汝贤. 当代西方社会主义研究. 社会科学文献出版社，2006.

[12] 徐崇温. 当代外国主要思潮流派的社会主义观. 中共中央党校出版社，2007.

[13] [匈牙利] 雅诺什. 科尔奈. 社会主义体制. 中央编译出版社，2007.

[14] 赵明义，胡瑾，刘细燕. 当代国外社会主义问题纲要. 山东人民出

版社，1987.

［15］［美］乔恩.厄尔斯特.［挪］卡尔欧夫摩尼.资本主义的替代方式.重庆出版社，2007.

［16］陈海燕，李伟.全球化视域下社会主义的理论与实践.山东大学出版社，2007.

［17］张丽君.科学社会主义新视野.中国社会科学出版社，2007.

［18］李慎明.2005 年世界社会主义跟踪研究报告.社会科学文献出版社，2005.

［19］David Belk in, Frank Roosevelt, 1994, Why Market Socialism? Voice from Dissent, M. E. Sharpe. P247.

［20］Pranab Bardhan and John Roem . Market Socialism: the Current Debate Oxford: Oxford University Press, 1993.

［21］罗默.社会主义的未来.哈佛大学出版社，1994.

［22］余文烈.当代国外社会主义.安徽人民出版社，2000.

［23］伯特尔·奥尔曼编，段忠桥译.市场社会主义——社会主义者之间的争论.新华出版社，2000.

［24］［英］克里斯托弗·皮尔森，姜辉译.新市场社会主义.东方出版社，1999.

［25］纪军.匈牙利市场社会主义之路.中国社会科学出版社，2000.

［26］［美］大卫·施韦卡特，宋萌荣译.超越资本主义.社会科学文献出版社，2006.

［27］顾海良.科学社会主义理论与实践.武汉大学出版社，湖北人民大学出版社，2005.

［28］顾海良，张雷声.20 世纪国外马克思主义经济思想史.经济科学出版社，2006.

［29］王元璋.马克思主义经济发展思想史.新疆人民出版社，2006.

［30］程恩富.马克思主义经济思想史.中国出版集团东方出版中心，2006.

［31］奥斯卡.兰格，王宏昌译.社会主义经济理论.中国社会科学出版

参考文献

社，1981.

[32] 江泽民. 在庆祝中国共产党成立八十周年大会上的讲话. 人民日报，2001，07. 02（01）.

[33] MCNaccy, David. Against the market: political economy, Market socialism and the Marxist antique. London: version, 1993.

[34] Bertell. Ollmam. market socialism The DEBATE AMONG SOCIALISTS. ROWELEDGE, 1998.

[35] Rogera, Mccaoin. Markets, Decisions and organizations. Prentice Hall, 1981.

[36] Tohnp, Harot and carlh, Mcmilcan. peanned economists. Coniferonting the challenges of the 1980S. cambeidge university press, 1988.

[37] Nitawatts. Market socialism in yugoliavia. christopher prout, 1985.

[38] Juliianlegrand, sacilestrin. market socialism. clarendondapekbacks, 1989.

[39] 列宁全集.（第41卷）[M] 北京：中央编译局，1995.

[40] 马克思恩格斯选集.（第1卷）[M] 北京：中央编译局，1995.

[41] 马克思恩格斯选集.（第2卷）[M] 北京：中央编译局，1995.

[42] 马克思恩格斯选集.（第3卷）[M] 北京：中央编译局，1995.

[43] 马克思恩格斯选集.（第4卷）[M] 北京：中央编译局，1995.

[44] 马克思恩格斯全集.（第3卷）[M] 北京：中央编译局，1995.

[45] 马克思恩格斯全集.（第15卷）[M] 北京：中央编译局，1995.

[46] 马克思恩格斯全集.（第24卷）[M] 北京：中央编译局，1995.

[47] 马克思恩格斯全集.（第35卷）[M] 北京：中央编译局，1995.

[48] 马克思恩格斯全集.（第44卷）[M] 北京：中央编译局，1995.

[49] 马克思恩格斯全集.（第48卷）[M] 北京：中央编译局，1995.

[50] 马克思恩格斯全集.（第50卷）[M] 北京：中央编译局，1995.

[51] 乔法容. 宏观层面经济伦理研究，人民出版社，2013.

[52] 恩德勒，王淼洋译. 经济伦理学大辞典，上海人民出版社，2001.

[53] 黄云明. 经济伦理问题研究，中国社会科学出版社，2009.

［54］王小锡，朱金瑞，汪洁．中国经济伦理学 20 年，南京：南京师范大学出版社，2004.

［55］章海山．经济伦理论——马克思主义经济伦理思想研究，中山大学出版社，2001.

［56］徐强．马克思主义经济伦理思想研究，人民出版社，2011.

［57］新中国成立以来重要文献选编［M］．中央文献出版社，1993.

［58］中共中央文献研究室．十六大以来重要文献选编（上）［M］．中央文献出版社，2005.

［59］中共中央文献研究室．十六大以来重要文献选编（中）［M］．中央文献出版社，2006.

［60］中共中央文献研究室．十六大以来重要文献选编（下）［M］．中央文献出版社，2008.

［61］胡锦涛．高举中国特色社会主义伟大旗帜为夺取全面建设小康社会新胜利而奋斗［M］．人民出版社，2007.

［62］中共中央宣传部．习近平总书记系列重要讲话读本［M］．人民出版社，2014.

［63］中共中央宣传部．习近平总书记系列重要讲话读本（2016 年版）［M］．人民出版社，2016.

［64］中共中央文献研究室．习近平关于社会主义经济建设论述摘编［M］．中央文献出版社，2017.

［65］习近平谈治国理政（第一卷）［M］．外文出版社，2018.

［66］习近平谈治国理政（第二卷）［M］．外文出版社，2018.

［67］朱贻庭．中国传统伦理思想史［M］．华东师范大学出版社，2004.

论文类：

［1］郭志．"市场社会主义"研究综述［J］．理论前沿，1997，（14）.

［2］陈明磊．20 世纪 90 年代西方市场社会主义的三种模式［J］．当代世界与社会主义，2003，（6）.

［3］余文烈，刘向阳．当代市场社会主义六大特征［J］．国外社会科学，2000，（5）.

［4］徐同文. 当代市场社会主义思潮分析［J］. 中国特色社会主义研究，2001，（3）.

［5］王援助. 当代西方市场社会主义观浅析［J］. 全球视野理论月刊，2007，（11）.

［6］王洪强. 当代西方市场社会主义理论述评［J］. 中共天津市委党校学报，2006，（1）.

［7］张志忠. 当代西方市场社会主义述评［J］. 内蒙古大学学报，2003，（3）.

［8］张志忠. 当代西方市场社会主义形成的原因探析［J］. 南昌大学学报，2000，（3）.

［9］周黎明. 对当代西方市场社会主义理论之透析［J］. 西安石油大学学报，2003，（3）.

［10］余文烈. 什么是市场社会主义［J］. 当代世界与社会主义，1997，（1）.

［11］李春放. 市场社会主义的源流［J］. 社会科学研究，1999，（6）.

［12］李春放. 市场社会主义的主要代表人物及其观点［J］. 探索，1999，（4）.

［13］景维民，田卫民. 市场社会主义含义演进研究［J］. 经济评论，2008，（1）.

［14］约翰. 罗默. 市场社会主义经济的一种模式［J］. 社会主义论坛.

［15］张宇. 市场社会主义理论的回顾与反思［J］. 教学与研究，1997，（9）.

［16］权世振. 市场社会主义的论争与发展［J］. 当代世界与社会主义，2002，（2）.

［17］许士国，付立华. 市场社会主义理论浅析［J］. 理论学习，2004，（9）.

［18］陈小林. 市场社会主义理论述评［J］. 理论建设，2004，（6）.

［19］郭利. 市场社会主义评析［J］. 山西煤炭管理干部学院学报，2004，（3）.

［20］周黎明. 试论第五代市场社会主义及其启示［J］. 北京邮电大学学报，2005，（2）.

［21］余文烈. "市场社会主义"的新动态［J］. 国外社会科学，1995，（2）.

［22］高铁生. "市场社会主义的理论和模式"分析及我们的态度［J］.

［23］武京闽. 市场社会主义反思出版［J］. 教学与研究，2000，（7）.

［24］王玖. 20世纪90年代市场社会主义新模式述评［J］. 山东经济，2006，（2）.

［25］刘希裕. 当代市场社会主义的公平和效率理论及其对我国的启示［J］. 榆林学院学报，2005，（1）.

［26］张志忠. 当代西方市场社会主义面临的挑战及其应战［J］. 当代思潮，2001，（5）.

［27］张志忠. 对当代西方市场社会主义思潮的新认识［J］. 内蒙古大学学报，2007，（4）.

［28］滕世华. 对市场社会主义理论与实践的思考［J］. 宁夏党校学报，2002，（4）.

［29］余文烈，吕薇洲. 关于市场社会主义的发展阶段及其定义［J］. 教学与研究，1999，（11）.

［30］何伟. 建立市场社会主义体系［J］. 学者论坛.

［31］刘鲁红. 九十年代以来西方市场社会主义思潮评析［J］. 辽宁商务职业学院学报，2004，（1）.

［32］杨正江. 评西方学者的市场社会主义理论和模式［J］. 社会主义研究，2001，（3）.

［33］王恒来. 浅析市场社会主义理论演变及理论价值［J］. 社科纵横，2006，（8）.

［34］毕金华，周仲秋. 市场社会主义的反思［J］. 吉首大学学报，2001，（3）.

［35］吴学凡，韩作珍. 市场社会主义的理论沿革、价值目标及现实启迪［J］. 许昌学院学报，2007，（1）.

参考文献

［36］（波）托波罗夫斯基. 市场社会主义的矛盾［J］. 现代外国哲学社会科学文献, 1995,（10）.

［37］李春放. 市场社会主义的现代化批判［J］. 国外社会主义研究, 1999,（6）.

［38］（英）克里斯托夫. 皮尔森. 市场社会主义的新模式［J］. 当代国外社会主义研究, 2001,（3）.

［39］韩喜平, 姜国权. 市场社会主义劳动产权理论评述［J］. 长白学刊, 2007,（2）.

［40］施继生. 市场社会主义理论对我们的几点启示［J］. 人文社科, 2006,（3）.

［41］景维民, 田卫民. 市场社会主义收入分配理论演进与评析［J］. 社会科学, 2008,（2）.

［42］杨龙芳. 市场社会主义思潮发展的四个阶段［J］. 当代世界与社会主义, 1997,（1）.

［43］彭必源. 我国学者视野中的市场社会主义［J］. 湖北行政学院学报, 2005,（5）.

［44］项久雨. 西方市场社会主义代表模式的价值取向［J］. 学习与实践, 2007,（6）.

［45］何小勇. 西方市场社会主义思潮的逻辑进程［J］. 中共济南市委党校, 2007,（3）.

［46］江平. "市场社会主义理论"及对我国建立社会主义市场经济体制的启示［J］. 思茅师范高等专科学校学报, 2001,（2）.

［47］赵艳慧. 当代市场社会主义理论及其对我国的启示［J］. 胜利油田师范专科学校学报, 2004,（3）.

［48］朱媛, 郑斌, 李忠伟. 论市场社会主义对社会主义市场经济的影响［J］. 财经科学, 2004.

［49］韩喜平, 姜国权. 马克思与市场社会主义两种劳动产权理论比较［J］. 学习与探索, 2006,（1）.

［50］张国祥. 社会主义市场经济不同于"市场社会主义"［J］. 社会主

义研究，1993，（3）.

　　［51］于金富. 社会主义市场经济与市场社会主义模式［J］. 经济体制改革，1995，（3）.

　　［52］方兴起. 社会主义市场经济与市场社会主义［J］. 金融信息参考，1997，（1）.

　　［53］邓亚妮. 市场社会主义理论与我国市场经济建设［J］. 商场现代化，2005，（4）.

　　［54］孙艺茹. 市场社会主义与邓小平的社会主义市场经济理论辨析［J］. 安徽警官司职业学院学报，2002，（2）.

　　［55］张金才. 市场社会主义与社会主义市场经济［J］. 社会主义研究，2002，（1）.

　　［56］刘杰. 市场社会主义与社会主义市场经济［J］. 理论学习，2004，（3）.

　　［57］黄阳平. 市场社会主义与社会主义市场经济关系的新思考［J］. 兰州学刊，2005，（1）.

　　［58］颜俊学. 市场社会主义与我国社会主义经济理论的几点比较［J］. 中共南昌市委党校学报，2005，（1）.

　　［59］王海燕. 市场社会主义与我国社会主义市场经济之比较［J］. 山东社会科学，2005，（7）.

　　［60］陈湘舸. 再论社会主义市场经济与市场社会主义［J］. 浙江财经学院学报，1995，（3）.

　　［61］（加）戈登. 中国的市场社会主义道路［J］. 挑战，1992，（1）.

　　［62］段维. 中国社会主义市场经济：市场社会主义的成功范型［J］. 华中师范大学学报，2002，（3）.

　　［63］龙静云. 经济伦理的三个维度［J］. 哲学研究，2006，（12）.

　　［64］郭俊华. 经济伦理思想中的发展观［J］. 天津大学学报（社会科学版），2008，（9）.

参考文献